为老子正名

帛书老子：开示宇宙真相；
解读老子：破译千古之谜。

WEILAOZIZHENGMING

赵云鹏◎著

中國華僑出版社

图书在版编目（CIP）数据

为老子正名／赵云鹏著．—北京：中国华侨出版社，2010.11

ISBN 978－7－5113－0814－6

Ⅰ．①为…　Ⅱ．①赵…　Ⅲ．①老子—人物研究

Ⅳ．①B223.15

中国版本图书馆 CIP 数据核字（2010）第 206867 号

●为老子正名

著　　者／赵云鹏

责任编辑／李　晨

封面设计／纸衣裳书装

经　　销／新华书店

开　　本／710×1000 毫米　1/16　印张 22　字数 280 千字

印　　刷／北京溢漾印刷有限公司

版　　次／2010 年 12 月第 1 版　2010 年 12 月第 1 次印刷

书　　号／ISBN 978－7－5113－0814－6

定　　价／38.00 元

中国华侨出版社　　北京朝阳区静安里 26 号　　邮编 100028

法律顾问：陈鹰律师事务所

编辑部：（010）64443056　　64443979

发行部：（010）64443051　　传真：64439708

网　址：www.oveaschin.com

e-mail：oveaschin@sina.com

自序

zixu

老子是中国的古圣先贤，他老人家运用其超凡的智慧，于春秋时代著出惊世奇书《老子》，此书只有五千言，但书备天下之万有，论述宇宙之生灭；执掌天道之核心，揭示人生之玄机；开示恒古不灭之真理，教化懵懂的芸芸众生；老子遥指千古明路，阐述至简的无上大道；其著作泽被千秋万代，其无量功德得到后人的无比敬仰。

老子之文字玄密而精练，处东周时代应非难懂，怎奈时过境迁，文字含义已渐至改变，以致于后人习之渐难。天下之事，合久必分，分久必合，虽为圣贤著作，也难以摆脱这个规律。三国时期，有些学者篡改了《老子》原文，导致经文的面目全非。

幸于当代，汉墓出土“帛书老子”，才得以去伪存真。怎奈今人的文字已经变革，繁字变简，白话通行，真懂古文者已经寥寥无几，以致于玄机虽在眼前，译道却谬之千里，译者望文生义，坐井难见圣境，曲解圣意，妄称学典。

《老子》与《易经》渊源颇深，想解《老子》，需要具备深厚的《易经》功底，否则难以明解。《老子》与易道殊途同归，皆讲宇宙，以示人生。《易经》偏重象数理占，阐述角度多用数理，如得易理，可述圣境，适时解老，可拒偏颇。

冥冥天意或机缘巧合，吾少年习易，兼修儒释道，深知中华慧学博大精深。古圣先贤之中，老子著作并不丰厚，只留经文一本，但其书囊括寰宇，包罗万象，虽已历经千古，却仍异彩摄人。可惜被后世学者误解，使得乌云蔽日、明珠蒙尘。不才虽一介草民，然胸有天下，不忍世人误习，不愿《老子》被侮，故不藏私学，应势而出，以正义之心，正智之理，正解《老子》。与“通行本”相比，本书之解绝不雷同，皆出乎意料之外，又全在情理之中。

误解《老子》由来已久，有“通行本”篡改，也有后人之滥解。前车之鉴，本书尽量避免，故以帛书为蓝本，使得经文趋真近元；抛开狭隘的世俗思想，以圣人之高度来解圣意，确保不降低圣人之境界；以《易经》之理学来解《老子》，以此印证老子的无上智慧。作者对老子之道深究细解，力争诠释出大道真意。由此突破千古误区。

中华古国，千秋文明，中华文化乃国之瑰宝，亦为世界明珠。文化之作用，乃世人生存必学，世界发展必备。“文化”一词出自《周易》，《易·贲卦》曰：“观乎天文，以察时变，观乎人文，以化成天下。”宋代程颐《伊川易传》解释：“天文，天之理也；人文，人之道也。天文，谓日月星辰之错列，寒暑阴阳之代变，观其运行，以察四时之速改也。人文，人理之伦序，观人文以教化天下，天下成其礼俗，乃圣人用贲（贲卦）之道也。”

据以上解释再来分析，”观乎人文，以化成天下“是以”观乎天文，以察时变“为基础，此乃明确说明：天文乃宇宙规律，人文乃人生之道，”化“乃融化、教化，”文化“即效法宇宙之道而行人生之道。由此可知，文化不是文凭、不是技能，文化是”天之理，人之道！

圣贤者心包太虚，胸怀天下，境界至高，智慧无上。为《老子》注解，应拒绝狭隘，避免渎圣、谨防误人。有鉴于此，本书至诚尊圣，严谨治学；深究细解，以利明阅。作者虽信心足备，但非老子亲译，有所错漏亦在所难免，且未必能够阐述无余。然毕竟福至心灵，感而遂通，执掌道之核心，破译其千古之谜。

凡译圣贤经典，皆载千秋功罪，吾深知其中因果，自然不敢造次。世人未必皆能解老，但必期一睹圣境，以汲取精华，吸收灵气，饮慧开智，明识真谛。愿借圣人之圆满智慧，通天玄机，以此元真济世，福润苍生。

赵云鹏

2010 年 1 月

阅读指南

yueduzhinan

本书的注解分为以下几部分：

1.【马王堆汉墓帛书资料】

2.【本书校订本】

3.【译文】

4.【导读】

5.【感悟】

6.【注释】

本书的蓝本是《马王堆帛书老子》，“帛书”中“甲本”的年代相对稍早于“乙本”。因此，本书的校订以甲本为主，以乙本为辅，但尽量保持了“帛书”的原貌。

本书在“译文”处对“原文”进行了简单的直译，此处只是让读者有个概念的了解。

读者只读“译文”还不能深入理解老子的本意，所以在“导读”部分对每句话、每个词都进行了具体详细的解释。

虽然读者在看完“导读”后会有更深入的了解，但一定还会有很多疑问。因此，在每章最后的“感悟”部分进行了深入的剖析和举例说明。而且，每章的“感悟诗”都是一个浓缩的注解，对于每章的解读和记忆都有着重要的辅助作用。

本书未必能把老子思想解释的淋漓尽致，但可以毫不夸张地说：本书的注解，是《老子》注解史上从未有过的明确解释。

“帛书老子”的排列顺序是：“德篇”在前；“道篇”在后。本书本来也想按这个顺序排列，在经过深思熟虑后，还是决定将“道篇”放在“德篇”

之前。这其中有两个原因，一、“道篇”的“道可道也，非恒道也”，这句话几乎是家喻户晓，其惯性的力量非常大，很多人是因为这句话惯性的力量才来看此书。二、“帛书老子”的顺序可能适合当时的文化背景。因为，“道德”二字对于当时的人并不陌生，而对于现代人却很少有人真懂。今人只知道“德”字是人的品德，而很少有人知道“德”字乃是天之道。如果不能先了解天之道，那将难以理解“德篇”的内容。所以，经过慎重的考虑，还是将“道篇”放在“德篇”之前。但是，不论其顺序如何摆放，最重要的是能对老子的本意做出正确的解释。

目录

contents

道　篇 > > >

德　篇 > > >

道篇

第1章 道可道也

【马王堆汉墓帛书资料】

【甲本】

道可道也∠非恒道也名可名也恒名也。无名万物之始也∠有名万物之母也□恒无欲也以观其眇恒有欲也。以观其所噭两者同出异名同胃玄之有玄众眇之□

【乙本】

道可道也□□□□□□□□□□恒名也无名万之始也有名万物之母也故恒无欲也□□□□恒又欲也□□□□恒又欲也以。观其所噭两者同出异名同胃玄之又玄众眇之门。

【校订本】

道，可道也，非恒道也，名，可名也，非恒名也。无名，万物之始也。有名，万物之母也。故恒无欲也，以观其妙；恒有欲也，以观所微。两者同出，异名同谓，玄之又玄，众眇之门。

【本书校订本】

道①，可②道③也；非④，恒⑤道也。名⑥，可名也；非，恒名也。无⑦，名天地之始也；有⑧，名万物之母也。故恒无欲⑨也，以观其眇；恒有欲也，以观其噭⑩。两者同出，异名同胃⑪；玄⑫之有玄，众眇⑬之门⑭。

【原文】**道①，可②道③也；非④，恒⑤道也。**

【译文】规律，是可以遵循的；一切事物都在变化，这是永恒的规律。

【原文】**名⑥，可名也；非，恒名也。**

【译文】名字，是可以称呼的；一切事物的名称都在变化，这是永恒的称呼方式。

【原文】**无⑦，名天地之始也；**

【译文】无，称呼为天地的开始；

【原文】**有⑧，名万物之母也。**

【译文】有，称呼为万物之母。

【原文】**故恒无欲⑨也，以观其眇；**

【译文】所以，要保持“无”的思想和状态，以此来观察和了解先天无极世界的奥妙；

【原文】**恒有欲也，以观其噭[10]。**

【译文】保持"有"的思想和状态，以此来观察宇宙万物间呼叫和感应的内容。

【原文】**两者同出，异名同胃[11]；**

【译文】"无"和"有"两者同出于道，名称虽然不同，但同为道之体；

【原文】**玄[12]之有玄，众眇[13]之门[14]。**

【译文】不断地旋转、运动、变化，这是了解一切事物奥妙的途径。

【导读】

道，可道也；非，恒道也。

道：大自然的规律。

可道也：可以遵循的。

第一个"道"字特指规律，第二个"道"字并非是"通行本"所解释的"述说"含义。"通行本"普遍注解为："道，如果可以说出来，那就不是永恒不变的道了"，这显然是错误的解释，老子讲的就是道，孔子讲的也是道，释迦牟尼佛讲的还是道，所有圣人的使命都是讲学，讲学的内容都是讲道，道没有不可告人的秘密。所以，第二个"道"字并非是"述说"，而是"遵循"的含义。

非：变化，代表一切事物的发展都在不断地变化。

恒道也：永恒的规律。

这个"非"字在千古以来一直被忽略和误解，这个"非"字非常重要，相当于《易经》的"易"字。

名，可名也；非，恒名也。

名：名字。

可名也：可以称呼的、用来称呼的。

非：变化，代表变化的名字。

恒名：永恒的称呼方式。

名字是用来称呼的，一切事物的名字都会变化，这就是永恒的称呼方式。

无，名天地之始也；

无：代表虚空无极的能量世界，用数来表示为"0"。

天地：代表宇宙万物。（天为阳，地为阴，用数来表示为"二"；天地生成万物，故天地可代表宇宙万物。）

“无”可以生成宇宙万物；“无”可以称呼为宇宙万物的开始。

“无”是“0”，天地是“二”。为什么由“0”直接到“二”呢？在德篇第五章曰：“道生一，一生二，二生三，三生万物”，此时才详细说明宇宙的生成顺序。

有，名万物之母也。

有：代表后天物质世界。（用数代表为“一”）“有”分裂为天地，再由天地而生万物。所以，“有”可以称呼为万物之母。

“有”代表“一”，包括了“二”至万物。

故恒无欲也，以观其眇；

恒无欲也：保持“无”的思想和状态。

其眇：“无”生“有”的过程和奥妙。

道包括了“无”和“有”两种状态。其中一种状态是“无”，也就是“道”的本体。保持“无”的思想状态，就是拥有包容天地万物的胸襟。因此，才能和先天无极世界保持同步，才能观察和了解到整个宇宙生成的奥妙。

恒有欲也，以观其噭。

恒有欲也：保持“有”的思想和状态。

其噭：宇宙万物之间的呼叫感应。

道的另一种状态是“有”，即物质世界。这个“有”是由“无”分裂出来的“一”。

“有”包含了宇宙万物，宇宙万物之“有”本为一体，相互之间有着系统的联系和感应，当世人保持一体状态的时候，就能观察和了解到宇宙万物之间呼叫和感应的内容。

两者同出，异名同胃；

两者：无和有。

“有”代表分裂之道。因为，“有”是由“无”分裂出来的。

“无”代表圆满之道。因为，“无”包含者“有”，包含着一切。

“无”为道之体；“有”也为“道”之体。“无”和“有”都是“道”的一部分，名称虽然不同，其实本为一体。

玄之有玄，众眇之门。

玄之：旋转、运行、变化。“玄”者，旋也。

有玄：代表一切事物都在不断地旋转、运行、变化，这对应着开篇所说的“非，恒道也”。（有：代表物质世界。“有”通“又”，代表连续性。）

众眇：世间一切事物的奥妙。

“无”和“有”都是道之体，都在不断地旋转、运行、变化，这个变化是永恒的规律，也是了解一切事物奥妙的途径。

【感悟】

古圣先贤留经典，至高境界慧通天；
定中神游乃无限，秋毫明察天地间；
时空穿越轻车辇，铺下大道置开篇；
执掌乾坤拨玄动，妙笔推动宇宙环；
大道至简循一衍，周流不息永恒玄；
众物有名皆可选，变化无限有宗连；
无极造化天地有，太极生成万物添；
身心具备无限广，以此通达至先天；
洞悉大道太极简，沟通万物后天衔；
无中生有本同出，异名两者道未变；
运行旋转化无边，众物妙成玄门前。

老子开示宇宙真相，实为指点人生迷津。中华古圣先贤早已认识到宇宙人生乃对应统一，世人遵循“天人合一”之道，才可能正常地生存与发展。反之，面临的只有灾难和过早地衰灭。所以老子说：“不道早蚤已”。（详解见道篇第三十章）

“道，可道也；非，恒道也，”说明一切事物的变化乃不变之规律，这也是现代科学可印证之事实。“道生一，一生二，二生三，三生万物”，老子在德篇第五章只用三个数就变出宇宙万物，说明变化有规律可以遵循，不论是宇宙还是人生，一切事物的发展都是万变不离其宗，皆有轨道和程序可循。比如，人在静止的时候，血液不停地循环、心脏不停地跳动、思想不停地变化；时间在变化、空间在变化、天地万物时时刻刻都在变化，这就是永恒的规律。

由此可知，老子之“道”暗合了佛学理论的“无常”，生命的生老病死、宇宙的“成住坏空”，都是“无常’的现象。“非，恒道也”，这句话暗合了《易经》的三大原则，“变易、简易、不易”。“变易”是说世间一切事物都在运行和变化，没有恒久不变的，这是变易之道；变易的道理并不复杂，此为

“简易”之道；但变易的道理不会改变，此乃“不易”之道。三大原则所说皆为“道”，这说明圣人所讲之道皆相通，只是表达的方式略有不同而已。

世人都懂得天体在不断地运行，人体气血也在不断地变化，这种不断运行和变化的规律都可以称呼为道。但这个称呼不会是固定不变的，天体运行可以称呼为道，可以称呼为规律，也可以称呼为法则；人体气血的运行可以称呼为道，可以称呼为规律，也可以称呼为法则。道可以称呼为规律；道可以称呼为法则；道可以称呼为智慧；道的称呼是无限的……这种一个事物多种称呼，和一个称呼多种事物的称呼方式，就是“名，可名也，非，恒名也”。

《老子》和《易经》有着相辅相成的关系，《易经·系辞》中曰：“易有太极，是生两仪，两仪生四象，四象生八卦，八卦定吉凶，吉凶成大业”。这段话高度概括了宇宙万物的发展过程，这就是宇宙生成之道。《易经》所说的太极、两仪、四相、八卦以及万物都是“有”所代表的物质世界，“易有太极”的“易”字代表变化，而老子曰：“非，恒道也”的“非”字也代表变化，这都在说明宇宙万物皆由变化而来，变化是永恒的规律。

物质世界产生的开始，就是老子所说的“一”，《易经》术语称呼为太极。太极原本浑然一体混沌未分，因道在不断地运动和变化，使得太极裂变成阴阳、四象、八卦、万物，这个生成万物的过程就是“有，名万物之母也”。

通过《易经》的理论和现代科学的分析，证明了老子的思想卓越、智慧超凡。但老子智慧的核心是什么呢？这就是“无”，也是儒释道三家理论的核心。“无”乃物质世界的母体，“无”包含了天地万物。有了“无”的对比，世人所追求的功名利禄都是微不足道的。至此，还会有很多读者不能理解，我们学习“无”和达到“无”的境界究竟有什么利益呢？老子曰：“恒无欲也，以观其眇”，这是说：等你们达到了“无”的思想境界，就可以知道“无”的妙用和好处了。本书读者近水楼台，我也有心先行放月，“无”对世人的利益在德篇第十一章才有明确解释，老子用一句“无为而无不为”展现了学道的核心理由，这也是老子最经典的语录之一，其中具有双重含义：

一、“无”是道，“为”是运行，“无为”是道的运行，“不为”是不用运行，这是说：道的运行是不用运行而运行，道随时都存在。“无”就是人的“自性”，本来就存在，随时都存在。“自性”是人人先天所具备的，只不过在后天的环境里被染污了，所谓“明心见性”就是恢复人的“自性”，也就是恢复到“无”。

二、世人的“无为”，就是遵循“无”的运行之道来行为。世人只有做到“无为”才能与“无”同步、沟通、融合，当与“无”融为一体时，便如同“无”一样可以生成宇宙万物，达到这个境界自然无所不能，无所不成，这才是人类所应该追求的最伟大事业。

“无为而无不为”是验证圣贤的一个标准，关于佛祖和老子的神奇事迹虽然流传广泛，但世人大都只当做神话来听。在人们的印象当中，孔子好像是一个比较平凡的圣贤，没有什么神通广大的事迹流传，但孔子自身却透露了得道的验证，子曰：吾十有五而志于学，三十而立，四十而不惑，五十而知天命，六十而耳顺，七十而从心所欲不踰矩。这段话几乎是家喻户晓，但能真正理解孔子本意的人并不多见。孔子的本意是说：

我十五岁的时候，立志学道，立身行道；

三十岁的时候，立住了道根，获得了一定的成就；

四十岁的时候，对世间的一切事物没有了迷惑。我们应该懂得，只有具备了超凡脱俗的大智慧，才能说没有迷惑；

五十而知天命：什么是天命？天命是天之理、人之道，即宇宙万物之规律；

六十而耳顺：什么叫耳顺？听不到逆耳之事，没有坏事只有好事。这是什么境界？只有心包太虚，了明因果，看透世事，才能做到如此洒脱；

七十而从心所欲不踰矩：相当于“无为而无不为”。

看到这里的读者应该明白，“无为”不是没有作为，而是最大的作为；不是不得，而是无限的获得。现在，我们知道“无”的作用太大了，“无”的收获太大了。但我们如何才能获得如此大的成就呢？老子回答说：“恒无欲也，以观其眇；恒有欲也，以观其噭”。这是说：只有保持“无”的思想和状态，才能了解先天无极世界的奥妙；只有保持“有”的思想和状态，才能知道后天物质世界相互感应的内容。但“无”和“有”的状态怎么保持呢？《老子》通篇都在讲解如何保持“有”和“无”的状态。

既然“无”才是最大圆满的收获，为什么还要保持“有”的状态呢？这个“有”字至关重要，“有”代表了宇宙万物，“有”字说明了宇宙万物皆为一体，“一”虽然分裂成万物，但万物之间的一体本性并没有改变，在宇宙万物之间必然存在着联系和感应，可世人如何才能知道万物之间的联系呢？老子告诉世人，要保持“有”的一体状态，才能和宇宙万物同步；只有保持“一”的状态，才能了解宇宙万物之间的感应和联系。很多现代人对“天人合一”的了解还不够明确，但有很多古人都对“天人合一”有着深刻的认知。

中国有句成语："铜山西崩，洛钟东应"，讲的是在西汉孝武皇帝时，未央宫前殿钟无故自鸣，三日三夜不止。汉武帝诏问东方朔，朔曰："臣闻铜者山之子，山者铜之母，以阴阳气类言之，子母相感，山恐有崩弛者，故钟先鸣。《易》曰：鸣鹤在阴，其子和之。其应在后五日内。居三日，南郡太守上书言山崩，广延二十余里。"这就是《易经·乾》所说的"同声相应，同气相求"，而这也是老子所说的"恒有欲也，以观其噭"。

其实，我国古圣先贤不但认知到各个星球对地球和人体有着重大的影响，而且还找到了其联系的密码，这就是《易经》中的八卦。例如：坎卦代表月亮、水、液体、血液、肾脏、智慧等，这些在同一卦象之中的事物必然有着相对应的无形联系。虽然，这个理论在一定时期内受到了歧视，但最终得到了现代科学的印证。现代科学已经发现，月球位置的变化和磁场引力等作用可以影响地球的潮涨、潮落；可以影响人体的周期与血液的流动；可以人体影响泌尿系统的代谢；可以影响人的精神活动……。

"天人合一"的理论其实并不复杂，只是世人对其理解不够深刻而已。事实上，古今中外的很多圣贤，对宇宙人生的认知思想早就站在了真理的顶峰……

通过老子的讲解，我们懂得了"无"中可以生"有"，其实"无"与"有"皆是道之体，故同谓之道。"无"与"有"都遵循着不断变化的规律，都在不停地旋转、运动、变化，这就是产生天地万物的途径，这个途径就是道。在本章只讲述了"无"生"有"之道，但这里却暗藏玄机：道有去路亦必有来踪，既然此道能由"无"到"有"，相信此道也一定能由"有"到"无"。为什么要从"有"到"无"呢？这就是道的核心机密，相信细心的读者一定会从中发现天机之所在。

【注释】

①道：原始含义指道路、路径，后来被引申为规律、法则、真理、智慧……②可：能够；可以。汉·贾谊《论积贮疏》——可治。③道：行，道也。——《说文》；康熙字典："《前汉·淮南王传》：诸使者道长安来；《山海经》：风道北来。《注》：道，从也。"在此引申为行走、遵循。④非：改变，不同原样。——汉语大字典。在此引申为一切事物的变化。例如：物是人非。⑤恒：《说文》：恒，常也。《易经·系辞》：恒，德之固也。"恒"者有固而不动、不变的含义。⑥名：名称、称呼。⑦无：（一）在此代表虚空无极世界，这是人类感官所难以感知的世界，也是可以生化物质世界的能量世界。（二）代表

空无、没有等含义，在古时文字简练，一字多用通用的现象很普遍。这个“无”字在《老子》书中有着非常重要的意义，如果能正确地区分“无”字所代表的是“先天无极世界”或“空虚、没有”等含义，对于破解《老子》起着至关重要的作用。⑧有：代表后天物质世界。“有”包含了尚未分裂的整体物质世界；包含了分裂成阴阳的天地；包含了分裂后的万物。⑨欲：想要、希望。在此引申为思想和追求。⑩噭：（音 jiào）古同“叫”。《礼记·曲礼上》：毋噭应。《说文》：吼也、一曰噭呼也。“噭”字在此应引申为呼应，感应。⑪胃：通“谓”。⑫玄：通悬；通旋。在这里代表旋转、运行、运动、变化。⑬眇：《释名》：眇，小也。后通“妙”，引申为精微、奥妙。⑭门：途径、诀窍。

第2章　圣人无为

【马王堆汉墓帛书资料】

【甲本】

天下皆知美为美恶已∠皆知善訨不善矣∠有无之相生也难易之相成也长短之相刑也高下之相盈也∠意声之相和也先后之相隋恒也是以声人居无为之事行□□□□□□□□□□□也为而弗志也成功而弗居也∠夫唯居是以弗去。

【乙本】

天下皆知美之不美亚已皆知善斯不善矣□□□□生也难易之相成也长短之相刑也高下之相盈也音声之相和也先后之相隋恒也是以职人居无为之事行不言之教万物昔而弗始为而弗侍也成功而弗居也夫唯弗居是以弗去

【校订本】

天下皆知美之不美，恶已皆知善，斯不善矣。有、无之相生也，难、易之相成也，长、短之相刑也，高、下之相盈也，音、声之相和也，先、后之相随，恒也。是以圣人居无为之事，行不言之教，万物作而弗始也，不而弗侍也，成功而弗居也。夫唯弗居，是以弗去。

【本书校订本】

天下皆知美为美，恶①已②。皆知善，斯③不善矣④。有无之相生也；难易之相成也；长短之相刑⑤也；高下之相盈⑥也；音声之相和⑦也；前后之相隋⑧，恒也。是以圣人⑨居无为⑩之事⑪，行不言之教。万物昔⑫而弗始⑬也；为而弗志⑭也；成功而弗居也，夫⑮唯弗居，是以弗去。

【原文】天下皆知美为美，恶①已②。

【译文】当天下人都知道美好事物为美好之时，说明已经处在很恶劣的环境和状态。

【原文】**皆知善，斯[3]不善矣[4]。**

【译文】当天下人都知道做善事者的善良时，说明已经处在不善的环境和状态。

【原文】**有无之相生也；难易之相成也；**

【译文】“有”和“无”是在“生”的过程中相对应；“难”和“易”是在每个事物完成的过程中相对应；

【原文】**长短之相刑[5]也；高下之相盈[6]也；**

【译文】“长”和“短”是在每个事物的毁折中产生的自我比较；“高”和“下”是在每个事物增长的过程中相对应；

【原文】**音声之相和[7]也；前后之相隋[8]，恒也。**

【译文】“音”与“声”是由声“和”成音的过程中相对应；“先”和“后”是在两者相“随”的过程中相对应。以上之比喻皆为不变的规律。

【原文】**是以圣人[9]居无为[10]之事[11]，**

【译文】所以，圣人皆按大自然规律的标准而行为，

【原文】**行不言之教。**

【译文】用实际行动来影响和教化后人去真修实干。

【原文】**万物昔[12]而弗始[13]也；**

【译文】万物久远存在而不是创始；

【原文】**为而弗志[14]也；**

【译文】万物运行生长而不是自己的意志；

【原文】**成功而弗居也，**

【译文】万物完成生长而不居功，

【原文】**夫[15]唯弗居，是以弗去。**

【译文】只有不居功，所以才能不至灭亡。

【导读】

天下皆知美为美，恶已。

世事皆分阴阳，既为对立，又是统一。当天下人皆知美好事物为美好之时，说明已经处在恶劣的环境和状态。

皆知善，斯不善矣。

当天下人都知道善事为善，说明已经处在不善的环境和状态。因为，只有在不善的环境中，出现善事才会显得突出。如果世人皆善，就不会感觉到善事的存在。

有无之相生也；

第一章说“无”生“有”，而本章说“有无相生”，这说明“无”绝非真空之无，只是另一种形式存在的物质。

难易之相成也；

难与易是在每个事物完成的过程中相对应的，这说明世间事物发展过程皆非直线。太极阴阳图的S线也说明宇宙间的事物皆为曲线发展，太极圈则代表一切世事发展皆为循环。

长短之相刑也；

世上的事物没有绝对的长与短，而是在每个事物毁折之后对比出来的。

高下之相盈也；

高是在下的基础上增长而成，此高经过再次增长后，原来之高就变成了下。这说明，高由下长，下长高成，一切事物都是相对的高与下，而没有绝对的高与下。

音声之相和也；

单声为声，和声为音。这说明，和谐合作才是事物发展的必然规律。如果没有合作，就一定没有发展。

前后之相隋，恒也。

隋：通“随”。

宇宙间的事物皆为循环生发，如同在一个圆周路线里前进，前后二者必定互为前后。这说明，世间所有事物的发展都互为相连，而且，这是永恒不变的规律。

是以圣人居无为之事，行不言之教。

无为：遵循大自然规律的行为。

圣人居无为之事：圣人胸襟虚空无限大，能够包容宇宙万物，圣人的行为保持着“无”的状态，这就是圣人居“无为”。

行不言之教：“不言”并非圣人不说，这句话里有“行”有“教”，说明圣人在行教。比如孔子办教育要说；佛祖释迦牟尼办教育要说；老子著书讲学也在说。三圣其实都是老师，都在教世人学习文化，所以，“行不言之教”是圣人以身作则，教导后学去身体力行。

万物昔而弗始也；

万物虽已存在久远，但万物是由天地而生，所以万物不是创始，也不用去创始。这是告诫世人，不要违背大自然规律去创造一些怪异的事物。

为而弗志也；

万物运行生长不是自己的意志。这是告诫世人，不要用自身的主观意识来思考和行为，而是要客观地遵循大自然的规律。

成功而弗居也，夫唯弗居，是以弗去。

万物完成生长而不居功，只有不居功，才能生生不息不至灭亡。这是告诫世人，要戒除贪欲才能正常地生存和发展。

【感悟】

善恶美丑皆相对，有无难易先后随；
长短高下映断续，音声相和里外汇；
圣人无为以行教，万物虽远非父辈；
苍生长成尊道理，成功遂事乃天睿；
器物盈满当须止，天理循环自相推。

老子的文章隐机含玄，信手拈来言必有渊。老子所言之美，非指单纯之美丽，乃言一切美好的事物，不要以为美好的事物远在天边，其实大道近在眼前。宇宙万物虽众，万法唯心而出，美与恶并非固有，皆因对比后而暂定。如果寻常之事能够引动人心，并感受到其中之美好，这必定会折射出人生之状态。举例如下：

例 1：当人们见到有个人所穿衣服没有补丁，便感觉到这个人很幸福。这说明，人们生活指数已经很低。

例 2：当人们见到有个人能吃顿饱饭，都感觉到这个人很幸福。这说明，人们已经食不果腹。

例 3：当人们见到有家人有一蜗居，都感觉到这家人很幸福。这说明，人们已经不能安居。

例 4：当人们出行能够搭乘到马车之时，都感觉到很幸福。这说明，人们的出行还很不便利。

世事皆相对，我们可以顺着老子的潜台词去思考，反过来可以说：天下皆知恶之为恶，美矣！当天下人皆对贪婪和竞争进行鄙视，代表此时天下美矣！

老子言罢美与恶，继而来说为善与否。美与恶对比了生活指数，善与不善则是衡量善良指数。举例如下：

例1：当人们看到和尚“扫地不伤蝼蚁命，爱惜飞蛾纱罩灯”的时候，皆来称赞这些出家人是真善啊！虽然，世人大多做不到，但人们还是给了一个真善的评价。这说明，世人已经处在不是真善的环境和状态。

例2：当人们听到世上还有“路不拾遗，夜不闭户”这码事，人们皆称此事为善。这时可以看出，人们已经处在不善的环境和状态。

例3：当人们听说某地出孝子啦，人们说：这孩子真好啊。说明这时孝顺是缺失的，亦为环境和状态之不善。孝顺乃人之本份，如果人人都孝顺，孝子本不出奇。

宇宙万物起源于“无”，说明“无”并非真空之“无”，只是一种未知物质的存在形式，而这种形式是人类六根（眼、耳、鼻、舌、身、意）所难以认知到的，但人类除六根以外，一定还有其他的认知途径，这就是老子所说的“恒无欲也，以观其妙”，“恒无”是一种思想和状态，只有保持“无”的思想和状态，才能超越六根的局限去沟通虚空无极的世界。有了以上的了解，再去看《般若波罗蜜多心经》所讲的“色即是空，空即是色”，就能参悟其中的一些玄机。

让世人去认知“无”的世界显然非常困难，但任何困难的事物都有其极限，一旦突破则会由难变易。例如：电灯的实现在古代是困难的，当爱迪生发明电灯以后，突破了困难的极限，电灯成为了生活必备，这就是由难成易。在有了电力的平台上，发明各种电器是相对容易的，但也存在着相对困难的过程，这就是由易成难。随着电器研究的极限被突破，各种电器就应运而生，如电话、视频等，在古代相当于顺风耳、千里眼，在现代则是相对容易的事情，这就是“难易之相成”。

长短相形、高下相盈、音声相和、前后相随，这些比喻说的都是大自然的规律。规律是永恒的，道是相对的，“道”是无处不在的，故《易经》曰：“百姓日用而不知”。

圣人都是尊道之楷模，以身作则的导师，如世人都效法圣人之道，才有可能生生不息不致灭亡。

【注释】

①恶：丑陋。②已：《广雅》：已，成也。③斯：《尔雅·释诂》：斯，此也。④矣：文言助词，与“了”相同。⑤刑：折、伤。《易·蒙》：利用刑人。注：“兑折为刑。”⑥盈：增长、充实。⑦音声相和：汉代郑玄为《礼记·乐记》作注时说，合奏出的乐音叫做“音”，单一发出的音响叫做“声”。《说文》和，相应也。《冰鉴中》解释音声：声主“张”，寻发处见；音主“敛”，寻歇处见。⑧随：通“随”。《管子·白心篇》：人不倡不和，天不始不随。《易林》：宫商即和，声音相随。⑨圣人：思想境界至高，品德行为至善，为人类贡献至大。⑩无为：道的行为，遵守大自然规律的行为。这也是衡量圣人的标准。⑪事：《说文》：事，职也。⑫昔：《传》：昔，久也。《疏》：昔是久远之事。⑬始：创始。⑭志：意愿。⑮夫：文言指示代词，相当于“这”或“那”。

第3章　无知无欲

【马王堆汉墓帛书资料】

【甲本】	【乙本】	【校订本】
不上贤□□□□□□□□□□□□民不为□不□□□□□民不乱是以声人之□□□□□□□□□□□□□强其骨恒使民无知无欲也使□□□□□□□□□□□□□□□	不上贤使民不争不贵难得之货使民不为盗不见可欲民不乱是以职人之治也虚其心实其腹弱其志强其骨恒使民无知无欲也使夫知不敢弗为而已则无不治矣	不上贤，使民不争。不贵难得之货，使民不为盗。不见可欲，使民不乱。是以圣人之治也，虚其心，实其腹；弱其志，强其骨恒使民无知欲也。使夫知不敢为而已，则无不治矣。

【本书校订本】

不上①贤②，使民不争。不贵③难得之货，使民不为盗④。不见可欲⑤，使民不乱。是以圣人之治也，虚其心⑥、实其腹⑦、弱其志⑧、强其骨⑨，恒使民无知⑩、无欲⑪也，使夫知不敢，弗为而已⑫。则⑬无⑭，不治矣⑮。

【原文】不上①贤②，使民不争。

【译文】不能让错误的思想超过圣贤之道成为标准，才能使得人民不起争斗。

【原文】**不贵[3]难得之货，使民不为盗[4]。**

【译文】不抬高稀有物品的价值，才会使得人民不产生偷盗的贪欲。

【原文】**不见可欲[5]，使民不乱。**

【译文】不要让社会上出现可以诱发世人贪欲的事物，这样才能使得人们的心性不会混乱、败坏。

【原文】**是以圣人之治也，虚其心[6]、实其腹[7]、弱其志[8]、强其骨[9]**

【译文】所以，圣人的治理之道是：让人们宽广胸襟、提高文化素养、减少主观意识、增强良好的品质和气概。

【原文】**恒使民无知[10]、无欲[11]也，**

【译文】让人们保持对道的认知和对道的追求。

【原文】**使夫知不敢，弗为而已[12]。**

【译文】使人民皆懂道而不敢违背道，矫正和停止错误的行为。

【原文】**则[13]无[14]，不治矣[15]。**

【译文】效法“无”之道，就不用治理了。

【导读】

不上贤，使民不争。

上：超过。

贤：衡量才德的最高标准。（如果和“贤”的标准有距离，就说明其思想是错误的。）

老子在此教导统治者：不能让错误的思想超过圣贤之道成为标准，当世人皆以圣贤之道为行为标准的时候，才能减少争斗。

“不上贤”被“通行本”改成“不尚贤”了，中国文化自古以来皆推崇圣贤之道，而衡量圣贤的标准，就是遵守大自然的规律。如果不推崇圣贤之道，自然就不会推崇遵守大自然的规律。《老子》通篇都在规劝人们遵守大自然的规律，又岂能说出不崇尚贤人之言呢？

不贵难得之货，使民不为盗。

贵：抬高。

盗：贪婪欲望所诱发的行为。

老子告诫邦国的管理者，不要抬高稀有物品的价值，目的是不诱发世人贪婪的欲望和行为。反过来说，如果抬高了稀有物品的价值，就会诱发世人贪婪的欲望，就会做出不轨之行为。

不见可欲，使民不乱。

邦国的管理者不要让社会上出现诱发贪欲的事物，才不会使得人们的心性混乱、败坏。反过来说，如果管理者让社会上出现各种诱发贪欲的事物，就会使得世风日下，其后果可想而知。

是以圣人之治也，虚其心、

虚其心：宽广人民的胸襟。（虚：宽广。）

所以，圣人的治世之道是宽广人民的胸襟。

实其腹、

实其腹：提高人民的文化素养。苏轼在《和董传留别》有诗曰："粗缯大布裹生涯，腹有诗书气自华"。"腹有诗书和满腹经论"是中国古代对文人的形容词，"实其腹"的本意是提高人民的文化素养。

这绝非普遍注解的"让人民吃饱肚子"。因为，圣人对百姓生活的期望值没这么低，正所谓"人吃饭是为了活着，但人活着绝不是为了吃饭"。

弱其志、

弱其志：减少主观意识。"弱"者减少。"志"者意也；

这是教育人民减少主观思想和欲望，要客观地按照事物发展规律来行为。

这绝非普遍注解的"削弱人民的意志"。

强其骨，

强其骨：增强人民良好的品质和气概。"骨"字代表骨气、品质、气概。

这绝非普遍注解的"增强人民体质"。因为，圣人讲的都是形而上之道。

恒使民无知、无欲也，

无知：道的认知。（无：道的本体。"无知"是对道的认知。）

无欲：道的思想。（欲：代表思想追求。"无"具有双重含义，也代表没有贪婪的欲望。）

"恒使民无知、无欲"，这是让人民保持对道的认知和对道的追求，不要让人民产生贪婪的欲望。

这绝非要愚弄百姓，圣人本身都是文化的传播者，自然不会说自相矛盾的话。

"无知、无欲"的真意在此大白于天下，老子愚民政策的大帽子从此可以摘矣。

使夫知不敢，弗为而已。

使夫知不敢：使人民皆知宇宙人生之道，不敢做背道之事。

弗为：矫正自己错误的思想和行为。（弗：矫正。）

而已：而停止错误的行为。（已：停止。）

使得人民皆知宇宙人生之道，不敢做背道之事，从而矫正自己的错误思想，而且停止错误的行为。

则无，不治矣。

则无：效法“无”之道。（则：效法。）

不治矣：不用治理了。

如果人民皆效法“无”之道，就会成就天下大治，当然就不需要治理了。

【感悟】

中华自古崇圣贤，后人误解断道缘；
不争皆为浑圆体，心贪只缘贵货现；
拒见可欲德心静，百姓从此乐土安；
圣人传道可大治，人民胸襟比海渊；
胸藏锦绣腹怀文，能舍贪欲不主观；
道风起时侠骨增，天下苍生结善缘；
红尘从此不违道，人间正道可纠偏；
效法无上大道简，大同社会现人间。

《老子》讲的是宇宙之道、人生之道、治世之道，本章所讲重点为治世之道，老子在此提出三个安邦定国的基本条件：

一、“不上贤”

不能让错误的思想超过圣贤的思想成为标准，只有以圣贤之道为标准，才能使得人民减少争斗。何谓圣贤之道呢？比如，儒家的行为标准是五常：“仁义礼智信”；释家的行为标准是五戒：“戒杀、戒盗、戒淫、戒妄、戒酒”；道家的行为标准是“无为、不争”，而“无为、不争”的核心，就是遵守大自然的规律，这是让世人来效法天道之“仁义礼智信”，进而成就人生之道的“仁义礼智信”。正所谓“仁者不杀、义者不盗、礼者不淫、智者不酒、信者不妄”。因此，大家都应该明白，儒释道三家的行为标准并无二致，如果人们都能遵守儒释道的行为标准，自然就不会有争斗。

例如：圣贤之道是以“不争”为标准，而现代人是以竞争为标准，这就是上贤了；圣贤之道以“无为”为标准，现代人是以“有为”为标准，这就是上贤了；圣贤之道以抵制贪欲为标准，现代人是以满足各种欲望为标准，这就是上贤了……

（对于习惯竞争的世人来讲，以上这些理论的境界可能太高了，有些人可能一时间难以接受和理解。但是，当读者综合阅后，就应该会有更深入全面的理解。）

二、不抬高稀有物品的价值

老子看到社会动乱、人心的贪婪，就发心要传授给世人一个天下无贼的方法。这个方法说来简单，就是需要统治者来制定一个统一的物价标准，不论是多么难得稀有的物品，都不可以抬高它的价值，这样就不会诱发世人贪婪的欲望和窃取的行为。让人们在思想中摒弃贵重、宝物的概念，如果黄金皆如粪土，人心就能归于淳朴。

三、不要让社会上出现诱发欲望的事物

前两个方法虽可平息人们的争斗之心和盗心，但还有很多可以诱惑人们欲望的事情。在《吕氏春秋·贵生》中提出六欲的概念："所谓全生者，六欲皆得其宜者。"汉代高诱注：六欲者，生、死、耳、目、口、鼻也；释家将此称为六根："眼耳鼻舌身意"，概括地说，就是"见欲、听欲、香欲、味欲、触欲、意欲"，这六欲皆非单一表现，往往是综合性的表现。既然出现了这种载体，也就很难控制其内容。正所谓水能载舟亦能覆舟，如能真正地控制其传播的内容，这些载体反而会成为文化教育的有效工具。

诱发世人贪欲的事物还有很多，其中包括了山珍海味的诱惑。其实，世上存在的各类动物和人类在生命形式上都是平等的，人类和其他各类动物都应该和平共处、各行其道，才符合大自然规律。人们为了满足自己的口腹之欲而杀害众多生命，这显然违反了天之道，如果人类一意孤行，必然会导致极其严重的恶果。

自古以来，皆有律法制裁犯罪，但犯罪之事却禁而不绝，其原因是：法律只能治标而不能治本。制裁犯罪只能治标，教育世人遵道守德才是治本。老子所讲皆为遵道守德；孔子讲的也都是遵道守德，如："非礼勿视，非礼勿听，非礼勿言，非礼勿动。"释迦牟尼佛讲经说法四十九年，都在讲遵道守德，如：戒杀、戒盗、戒淫、戒妄、戒酒，这五戒就是人类思想行为的最基本准则。如果世人都能遵守儒释道的道德标准，那就是世界大同。最后，老子总结了圣人治世的核心思想"则无"，"则无"就是效法"无为之道"，"则无"就是道德教育。如果世人都能效法"无为之道"，这就是天下大治。

至此，本书读者都已明白，老子绝非阴谋家，《老子》书中的内容也绝非“愚民政策”。

【注释】

①上：超过、超出。②贤：在古代是衡量才德的最高标准。例如：其贤不及孔子。——唐·韩愈《师说》。这句话表明，做为圣人的孔子也用“贤”字来衡量。③贵：抬高。④盗：偷盗、贪婪的欲望。⑤欲：想要、希望、愿望。⑥虚：宽广。⑦实：充实。⑧志：主观意识。⑨骨：骨气、气魄。⑩无知：“无”是道的本体，“无知”即是道的认知。⑪无欲：“欲”是想要、希望，在这里引申为追求，“无欲”是道的追求。⑫已：本义：停止。例如：鸡鸣不已。——《诗·郑风·风雨》。⑬则：模范、规则。则，法也；则，常也。——《尔雅》；又如：则效（则象。效法）。⑭无：“无”是道的本体。⑮矣：文言助词，用于句末，与“了”相同。是完成的语气。

第4章　万物之宗

【马王堆汉墓帛书资料】

【甲本】

□□□□□□□盈也潚呵始万物之宗∠锉其解其纷∠和其光同□□□□□□或存∠吾不知□子也∠象帝之先∠

【乙本】

道冲而用之有弗盈也渊呵佁万物之宗锉其兑解其芬和其光同其𪋻湛呵佁或存吾不知其谁之子也象帝之先

【校订本】

道冲而用之又弗盈也。渊呵！似万物之宗。挫其锐，解其纷；和其光，同其尘。湛呵！似或存。吾不知其谁之子也，象帝之先。

【本书校订本】

道冲[1]而用之有弗盈[2]也。渊[3]呵！始万物之宗。锉[4]其兑[5]、解[6]其纷[7]、和[8]其光[9]、同其尘。湛[10]呵！始或[11]存。吾不知其谁之子也，象[12]帝[13]之先。

（甲本用“始万物之宗”；乙本用“佁万物之宗”和“佁或存”，说明了“佁”字通“始”字，所以，甲本对应“佁或存”处应为“始或存”。）

【原文】**道冲[1]而用之有弗盈[2]也。**

【译文】道体如同空虚的器皿，用它来装载天地万物都不会充满。

【原文】**渊[3]呵！始万物之宗。**

【译文】道体深啊！这就是万物开始的本源。

【原文】**锉[4]其兑[5]、解[6]其纷[7]、**

【译文】摧毁天地间的万物、融化纷乱的万事。（老子在意念和境界上的景象）

【原文】**和[8]其光[9]、同其尘。**

【译文】混合广大的物质世界，如同尘土一样化为灰烬。

【原文】**湛[10]呵！始或[11]存。**

【译文】清澈透明啊！元始的世界还存在。

【原文】**吾不知其谁之子也，象[12]帝[13]之先。**

【译文】我也不知这个虚空无极的世界是怎么来的，总之应该是在天地万象生成之前。

【导读】

道冲而用之有弗盈也。

道冲：道体如同“盅”一样的器皿。

有：天地万物。

弗盈：不会充满。

“无与有”皆是道之体，老子在此把“无”形容成一个无限大的器皿。“无”生发和承载物质世界，用“无”装载天地万物都不会充满。

渊呵！始万物之宗。

渊呵：深远啊！

宗：祖先、本源、开始。

深远啊！这是老子对道体“无”的描述和感叹。老子发现这个虚空无极的世界应该是宇宙万物的开始，所以说：“无，名天地之始也。”

锉其兑、解其纷、和其光、同其尘。湛呵！始或存。

锉其兑：摧毁天地万物。

解其纷：融化纷乱的万事。

和其光：混合广大的物质世界。

同其尘：化为灰烬。

湛呵：清澈透明。

始或存：元始的世界还存在。（或：地域，引申为世界。）

老子在此说，要摧毁天地万物，融化纷乱的万事，混合广大的物质世界，如同尘土一样化为灰烬。这样一来，世界就清澈透明了，但虚空无极的元始世界还存在。

老子这是要干什么呢？地球毁灭啦？看了这些解释，很多读者都会惊讶，但请不要害怕，最后我会说明老子在干什么。

吾不知其谁之子也，象帝之先。

谁之子：谁的孩子。这是问“无”是从何而来？

象帝：万象的主宰，指的是天地。因为，万象即万物，而万物的主宰是天地。

象帝之先：天地之先是“无”。因为，“无，名天地之始也”。

老子最后说：我也不知道虚空无极的世界是由何而来，但其存在一定是在天地之前。

【感悟】

先天虚空载无限，渊深难测目观玄；
天长地久虚为始，摧毁障缘清澈现；
融化万事解纷乱，混合大千灰飞烟；
难明无极谁所生，但晓必为天地先。

老子形容“无”如同空虚之器皿，“无”者其大无外，用来装载天地万物都不会充满，这个虚空无极的世界太深远啦！这应该是万物开始的本源。

老子出言，必含玄机，而本章玄机何在？细心者应可看出老子在观察宇宙！当时没有天文望远镜啊，他老人家如何观察呢？老子说首先在“意念”上要摧毁天地间万物（暂用“意念”之词，实则此为老子之境界），放下纷乱的万事（放下一切杂念），将广大的物质世界混合在一起，如同尘土一样化为灰烬。当意念能做到放下一切杂念，达到一心不乱的时候，境界就会出现：老子看到一个虚空无极、清澈透明的世界。境界至此，老子说：我不知道这个虚空无极的世界是怎么来的，总之是在天地万物生成之前。老子的描绘，说明其自身已经“证”到了“虚空粉碎、大地平沉”的境界。

本章表明，老子理论乃经实践得来。“无，名天地之始也；有，名万物之母也。”这也应该为老子境界所见。在《般若波罗蜜多心经》里开篇有句话：“观自在菩萨，行深般若波罗蜜多时，照见五蕴皆空，……”由此说明：圣人的境界皆相通，所讲之道必相同。

【注释】

①冲：通“盅”，代表器皿。②盈：充满。③渊：深。④锉：磨光、切断。这里是摧毁的意思。⑤兑：通“锐”。锐：锋芒、突出，这里代表天地间突出的物质，也就是天地万物。⑥解：溶化。⑦纷：纷乱的万事。⑧和：混合、连带。⑨光：通“广”。广大，宽阔。例 1：光被四表，格于上下。——《尚书·尧典》；例 2：昔武王克商，光有天下。——《左传·昭公二十八年》。⑩湛：清澈透明。⑪或：本义：国家。用本义时读(yù)。【说文】：邦也。从口从戈，以守一。一，地也。通作域。⑫象：天地万象。⑬帝：主宰。

第 5 章　天地不仁

【马王堆汉墓帛书资料】

【甲本】

天地不仁以万物为刍狗∠声人不仁∠以百省□□狗天地□间□犹橐籥舆而不淈蹱而俞出多闻数穷不若守于中

【乙本】

天地不仁以万物为刍狗职人不仁□百姓为刍狗天地之间其猷橐籥舆而不淈动而俞出多闻数穷不若守于中

【校订本】

天地不仁，以万物为刍狗。圣人不仁，以百姓为刍狗。天地之间，其犹橐籥与？虚而不淈；动而愈出。多闻数穷，不若守于中。

【本书校订本】

天地不仁①，以②万物为刍狗③。圣人不仁，以百姓为刍狗。天地之间，其犹橐籥④，舆⑤虚而不淈⑥，动而俞⑦出。多闻数⑧穷⑨，不若守⑩于中。

【原文】天地不仁①，以②万物为刍狗③。

【译文】天地运行受到阻滞，因此万物成为草狗。

【原文】圣人不仁，以百姓为刍狗。

【译文】圣人之道受到阻碍，因此百姓成为草狗。

【原文】**天地之间，其犹橐籥[④]，**

【译文】天地之间，如同鼓风箱一样。

【原文】**舆[⑤]虚而不淈[⑥]，动而俞[⑦]出。**

【译文】载乘着中空之气不会枯竭，经过鼓动吐纳而输送。

【原文】**多闻数[⑧]穷[⑨]，不若守[⑩]于中。**

【译文】多去听闻计算天地的穷尽，不如遵守天地间核心的运行规律。

【导读】

天地不仁，以万物为刍狗。

天地不仁：天地的运行受到了阻滞。（不仁：不顺畅）

刍狗：用草编织的狗形，是古人在瘟疫流行之时用来祭神求福的。

坊间对此的注解，都没有把“刍狗”来做比喻的理由说清楚。老子为什么用“刍狗”来比喻万物和百姓呢？“刍狗”是在瘟灾时用来祈福祭祀用的，是用来比喻灾难过后没有灵魂的事物，而“祭祀”这个潜在的词被忽略了。

天地运行受到阻滞，导致了一些灾难的产生，万物此时如同没有灵魂的草狗，只有面对死亡。这个悲惨的结局并非天地不仁慈，而是世人不遵守大自然规律造成，“仁义礼智信”皆为天道，天地绝对不会没有仁慈之心。

圣人不仁，以百姓为刍狗。

圣人不仁：圣人思想的传播受到阻碍。（不仁：不流通）

圣人思想的核心，就是遵守大自然规律。当圣人的思想没有人去学习和实施的时候，失去行为准则的人们就不会懂得遵守大自然规律。此时，必然会出现各种天灾人祸，这才导致百姓如同没有灵魂的草狗，那就是面对死亡。百姓这个悲惨的结局，并非圣人不仁慈造成的，而是人们违反圣人的教诲，违背大自然规律的行为所造成。

天地之间，其犹橐籥，舆虚而不淈，动而俞出。

橐籥：古时候的一种鼓风箱。

舆虚：载乘着空气。

不淈：不会枯竭。

动而：风箱之鼓动，即吐故纳新。

俞出：输出；产生。（“俞”字通“腧”。）

天地之间如同风箱一样，载乘着虚空中的空气，如同风箱一样不断鼓动，才使得空气不断地输送。

多闻数穷，不若守于中。

多闻：多去听闻。

数穷：计算天地和人生的穷尽。

不若：不如。

守于中：遵守着大自然的规律。

人们都喜欢听闻计算天地穷尽和人生的寿命。其实，这些事情没有什么真正意义，还不如去遵守大自然的规律。人们只有遵守大自然的规律，万物和百姓才不会遭受灾难。

【感悟】

仁义之道自然出，世人效法成礼俗；

天地运行气受阻，万物遭殃刍狗路；

圣人告诫难入耳，刍狗亦为百姓图；

天地圣人皆仁义，奈何后人望文渎；

何必费心多算计，宇宙万物本一数。

出入循环鼓中气，吐故纳新皆得度。

本章寓意至极深刻，老子警言发人深省。春秋之文章本来古朴，老子的文字又精密至深，虽当时观之尚可理解，然后人阅读渐至偏离，以致济世古镜蒙尘千载，书中语句竟成经典争辩。

例如：本章开篇讲到“天地不仁，以万物为刍狗。圣人不仁，以百姓为刍狗。”这两句话使得后人争辩不休，希望本书的出现能够成为此争论的终结者。

千古以来，本章争论的焦点在“仁”字上，“仁”字代表仁爱，但并非仅此一种含义，自古五常之“仁义礼智信”皆与五行相对应，而五行可以对应到世间一切事物，例如：“仁”字对应五行之“木”，代表了风、空气等概念。在《礼记·乡饮酒义》中讲，到“天地温厚之气，始于东北，而盛于东南，此天地之盛德气也，此天地之仁气也。”由此可见，“仁”字当时已经应用到与大自然的对应。

又如：在《黄帝内经·灵枢·卷十一》中讲到：“卫气不行，则为不仁。”这已说明“不仁”就是阻滞不通。由此可知，“仁”字当时已经应用到与人体的对应。

由“仁”字的应用范围，可知“仁”字在此代表了不通畅、不流通。“天地不仁”代表天地运行与万物之气不能正常地运转和流通，就如同人体的气脉被阻滞，必然会产生天灾。那么，造成天灾的原因有哪些呢？天地运行之气是如何被阻碍呢？地球是被谁调成震动的呢？其实，这些灾难都是人们不遵守大自然规律的行为所造成。

例 1：自 20 世纪 80 年代以来，在法国波城地区测得的地震，包括一些 4 级以上的地震，都是由于埃尔夫阿奎坦集团公司对天然气田进行大规模开采造成的。

例 2：美国东北部原本是一片很不活跃的地区，但自 20 世纪 80 年代以来发生了一系列的地震。科学家们认为，其中的三分之一都是因为深层矿藏的开采、面积巨大的露天采石场、深入地下的液压井等直接造成的！

例 3：比如 2006 年 10 月朝鲜进行的核实验便引发了一场 4.2 级的地震；2009 年 5 月 25 日朝鲜核试验引发 4.5 级地震。

通过对众多案例的分析，科学家们得出了一个非常惊人的结论：人类不需要对自然体系进行强力干扰便能够激发断层的活动。“如果断层已经处在断裂的临界点上，断层面的垂直应力只要有 104 帕（相当于大气压的 1/10）的改变就可能诱发断裂。”因此，就像压垮骆驼的最后一根稻草一样，人类也可能加速地震的发生。因为，人类的干扰如液压井，其量级可能是十几个标准大气压，而这恰是断层进行重整通常需要的力度。

人类行为与海啸的关系：据英国《卫报》2005 年 8 月 17 日报道，2004 年的印度洋海啸夺去了斯里兰卡成千上万人的生命，科学家对斯里兰卡地区海域研究后发现，2004 年的印度洋大海啸造成的惨重损失与当地非法开采珊瑚有着直接联系。而这些珊瑚原本可以抵挡住最狂暴的海浪对海岸线的侵袭。

经现代科学研究证实，各类环境变化和灾难都与人类的行为有关，例如：全球变暖、沙漠侵蚀、地震、海啸、水灾、旱灾等，而疾病传播和战争等人祸，更是毋庸置疑的与人类自身的行为有关。老子曰：“天地不仁，以万物为刍狗。”说的是天地运行受到阻碍，故而导致了灾难的发生，使得万物如同没有灵魂的草狗走向了死亡，而这些灾难都是人类破坏大自然的行为所造成。

当读者得知“天地不仁”的真相时，自然就能理解“圣人不仁”的本意。“圣人”是对人类中具有至高无上智慧、思想、品行的人给予的尊称。于国人来说，最熟悉的圣人就是孔子、老子、释迦牟尼，当然世界上还有很多圣人，在此就不一一列举了。三位圣人皆为智慧圆满、思想卓越、品德至高的代表，他们都一生从事教育事业，但并非因此而成为圣人，而是他们发现和了解了宇宙人生的真相，他们用自身的大智慧演绎和传播了宇宙人生的真理。这些圣人的理论虽然都自成体系，但他们所讲之道完全相同，他们的理论可以相互印证，都能经得起时间的考验，历史用事实证明了三教理论的正确性，三教文化皆为遵守大自然的规律，所有圣人皆为遵守大自然规律的代表和楷模。懂得“天地不仁”和圣人的概念，必定可以懂得“圣人不仁，以百姓为刍狗”的真意，此为圣人思想的传播受到了阻碍，导致百姓的行为失去准则，世人的妄为必然会导致天灾人祸的降临，百姓就如同没有灵魂的草狗走向了死亡。由此可知，人类的妄为与天灾人祸有直接关系。

老子把天地比作风箱的意义何在呢？这是老子向世人传授吐故纳新。如果风箱不能吐故纳新，这个风箱就失去了作用；如果天地之气不能吐故纳新，这个世界就没有了生机；如果人体不能吐故纳新，也就停止了生命。所以，人类的行为只有付出才会有收获，否则，就会如同风箱失去了功用，如同天地停止了运行，如同人体停止了呼吸。

世人皆想提前知道天地的穷尽和人生的寿命，其实天地人生寿命的长短都在于人类的行为。如果人类都能够遵守大自然的规律，天地万物就一定会正常地生存和发展；如果人类不遵守大自然的规律，天地万物就会出现危机甚至灭亡。

【注释】

①不仁：《黄帝内经·灵枢·卷十一》：卫气不行，则为不仁。这是说卫气运行阻滞，就是现在我们常说的“气滞”。“不仁”就是受到了阻碍而导致不通畅。例如：“麻木不仁”代表肢体麻痹，气血不通。②以：则，那么——表示条件关系。例如：战而不胜，以亡随其后。——《战国策》。在此代表“因此……”。③刍狗：刍狗是古代祭祀时用草扎成的狗。例如：《淮南子·说林训》：“譬若旱岁之土龙，疾疫之刍狗，是时为帝者也。”这段话说明了刍狗的用处，是瘟疫流行之时用来祭神求福的。④橐籥：（tuó yuè）鼓风箱。⑤舆：运载。如：舆粮（运载粮食）。⑥淈：（gǔ）枯竭。⑦俞：通“腧”；通“输”。例如：“腧穴”是人体脏腑经络气血输注出入的特殊部位。“腧”通“输”，或从简作“俞”。《素问·气府论》：解释腧穴是“脉气所发”；《灵枢·九针十二原》：“神气之所游行出入也，非皮肉筋骨也。”⑧数：计算。⑨穷：尽。在此指寿命。⑩守：遵守。⑪中：中心、核心、标准。代表标准的道，即大自然的规律。

第6章　玄牝之门

【马王堆汉墓帛书资料】

【甲本】	【乙本】	【校订本】
浴神□死是胃玄牝玄牝之门是胃□地之根绵绵呵若存用之不堇	浴神不死是胃玄牝玄牝之门是胃天地之根绵绵呵其若存用之不堇	浴神不死，是谓玄牝。玄牝之门，是谓天地之根。绵绵呵若存，用之不勤。

【本书校订本】

浴①神②不死，是胃③玄④牝⑤。玄牝之门，是胃天地根。绵绵⑥呵若存，用之不堇⑦。

【原文】**浴①神②不死，是胃③玄④牝⑤。**

【译文】沐浴万物的能量不会消失，这称之为玄牝。

【原文】**玄牝之门，是胃天地根。**

【译文】“玄牝”繁衍的途径，就是天地的根本。

【原文】**绵绵⑥呵若存，用之不堇⑦。**

【译文】极其细微啊，若有若无，用之不尽。

【导读】

浴神不死，

浴神：虚空中沐浴和滋养万物的能量。如空气、氧气、粒子等。

不死：不会消失。

老子的本意是说：天地之间存在着空气、氧气、粒子等无形的能量是不会消失的。

此言并非坊间所解释的“山谷之女神”，老子讲的是自然之道，老子写的不是玄异小说。

是胃玄牝。

玄牝：虚空中具有繁衍特性的能量。（玄：玄妙、旋转、运行、变化；牝：雌性、母体、繁衍之意。）

老子发现，虚空中这些沐浴万物的能量在不断地旋转、运动、变化、繁衍。老子给此物酿了个名字，称之为玄牝。

玄牝之门，是胃天地根。绵绵呵若存，用之不堇。

玄牝之门：玄牝繁衍的途径。

是胃天地根：是产生天地的根本。

不堇：不少、不尽。

“玄牝”繁衍的途径是构成天地万物的根本，也就是构成物质世界的母体。“玄牝”极其细微，若有若无，而且用之不尽。

【感悟】

老子慧眼清幽暗，虚空微尘无余览；
妙示浴神衍天地，玄门牝根连无限。

老子他老人家察幽探隐，发现了虚空中有能量的存在，而且能滋衍天地万物，老子为其命名为“玄牝”。

从“玄牝”之名可以看出，“玄”者旋也，“牝”者繁衍，而老子如何知其运行、变化、繁衍呢？这有两种可能，一是老子根据他所掌握的慧学理论进行的推测；二是老子可以看到这种无形能量的存在，就如同佛祖释迦牟尼可以看到“一碗水中有八万四千虫”，但老子说：“绵绵呵若存”，这种语气是边看边说的感觉，说明老子是在一种常人所不具备的功能状态下观察到的。所以说，“玄牝”是被老子看到的可能性比较大。

从老子所描绘的“玄牝”特征来看，与现代科学所研究的“基本粒子”非常接近。“基本粒子”属于现代物理概念，至今为止还没有确定最基本的粒子是什么。据统计，科学家至今已经发现了300多种基本粒子，这些基本粒子是不是物质世界“最基本”的微粒呢？科学家的回答是否定的，他们还在继续探索，不久的将来，人们将进入更小的微观世界，现在科学家们可以认定的理论是：由一些更小的元素构成了不同大小的光子、电子、质子、中子等物质粒子，进而构成了原子、分子到巨大的星球乃至整个宇宙。

从本章我们可以看出，现在科学所研究的“基本粒子”与老子发现的“玄牝”极为相近，都是能够不断旋转和变化的，而且都是构成宇宙万物的基本元素。这个现代科学的发现，老子早在两千五百年前就知道了，科学正在不断地印证老子留下的结论，却很少有人去学习老子传授的圆满之道。

【注释】

①浴：沐浴、滋养。②神：《说文》：天神，引出万物者也。《徐曰》：申即引也，天主降气，以感万物，故言引出万物。在本章代表空气、氧气、粒子等无形的能量。③胃：通“谓”。④玄：深奥、玄妙、旋转、变化。⑤牝：（pìn）本义：雌性的禽兽；牝，畜母也。——《说文》。泛指雌性和母体。在本章代表天地万物之母体，也就是构成物质的基本粒子。⑥绵：细微。⑦堇：假借为“仅”。少的。例如：1. 豫章出黄金，然堇堇。——《汉书·地理志下》。2. 堇堇物之所有。——《史记·货殖列传》。

第7章　天长地久

【马王堆汉墓帛书资料】

【甲本】

天长地久天地之所以能□且久者以其不自生也故能长生∠是以声人芮其身而身先∠外其身而身存不以其无□舆∠故能成其私。

【乙本】

天长地久天地之所以能长且久者以其不自生也故能长生是以耶人退其身而身先外其身而身先外其身而身存不能其无私舆故能成其私

【校订本】

天长，地久。天地之所以能长且久者，以其不自生也，故能长生。是以圣人退其身而身先，外其身而身存。不以其无私与？故能成其私。

【本书校订本】

天长地久。天地所以能长且久者，以其不自生也，故能长生。是以圣人退其身而身先，外其身而身存。不以其无私舆①，故能成其私。

【原文】天长地久。

【译文】天地存在长久。

【原文】天地所以能长且久者，以其不自生也，故能长生。

【译文】天长地久的原因是：天地滋养万物不是为了自身的利益，所以天地能够长久存在。

【原文】**是以圣人退其身而身先，外其身而身存。**

【译文】因为圣人在利益面前退到了众人之后，所以得到了众人的拥戴而谓之身先；圣人能够做到舍己为人，因而得到了名存千古的利益。

【原文】**不以其无私舆[①]，故能成其私。**

【译文】圣人不把自己掌握的大道私藏，所以才能成就自身天长地久之利益。

【导读】

天长地久。天地所以能长且久者，以其不自生，故能长生。

天地存在长久。天长地久的原因是什么呢？原因是天地不自私、不自利，天地滋养万物不是为了谋求自身的利益。所以，天地才能长久的存在。

老子是在此告诫世人，自私自利的人将难以获得长久的存在和发展。

是以圣人退其身而身先，外其身而身存。

退其身：圣人在利益面前退到众人之后。

身先：得到了众人的拥戴。

外其身：圣人将名利和身体都置于外，也就是舍己为人。

身存：名存千古，身心得道而永驻。

圣人懂得天地长久生存之道，在遇到利益时退到了众人之后。圣人为了世人的利益，可以奉献自己的一切。圣人的忘我奉献精神，得到了世人的拥戴。因此，圣人才能圆满得道而名存千古，使得身心永驻幸福的彼岸。

不以其无私舆，故能成其私。

其无：这个“无”，即宇宙人生的圆满成功之道。

私舆：私藏。

成其私：成就了圣人天长地久的真正利益。

本章的“其无”和“私舆”是两个词，其本意是：圣人掌握宇宙人生圆满之道，但并不据为己有而私藏。因此，才能成就圣人天长地久之利益。

【感悟】

明察红尘天地久，无为不争圣吉祥；

弃利舍益德循道，度世绝不把无藏。

本章以“无”字开示天机，其中包含所有道密，世人如想成就天长地久之利益，必须从“无”字修身勤习。“无”乃世人当学之道，“无知”为道的知识；“无欲”为圆满的理想；“无为”是道的作为；“无不为”即地久天长。

老子在此把圆满成就之法传授给世人，此法即遵守“无”之道，也就是遵守大自然运行的规律。

如何才是遵守大自然的规律呢？老子以圣人成功之道进行了举例说明：圣人成功之道即效法“无”，绝对不可为己谋私利，在利益面前要退到众人之后；圣人不但舍己为人，还要弘扬“无为之道”，圣人懂得此道乃至高无上圆满成就之大法，绝不可以将此大道私藏。因此，圣人才能获得最圆满的成功。

【注释】

①私舆：舆的本义：车厢。舆，车舆也。——《说文》。按，舆乃车中受物之处，故“私舆”代表私载、私藏。

第8章　上善治水

【马王堆汉墓帛书资料】

【甲本】

上善治水水善利万物而有静居众之所恶故几于道矣∠居善地心善潚∠予善信正善治∠事善能踵善时∠夫唯不静故无尤

【乙本】

上善治水水善利万物而有争居众人之所亚故几于道矣居善地心善渊予善天言善信正善治事善能动善时夫唯不争故无尤

【校订本】

上善治水。水善利万物而不争，居众人之所恶，故几于道矣。居善地，心善渊，予善仁，言善信，政善治，事善能，动善时。夫唯不争，故无尤。

【本书校订本】

上[①]善[②]治[③]水。水善利万物而有静，居众人之所恶，故几[④]于道矣。居善地[⑤]、心善渊[⑥]、予[⑦]善信、正善治、事善能、踵[⑧]善时、夫唯不静，故无尤[⑨]。

【原文】上[①]善[②]治[③]水。

【译文】大自然高明巧妙地设置了水。

【原文】**水善利万物而有静，**

【译文】水巧妙地滋养万物之生命，但自身也有生命之循环。

【原文】**居众人之所恶，故几[4]于道矣。**

【译文】水居之地多被世人所厌恶，所以水的行为已经接近“道”了。

【原文】**居善地[5]、**

【译文】水具备崇高美好的思想境界。

【原文】**心善渊[6]、**

【译文】水具有高尚的品质和宽广博大的胸襟。

【原文】**予[7]善信、**

【译文】水给予万物的是亲善、诚信。

【原文】**正善治、**

【译文】水对万物公平公正，善于滋养调整万物。

【原文】**事善能、**

【译文】水对于自身的使命都能巧妙地完成。

【原文】**踵[8]善时、**

【译文】水依天时而动，这称为踵善时。

【原文】**夫唯不静，故无尤[9]。**

【译文】只有“无”不用在生命循环中徘徊受困，所以“无”为最善、最强大。

【导读】

上善治水。

上：至上者“无”，也就是大自然。

善：高明、工巧。

治水：设置了水。

大自然高明巧妙地设置了水。因为，水乃万物生命之源，没有水就没有生命的繁衍和生机。

水善利万物而有静，

善：高明、巧妙、善于。

有静：有生命的循环。在道篇第十六章中讲到：天物云云，各复归于其根，曰静。（“静”字的详解在道篇第十六章。）

水巧妙地利益和滋养万物，但水有生命的循环。

“有静”，在此是做为铺垫，目的是最后和与“无”之“不静”进行区别。

居众人之所恶，故几于道矣。

所恶：世人所厌恶的地方。

几于道：接近道。既然是接近，说明还有差距。

水往低处流，所处位置皆为低下恶劣之环境。而世人喜欢居高，喜欢洁净，低下恶劣之环境为众人所厌恶。

道无处不在，而且没有分别心；水能居低下恶劣之环境，也为没有分别心，故言水之境界接近道。

居善地、

善：高尚、善良。　地：境地、境界。

水能做到默默奉献而不索取回报，水之高尚境界为“居善地”。

当然，这还是对“无”之道的形容，“无”对待宇宙万物忘我奉献，而且同样不索取回报。

心善渊、

心：水的胸襟。　善：美好、高尚。　渊：宽广博大。

水具有高尚的品质和博大的胸襟。

这也是形容“无”之道崇高博大。

予善信、

予：给予。　善：良好。　信：诚信。

水给予万物良好的诚信。

这也是形容“无”对待宇宙万物良好的诚信。

正善治、

正：公平、公正。　善：善于。　治：治理、调整。

水对万物一视同仁，公平公正，善于滋养调整万物。

这也是形容“无”对待宇宙万物没有分别心。

事善能、

事：工作、事务、使命。　善：巧妙、善于。　能：完成、胜任。

水对于自身的使命都能巧妙地完成，故谓之“事善能”。

这是形容“无”的运行，不论人们有多难以想象的事情，“无”都有能力完成。

踵善时、

踵：运行。　善：正确、适当。　时：时间。

水依天时而动，在暖时成雨滋润万物，寒时化雪来保护庄稼土地，水之运行应时而动、应时而变，此乃“踵善时”。

这也在形容“无”之道，“无”者“无所从来，也无所从去”，更是最高境界的“踵善时”。

夫唯不静，故无尤。

夫惟不静：只有“无”是最圆满的，“无”包容了一切，“无”没有“守静”这个生命循环的过程，只有“无”能做到“不静”。

无尤：相对一切事物来说，以“无”为最圆满、最强大。（尤：突出，强大。）

以上罗列水之善，皆为形容“无”之善。“无”具备了水所有的善，而且不用在生命循环中徘徊受困。因此，“无”为最善。

“善”字不仅具有善良的含义，而且包含了善于、擅长、能力等含义，此喻只有“无”的能力最强大。

【感悟】

至高无上本先天，运筹帷幄水自然；
滋养万物循环有，心无分别近道玄；
境界高尚不索取，胸襟博大纳百川；
凌泽大地信为首，公平公正润物全；
滋养万物能至善，恰到好处时逢缘；
无中生有不受困，空灵无限道至巅。

老子本想说明“无”之善，但其境界之高非普通人所能理解。而水之特性最为近道，且易为世人所知，故老子在此以水喻道，以水之善来说明“无”之能。

水之优点本来众多，在本章仅列数条，以之对应世人的缺点，使其成为世人效法的榜样。

居善地：

水的特性是下而流之，能够处于位置低矮、环境恶劣的地方，其优点为谦虚低调，能耐艰难困苦，故能海纳百川而成其大业。世人普遍存在骄傲自大、难耐困苦、自视过高、心胸狭窄等缺点，故水之特点皆应为世人所效法之优点。水奉献而不索取，谦虚而不自大，坚韧而不退缩……老子将水之境界比喻为居善地，此为世人效法之标准。

心善渊：

水之胸怀宽广，此为针对世人心胸狭窄、不能容人的特性而言。世人分帮派、分团体、分肤色、分宗教、分民族、分国家，甚至分星系，这是分裂思想，分裂行为，是争斗的起因、战争的起源。宇宙万物本为一体，只有团结一致才能保持世界的正常运行和发展。如果世人没有海纳百川般博大的胸怀，则世界必然由分裂走向灭亡。

予善信：

水能滋养和洁净万物的功能不会改变，此为水之善，水之守信，这条是针对世人不守信的思想和行为。例如：父母不慈；儿女不孝；夫妻离婚；教师误人；学生不尊师重道；农作物有毒有害；产品假冒伪劣；建筑偷工减料等，这些皆为不守信。毫无疑问，不守信使得世风日下，最后受害者皆为人类自身。

正善治：

水能化雨遍洒大地、滋养万物而公平公正，这是针对世人行为的不公平、不公正。例如：人类、动物、植物与自然万物都是在大自然中平等存在的，而世人乱砍乱伐植物；随意杀戮动物；嫌贫爱富；恃强凌弱，不公平不公正导致了天地万物皆成“刍狗”。

事善能：

世人都知道，水占全球表面积的71%；水占人体重量的70%。而且，水通过云、雨、霜、雾、雪、冰雹等降水现象和降水位移，在一定程度上客观地调节着地球系统的平衡，水是大自然为调整地球平衡所施行的一种作用力。水是生命之源，植物和动物因为有水，才有了生命；山体、土壤因为有水的参与，才有了生气。在人类环境中，水是人类生存必备，水是生活循环必备，水是人体循环必备，水的循环联系着宇宙万物。水变换着各种资源形式来维持物质世界的生存和发展，水的重要作用毋庸置疑。

水对于这个物质世界有着众多的使命，但水都能巧妙地完成。因此，给予水良好的存在环境，会给人生的运行带来良好的发展；破坏水的存在环境，就会给人类带来灭顶之灾。

蹱善时：

水逢暖为雨来滋养万物，遇寒化雪来保护农田，水依天时而动故为善。世人要以水为模范，行善要见机而行，时时皆可行善，比如逢渴送水、逢饿送食、逢寒送暖等，这些恰到好处的行动为踵善时。如果是逢饿送暖、逢寒送水的行为就不是踵善时。

在此，世人需要认清一个事实，水灾是世人不遵守大自然规律引起的，这并非水之不善，此乃人之不善也。

老子罗列的水之善皆为比喻“无”之善，水之善已经接近道之“无”，水与“无”的区别为“有静”与否。“水有静”，是说水尚在物质世界循环徘徊；而“无”“不静”，是说“无”没有徘徊受困的过程。因此，以“无”为最善，即能力最强大。

【注释】

①上：最上者“无”。②善：高明，工巧。例如：吹籁工为善声。——《论衡·逢遇》。③治：设置。例如：治酒（置办酒食）。④几：接近。⑤地：境界。⑥渊：深广。⑦予：本义：授予；给予。予，与也。——《广雅》。⑧踵：（zhōng）通“动”。行动。⑨尤：本义：最优异。在此代表最善、最强大。

第9章　功遂身退

【马王堆汉墓帛书资料】

【甲本】

植而盈之不□□□□□□之□之□可长葆之∠金玉盈室莫之守也贵富而骉自遗咎也∠功述身芮天□□□

【乙本】

植而盈之不若其已搋而允之不可长葆也金玉盈室莫之能守也贵富而骄自遗咎也功遂身退天之道也

【校订本】

殖而盈之，不若其已。揣而锐之，不可长葆也。金玉盈室，莫之能守也。贵富而骄，自遗咎也。功遂身退，天之道也。

【本书校订本】

殖而盈[①]之，不若其已[②]。揣[③]而锐[④]之，不可长葆[⑤]也。金玉盈室，莫之能守也。贵富而骄，自遗咎[⑥]也。功遂[⑦]身退，天之道也。

【原文】**殖而盈[1]之，不若其已[2]。**

【译文】事物的增长发展到盈满状态，不如让其停止。

【原文】**揣[3]而锐[4]之，不可长葆[5]也。**

【译文】击打刀剑的锋芒，不能长久保持刀剑的完整。

【原文】**金玉盈室，莫之能守也。**

【译文】金玉满堂，没有人能够永久守藏。

【原文】**贵富而骄，自遗咎[6]也。**

【译文】如果富贵而骄奢，那是自己埋下了祸根。

【原文】**功遂[7]身退，天之道也。**

【译文】功成身退，这才符合自然规律。

【导读】

殖而盈之，不若其已。

殖而：增加、增长到……。　盈之：盈满。　其已：让其停止。

一切事物的增长发展到盈满状态，不如让其停止。否则，物满自溢，事物的发展就会走向反面。

揣而锐之，不可长葆也。

揣而：击打这个。　锐之：刀剑的锋芒。

刀剑的锋芒虽然锐利，但也最薄弱。如果用刀剑的锋芒到处去击打，必然难以保持刀剑的完整。

金玉盈室，莫之能守也。

莫之：没有人能够。

世人有贫有富，有些富贵人家虽金玉满堂，但没有人能把这些财富守藏到永远。

贵富而骄，自遗咎也。

自遗其咎：自己留下了灾难的隐患。

有些拥有富贵的人，骄傲自大、奢侈浪费。如果按照如此行为走下去，必定会为自己留下灾难的隐患。

功遂身退，天之道也。

功遂：功成名就。

世人功成名就的时候，就如同器皿已经盈满。此时，就要停止对功名利禄的追求，应该及早自行隐退，这才是遵守事物发展的规律。

【感悟】

世间器物容有限，待得满载须停灌；
刀剑虽利莫骄横，锋芒毕竟薄不堪；
富贵满堂谁能守，骄奢淫逸惹祸端；
功成身退天之理，明道守德福自圆。

《易经·系辞》曰：“百姓日用而不知，故君子之道鲜矣。”后人误解“道是不可述说的”，其实，道就在百姓日常生活中。比如“器满应止”乃生活常识，但这个“日用之道”对人生有哪些启示呢？老子在本章结尾做了解答：“功遂身退，天之道也。”

经常用刀剑的锋芒到处去击打，必然会导致刀剑的崩裂，这个常识虽然简单，但这就是人生之道。老子告诫世人要藏锋隐锐，才能长久地生存发展。否则，必然会自食恶果。例如：在“二战”期间，德意日等法西斯独裁政权，对外发动了侵略战争，他们恃强凌弱到处侵略掠夺，但等待他们的结果都是同样的，那就是以失败而告终，这就是“揣而锐之，不可长葆也”。

金钱不是道的目标，因为再多钱也留不住青春、留不住生命，留不住生命的人何谈永远守藏财富呢？这本是最简单的道理，但世人目光短浅，只看到眼前利益，看不到长久的圆满利益。例如：有人为了金钱利益而用毒品、烟酒来伤害人们的健康和生命；有人为了金钱的利益而用杀戮游戏、流氓游戏来抢夺青少年的宝贵时间，影响了青少年的健康，摧毁了青少年的人生观和价值观。商家只看商业价值，不管伤天害理。其实，世人由此产生的损失一定比这些商业利润大的多，这些人在短暂获得金钱利益的同时，将世界推上了灭亡的轨道。如果世上没有这些罪恶事物的存在，我相信世界一定会比现在美好的多。

世上很多富贵之人，因有钱而为富不仁，横行霸道，为所欲为，这样的行为必然会招来怨恨和灾难。老子曰：“贵富而骄，自遗咎也。”，这样的富翁怕人抢劫、怕人报复，随时都需要保镖保护，提心吊胆，身心不安，可谓之富贵可怜人。

水能载舟，亦能覆舟，明道者不会把金钱当成个人的，而是当成整个世界的，有钱大家分享，与世人融合相处，只会得到更多的利益和帮助，不必担心受到伤害。

正所谓“助人乃快乐之本”，如果有钱只顾自己的享受，而不能去帮助贫困苦难的人群，这就失去了上天给你的使命和机会，同样失去了做人的快乐之本，就算有再多钱也不能称为幸福快乐的人生。

【注释】

①盈：溢出。例如：水流而不盈。——《易·坎》。②已：止也。③揣：（chuǎi）捶击、击打。④锐：锋利、锋芒。⑤葆：通“保”。⑥咎：灾祸。⑦遂：完成。

第10章　是胃玄德

【马王堆汉墓帛书资料】

【甲本】

□□□□□□□□□□□□□能婴儿乎∠脩除玄蓝能毋疵乎爱□□□□□□□□□□□□□□□□□□□□□□□□□生之畜之生而弗□□□□□□□□德

【乙本】

戴营袙抱一能毋离乎槫气至柔能婴儿乎脩除玄监能毋有疵乎爱民栝国能毋以知乎天门启阖能为雌乎明白四达能毋以知乎生之畜之生而弗有长而弗宰也是胃玄德

【校订本】

载营魄抱一，能毋离乎？抟气至柔，能婴儿乎？修除玄鉴，能毋疵乎？爱民治国，能毋以知乎？天门启阖，能为雌乎？明白四达，能无以知乎？生之，畜之。生而弗有，长而弗宰也，是谓玄德。

【本书校订本】

戴[1]营[2]魄抱一，能毋[3]离[4]乎？抟气[5]至柔，能如婴儿乎？修[6]除玄[7]监[8]，能毋有疵[9]乎？爱民栝[10]国，能毋以知[11]乎？天门启阖，能毋以雌乎？明白四达[12]，能毋以知乎？生之、畜之，生而弗有，长而弗宰[13]也，是胃玄德[14]。

（本作者认为乙本“能为雌乎”应为“能毋以雌乎”，因此句的前后皆用“能毋以”来排比的，而此句在排比句中却突变，显然与理不通，更重要的是“能为雌乎”这句话词不达意，故本书在此校订为“能毋以雌乎”。）

【原文】戴[1]营[2]魄抱一，能毋[3]离[4]乎？

【译文】身体承载着魂魄合为一体，可以不分离吗？

【原文】**抟气[⑤]致柔，能如婴儿乎？**

【译文】修炼内功而使得身体柔软，能达到婴儿那样吗？

【原文】**修[⑥]除玄[⑦]监[⑧]，能毋有疵[⑨]乎？**

【译文】整理昏暗的心境，能去除自身的缺点吗？

【原文】**爱民栝[⑩]国，能毋以知[⑪]乎？**

【译文】爱护人民与治理国家，能不用智慧吗？

【原文】**天门启阖，能毋以雌乎？**

【译文】天门开合而生万物，能不用雌性来繁衍吗？

【原文】**明白四达[⑫]，能毋以知乎？**

【译文】明白宇宙时空的道理，能不需要智慧吗？

【原文】**生之、畜之，生而弗有，长而弗宰[⑬]也，是胃玄德[⑭]。**

【译文】天地生化、养育万物，生成而不占为己有，不对生长之万物进行奴役和杀戮，这才是天地之大德。

【导读】

戴营魄抱一，能毋离乎？

戴营魄：身体承载着魂魄。

抱一：身体、魂魄合为一体。

老子问世人：躯体承载着魂魄，这个躯体与魂魄就合而为一了，但身体和魂魄可以不分离吗？形神分离意味着死亡，这显然是在问，世人可以不死亡吗？

抟气致柔，能如婴儿乎？

抟气：修炼的方法。

至柔：可以使得身体柔软。

古代流传着一些修炼身体的方法，通过修炼可以使得身体柔软。当然，这些功法对锻炼身体健康有一定的好处。能提出这个问题，说明老子了解内功的修炼，但老子认为婴儿的状态不单是身体柔软的状态，更重要的是婴儿般纯真、纯洁的思想状态，所以说，思想观念的修炼更重要。因此老子问，用内功修炼身体可以返回婴儿的状态吗？

修除玄监，能毋有疵乎？

修除：修正、去除。

玄监：昏暗的心境，在此代表缺点和毛病。

凡夫俗子的心态都有缺点和毛病，单纯地依靠自己的思维去调整昏暗的心态，能做到没有瑕疵吗？

爱民栝国，能毋以知乎？

栝国：治理国家。

做为统治者的职责是爱护人民，治理国家。但仅凭着爱国的热情和治理好国家的心愿，就可以完成这个使命吗？难道爱民治国可以不需要智慧吗？

天门启阖，能毋以雌乎？

天门启阖：代表"无"和"有"的转换之门。概括地说：世界只有能量"无"和物质"有"两种概念存在，当"无"之能量转化为"有"之物质的时候，必然有个转换的门径来分隔"无"与"有"，这就是"天门"。

当"无"与"有"进行转换的时候，必然要经过"天门开合"的过程，在"天门开合"的时候，即生宇宙万物，天门即宇宙万物的繁衍之门。所以，可称"天门"为雌。

这是老子在提问：天门开合而生发宇宙万物，这能不用雌性吗？

明白四达，能毋以知乎？

四达：四方、四季，即时空。

我们已经懂得，宇宙之道即人生之道，宇宙时空的大道至简，但想要懂得这个道理，能不需要智慧吗？

生之、畜之，生而弗有，长而弗宰也，是胃玄德。

生之：生万物。

畜之：养万物。

生而弗有：不占为己有。

长而弗宰也：不对生长之万物进行奴役杀戮。

玄德：如同天地般智慧深远的大德。

老子教导世人要效法天地之大德，如同天地对待万物一样，不能去把万物占为己有，不能奴役杀戮万物。当人们能做到这些要求的时候，这才是具备了智慧深远的大德。

【感悟】

形神合一终须离，躯虽至柔命难易；

修身养性赖天机，爱民治国德慧齐；

天门开合有玄牝，通达时空瞬间移；
万物天地本一体，世人相煎何太急。

老子本章皆提问，弟子借此悟天机：

老子提问一：人可以不死亡吗？

答案：不可能。老子之问用意何在呢？既然世人的结局皆为归山入土，与沙石土地无异。为何要对金钱无休止地追求呢？为何不去帮助众生而获取真正的快乐呢？为何不去思考宇宙人生的真理呢？

老子提问二：修炼内功可以返回到婴儿的状态吗？

答案：修炼内功有可能使身体变得柔软，但不能恢复婴儿般纯真的天性。想要恢复婴儿之天性，首先要聆听圣人的教诲，要了解宇宙人生的真相，要遵守大自然的规律。如果世人能够循道而行，就一定会恢复婴儿般纯真的天性。

老子提问三：整理昏暗的心境，能去除缺点吗？

答案：依靠自己的主观思想不能完全去除缺点。世人的心境昏暗，不可能正确认识到自己的缺点，也不可能去除自己的缺点。那么，如何才能真正去除自己的缺点呢？通过学道和修道，才能认识缺点和改正缺点。

老子提问四：爱护人民与治理国家，能不需要智慧吗？

答案：没有智慧是做不到的。爱护人民和治理好国家不是空谈愿望和理想能做好的，了解大自然的规律和遵守大自然的规律，有助于避免国家和人民受到伤害和损失，而这是需要有大智慧的。

老子提问五：天门开合而生宇宙万物，能不用雌性吗？

答案：生育是由雌性来完成的，这是世人皆知的事情。生育宇宙万物的雌性就是玄牝，也就是构成物质世界的母体。老子所说的雌即是"无"，世人只有效法"无"之道，才能更好地继续生存和发展。

老子提问六：了解宇宙，能不需要智慧吗？

答案：了解宇宙当然需要智慧。宇宙有系统、有生命、有思想、有智慧；宇宙包括人生，了解了宇宙之道，才能懂得更多的人生真理。

老子之提问，说明了人生之道不外宇宙之道，世人想解决世间的一切问题，都要从学习宇宙之道开始。宇宙之道的核心就是"无"，通往"无"之道为"一"，只有认识到宇宙万物皆为一体，才能爱护万物，不占有万物，不奴役万物，不杀戮万物。当世人皆明此理之时，可谓明道；按道而行时，即为天地之大德。反面来说：如果违反大自然的规律，就是背道违德。没有“道德”者，必然会受到大自然规律的惩罚。

【注释】

①戴：通“载”。②营：魂。③毋：不要，不可以④离：分离。⑤抟气：聚结精气。古人修炼内功的方法。⑥修：（xiū）修理、整理、治理。⑦玄：昏暗、黑暗。例如：遗思在玄夜，相与复翱翔。——汉·刘桢《公宴》。⑧监：古同“鉴”，镜。在此比喻境界、心境。⑨疵：缺点或过失⑩栝：（tiǎn）拨火棍。在此为整顿治理的含义。⑪知：通“智”。⑫四达：本义：四通八达的道路。四达本意应源于四象，即东西南北和春夏秋冬。⑬宰：（一）宰，罪人在屋下执事者。——《说文》。引申为奴役；（二）屠宰，例如：平为宰，分肉食甚均。——《史记·陈丞相世家》。⑭玄：天，天空。例如：玄，天也。——《释言》。

第11章　无以为用

【马王堆汉墓帛书资料】

【甲本】

卅□□□□□其无□□之用□然埴为器当其无有埴器□□□□□□当其无有□之用也故有之以为利无之以为用

【乙本】

卅楅同一毂当其无有车之用也燃埴而为器当其无有埴器之用也凿户牖当其无有室之用也故有之以为利无之以为用

【校订本】

卅辐同一毂，当其无，有车之用也。燃埴而为器，当其无，有埴器之用也。凿户牖，当其无，有室之用也。故有之以为利，无之以为用。

【本书校订本】

卅[①]辐[②]同一毂[③]，当其无[④]，有[⑤]车之用也。然埴[⑥]以为器，当其无，有埴器之用也。凿户[⑦]牖[⑧]，当其无，有室之用也。故有之以为利，无之以为用。

【原文】卅[1]辐[2]同一毂[3]，当其无[4]，有[5]车之用也。

【译文】用三十辐车条构成车轮，在车轴的空无之处，才是车的作用点。

【原文】然埴[6]以为器，当其无，有埴器之用也。

【译文】用烧土制成的器皿，在器皿的中空之处，才是器皿所用之处。

【原文】凿户[7]牖[8]，当其无，有室之用也。

【译文】建造房屋并开辟门窗，而房屋的中空处，才是所用之处。

【原文】故有之以为利，无之以为用。

【译文】所以，一个物体的实体处是作用的条件，但其作用点在“无”。

【导读】

卅辐同一毂，当其无，有车之用也。

卅辐同一毂：三十根车条形成一个车轮。

当其无：在车轴的空虚处。

有车之用也：实体车之作用点。（有车：实体的车。）

用三十根车条形成一个车轮，但车轴的孔窍之处承载着车轮的运转。因此，“无”才是车的作用点。

然埴以为器，当其无，有埴器之用也。

然埴：烧土。“然”通“燃”。

用烧土方法制作的陶器，在器皿中的空虚处装载物体，而在器皿的空无之处才是器之所用。

凿户牖，当其无，有室之用也。

凿户牖：凿开窗户门。

建造房屋必须要开辟门窗，以便光线空气的流通；因为房屋的中空之处才能住人，所以在房屋的空无之处才是室之所用。

故有之以为利，无之以为用。

有之：实体之处。

无之：空无之处。

“利用”的原意是褒义词，是“有益的作用”。所有事物都有“有和无”两个方面，把利和用分开来说：一个物体的实质处为利；但是其空虚处为用。

【感悟】

苍茫宇宙宏车轮，万物虚倚窍中伸；

旷兮大千然埴器，红尘汇聚盘上陈；

灵居世界有门户，众生栖息无载身；

娑婆利用分阴阳，空实变换虚乃真。

老子确实是位得道的高人，他可以随心所欲地来描述道，并且用生活中三个简单例子来进行了解释：

例 1：一个车轮的车轴周围插着三十根车条，车轴上的小孔保持了车轮运转的均衡。这个空虚的小孔虽然很不起眼，但这个小孔却是整个车轮的重心作用点。这个举例说明了“有”和“无”各有作用，“有”是作用的条件，“无”是作用的重点。

例 2：器皿是用来盛物体的，但器皿的实质处只是作用的条件，而器皿的中空处才是装载物体之重点。这个例子同样说明了“有”与“无”的条件和作用。

例 3：房子是用来住人的，但房子的实体处并不能住人，也不能流通空气；而房子的中空处才能住人，窗户和门的空虚处才能流通空气。这也是在说“有”与“无”的条件和作用。

本章节主要内容是“有”和“无”的对应关系，这种关系是相辅相成的、缺一不可的。人们的眼里只看到了“有”的重要性，没有认识到“无”的重要性，而事实上一切事物的主要作用点都在于“无”，老子在此用比喻的手法来阐述“无”的重要性，以此来引起人们对事物完整的认识。

【注释】

①卅：(sà) 三十。②辐：辐条。插入轮毂以支撑轮圈的细条。③毂：(gǔ) 古代制造大车的车轮中心有个圆木，周围与车辐的一端相接，中有圆孔，可以插轴，这个部位称为车毂。也借指车或车轮。④无：空虚之处。⑤有：物质之体。⑥埴 (zhí)：用水和 (huó) 土。(“埴”，土) 和泥制作陶器。⑦户：门。⑧牖：(yǒu) 窗。

第 12 章　去罢耳此

【马王堆汉墓帛书资料】

【甲本】

五色使人目明∠驰骋田臘使人□□□难得之货使人之行方五味使人之口𠿫五音使人之耳聋∠是以声人之治也为腹不□□故去罢耳此

【乙本】

五色使人目盲驰骋田腊使人心发狂难得之货〇使人之行仿五味使人之口爽五音使人之耳□是以耳口人之治也为腹而不为目故去罢而取此

【校订本】

五色使人目盲，驰骋田猎使人心发狂，难得之货，使人之行妨，五味使人之口爽，五音使人之耳聋。是以圣人之治也，为腹而不为目。故去彼取此。

【本书校订本】

五色使人目盲；驰骋①田②腊③，使人心发狂④；难得之货，使人之行方⑤；五味使人之口爽⑥；五音使人之耳聋。是以圣人之治也，为腹⑦而不为目。故去罢⑧耳⑨此⑩。

【原文】**五色使人目盲；**

【译文】纷乱的事物使人的眼睛失去了分辨能力。

【原文】**驰骋①田②腊③，使人心发狂④；**

【译文】驰骋打猎使人心激动而失常。

【原文】**难得之货，使人之行方⑤；**

【译文】稀有货品，使人行为不轨。

【原文】**五味使人之口爽⑥；**

【译文】纷乱的感受使人们失去了对感受的正确表达。

【原文】**五音使人之耳聋。**

【译文】倾听纷乱的表达使人们失去了正确的判断。

【原文】**是以圣人之治也，为腹⑦而不为目。**

【译文】所以，圣人的治理方法是提高人们文化素养，而不是为了满足人们的感官享受。

【原文】**故去罢[8]耳[9]此[10]。**

【译文】因此，要去除停止这些物欲的产生。

【导读】

五色使人目盲；

五色：黑青赤黄白。在此用来比喻纷乱的事物。

目盲：比喻人的眼睛失去了对是非的辨别能力。

看这五种颜色并不会使人目盲，“五色”和“目盲”只是一种比喻。五色在这里代表人们眼睛所看到的各种事物，纷乱的事物扰乱了人们的视线，使人失去了辨别是非的能力。当世人对社会丑恶现象视而不见时，这就谓之目盲。

驰骋田腊，使人心发狂；

田腊：猎食动物的肉。

心发狂：激动失常。

当世人打猎之时，人心会激动失常。为什么是失常呢？“仁慈”本为人之天性，但在猎杀动物时失去了“仁慈”的天性。所以，老子称之为“心发狂”。

难得之货，使人之行方；

行方：行为不轨。

难得之货诱发了世人的贪欲，进而导致了人们行为的不轨。

五味使人之口爽；

五味：咸酸苦甜辛。在此代表纷乱的感受。

口爽：丧失了正确表达的能力。

五味并不会让人丧失语言或味觉的功能，“五味”和“口爽”也只是比喻。五味代表的是世人的感受，纷乱的感受使得人们丧失了分辨是非的能力，同时也失去了对感受的正确表达。

五音使人之耳聋。

五音：宫商角徵羽。在此代表世人纷乱的表达。

耳聋：耳朵失去了辨别是非的感受能力。

五音并不会使人耳聋，“五音”和“耳聋”也只是比喻。五音代表世人对事物纷乱的表达，听者丧失了分辨是非的能力，这谓之耳聋。

是以圣人之治也，为腹而不为目。

为腹：为了提高文化素养。“腹”代表文化，详见第三章。

不为目：不是为了满足欲望的需求。

所以，圣人的治理是提高人民的文化素养，而不是去满足世人的欲望。

故去罢耳此。

去罢：要去除停止、制止。

耳此：这些物欲的诱惑。

人们因为物欲的诱惑而失去了辨别是非的能力、失去了正确的感受能力、失去了正确表达的能力。所以，圣人之治就是教育世人停止这些物欲的产生，抵制这些欲望的诱惑。

【感悟】

五色纷呈显障缘，红尘污得净心染；
驰骋笑傲山林猎，相煎杀戮心狂颠；
货物难得引贪婪，行为不轨失正见；
浊味搅得言行乱，世人从此不明廉；
繁事混杂人间险，是非曲直难分辨；
生死存亡紧要关，危难之际圣人现；
安邦定国治心贪，扭转乾坤须正念。

老子在本章用五色来代表世间纷乱的事物，例如：一些在书籍、影视、网络中存在的色情、暴力、欺诈等内容的描写，会对世人的心态产生不良的影响。当这些不良事物出现在人们的眼前时，人们不但没有去抵制，反倒是习以为常，这就是人的眼睛丧失了分辨是非的能力，可称之为目盲。

世上有很多人喜欢打猎，但打猎是不符合大自然规律的。人与动物本是平等的，人有什么权利来猎取这些动物的生命呢？而且，当人们打猎时会心态失常，会丧失天性中的慈悲之心。

老子已经说过：“不贵难得之货，使民不为盗。”如果世人真想天下无贼，那就要遵守这个法则。

口爽的比喻：

例如：吸烟、酗酒是危害人身心健康的恶习，这是妇孺皆知的事情。但世人都习以为常，很多人把这两种味道和感受都非常不好的东西说成了好东西，这就是丧失了分辨是非的能力和正确表达的能力，这就谓之“口爽”。

耳聋的比喻：

中国传统文化是以“仁义礼智信”为道德标准，这是中国人耳熟能详的，但又有多少人能做到呢？当违背“仁义礼智信”的思想在社会上成为标准的时候，说明人们对道德标准充耳不闻，而对不道德习以为常。“圣人不仁”被曲解成“圣人没有仁慈之心”，当这么恐怖的解释能够通行于世的时候，说明人们已经失去了分辨是非的能力，这就谓之“耳聋”。

“老子”在本章用的都是隐喻，其本义是说：人们被五色所诱惑，会失去正见；被杀戮所诱惑，会失去慈悲；被贪婪所诱惑，会失去正行；被五味所诱惑，会失去正言；被五音所诱惑，会失去正闻。也就是五音、五色、五味屏蔽了人与先天无极世界的沟通……

孔子曰：“非礼勿视，非礼勿听，非礼勿言，非礼勿动。”这是孔子提出的行为准则。其实，这些行为规范都是对人们思想和行为的保护。而佛教所讲的“五戒十善”等行为规范，同样是对人们思想和行为的保护。由此可见，三教圣人英雄所见略同。

人的自性里本来具足无上智慧和能力，根本不需向外所求。可惜，一些人的先天大智慧被红尘所遮障而不能显现。

【注释】

①驰骋：骑马奔驰。②田：古同“畋”（tián），打猎。③腊：干肉。④狂：过于激动而失常。⑤方：“天道曰圆，地道曰方。方者主幽，圆者主明。”——《淮南子·天文训》。方者幽暗，在此表示人的行为不轨。⑥爽：丧失；失去。例如：昔昭王娶于房，曰房后，实有爽德。——《国语·周语》。⑦腹：在第三章已经讲过，腹比喻文化素养。⑧罢：停止。⑨耳：文言助词，而已。⑩此：这些、这般、这样。

第13章　龙辱若惊

【马王堆汉墓帛书资料】

【甲本】	【乙本】	【校订本】
龙辱若惊贵大梡若身∠苛胃	弄辱若惊贵大患若身何胃弄	宠辱若惊，贵大患若身。何

龙辱若惊龙之为下得之若惊失□若惊∠是胃龙辱若惊何胃贵大梡若身吾所以有大梡者为吾有身也及吾无身有何梡故贵为身于为天下∠若可以迈天下矣∠爱以身为天下女可以寄天下	辱若惊龙之为下得之若惊失之若惊是胃弄辱若惊何胃贵大患若身吾所以有大患者为吾有身也及吾无身有何患故贵为身于为天下若可以橐天下□爱以身为天下女可以寄天下矣	胃宠辱若惊？宠之为下也，得之若惊，失之若惊，是胃宠辱若惊。何胃贵大患若身？吾所以有大患者，为吾有身也。及吾无身，有何患？故贵为身为天下，若可以托天下矣；爱以身为天下，女可以寄天下矣。

【本书校订本】

龙[1]辱[2]若[3]惊[4]，贵[5]大患[6]若身。何胃龙辱若惊？龙之为下，得之若惊，失之若惊，是胃[7]龙辱若惊。何胃贵大患若身？吾所以有大患者，为吾[8]有身也。及[9]吾无身，有何患？故贵为[10]身于[11]为[12]天下，若可以橐[13]天下矣。爱[14]以身为天下，女[15]可以寄[16]天下矣。

【原文】**龙[1]辱[2]若[3]惊[4]，贵[5]大患[6]若身。**

【译文】君王有辱使命，就应该感到惊恐不安。要重视国家的祸患，如同祸患到达了己身。

【原文】**何胃龙辱若惊？龙之为下，得之若惊，失之若惊，是胃[7]龙辱若惊。**

【译文】什么是龙辱若惊？就是处在尊贵的位置上，而自身的行为达不到标准。即使获得了利益也应该感到惊恐不安，使邦国受到了损失更应该感到惊恐不安，这就是龙辱若惊。

【原文】**何胃贵大患若身？吾所以有大患者，为吾[8]有身也。**

【译文】什么是重视国家的祸患如同到达了己身？国家之所以有祸患，是因为统治者重视自身的利益。

【原文】**及[9]吾无身，有何患？故贵为[10]身于[11]为[12]天下，若可以橐[13]天下矣。**

【译文】等到统治者放弃了自身所有利益的时候，国家还有什么祸患呢？所以，如同珍惜自己身体一样去治理天下的人，是可以托付天下给他的。

【原文】**爱[14]以身为天下，女[15]可以寄[16]天下矣。**

【译文】（当统治者）奉献了自身所有利益去治理天下的时候，你们百姓就可以安居乐业了。

【导读】

龙辱若惊，

龙：代表的是君王，也可代表各个阶层的管理者。

辱：有辱使命。

若：及；到。要达到，应该达到。

管理者有辱使命，就应该达到惊恐不安的状态，这叫龙辱若惊。此句被“通行本”改成“宠辱若惊”以后，后人的注解就不之所谓了。更有甚者，有人将此改为“宠辱不惊”，更是离题万里，误人非浅。

贵大患若身。

贵：重视。　大患：国家的祸患。

有辱使命的原因是国家没有治理好，才会出现了灾难和祸患。这个大患，只能是天下的、国家的大患。接上句而言：重视国家的祸患，如同祸患已经侵犯到了己身。

何谓龙辱若惊？龙之为下，得之若惊，失之若惊，是胃龙辱若惊。

龙之为下：统治者、管理者的行为没有达标，故称为“下”。

得之若惊：邦国获得了利益也应该感到不安。

失之若惊：邦国有了损失更应该感到不安。

当统治者或当权者认识到自身不足而表现出惊恐不安，这就称之为“龙辱若惊”。

估计“龙辱若惊”这个词是老子创造的，他一定是怕大家看不懂，故在此进行了一番解释。可惜，后人还是“知我者希”。

何胃贵大患若身？吾所以有大患者，为吾有身也。

何胃贵大患若身：什么是重视国家的祸患如同祸患已经侵入了己身？

吾所以有大患者：我的邦国之所以有祸患。

为吾有身也：就是因为当权者太重视自身的利益了。

及吾无身，有何患？

无身：不是说真的没有了身体，而是不考虑自身的利益了。

这个“无身”是没有了个人利益，但却获得了圆满的“无”。到了“无”的圆满境界，哪还会有祸患呢？

故贵为身于为天下，若可橐天下。

贵为身：珍惜自己的身体。

于为天下：去治理天下。

所以，当统治者如同珍惜己身一样去治理天下的时候，这样的统治者是可以托付天下给他的。

爱以身为天下，女可以寄天下矣。

爱以身：爱护自己的身体一样。

为天下：去治理天下。

女可以：你们百姓就可以……。（女：通“你”。在本章指“天下百姓”。）

寄于天下：安居乐业地生活。（寄：依靠。可以依靠的天下，代表百姓可以安居乐业。）

当统治者奉献了自身所有利益去治理天下的时候，你们百姓就可以安居乐业了。

【感悟】

王公位重逢贵缘，有辱使命非尽贤；
私心藏在己身间，邦国岂能免大患；
舍身忘我正智坚，托国寄民居福田；
爱民如己邦廉治，泽润苍生民乐安。

本章是老子讲给统治者和管理者听的，老子说：当统治者奉献了自身所有利益去治理天下的时候，老百姓就可以安居乐业了。

例如：北宋著名政治家、文学家范仲淹入仕从政后，爱民如子、关心人民疾苦。有一年，蝗灾、旱灾蔓延全国，淮南、京东等地灾情严重。知道这个情况后，范仲淹就立即请求朝廷巡察处理，但朝廷却置之不理。这种情况下，范仲淹冒着丢官甚至杀身之祸质问皇帝宋仁宗：“宫中的人如果半天不吃饭，会怎样呢？江淮等地饥民遍野，怎能不予救济呢？”皇上无言以对，便派他去安抚灾民。范仲淹每到一地，就开官仓赈济灾民，发官钱救济百姓，并带领群众生产自救。范仲淹的这种行为，就是“宠辱若惊，贵大患若身”。

范仲淹晚年在杭州做官时，用一生积蓄在近郊购置一千亩良田作为“义田”，供贫困的百姓耕作，使他们“日有食、岁有衣”。可他直到晚年，连一座像样的房宅也没有，在63岁病逝时，家无余财，儿孙连像样的丧葬都置办不起，他连件陪葬的新衣服都没有。范仲淹没有给自己儿孙留下金钱上的遗产，但给中华民族留下了“先天下之忧而忧，后天下之乐而乐”的宝贵精神财富。这就是“爱以身为天下，女可以寄于天下矣”。

【注释】

①龙：君王。《书·舜典》：帝曰：龙命汝作纳言，夙夜出纳朕命。《广雅》：龙，君也。古代用龙作为皇帝、君王的象征。在此代表位置尊贵的统治者和管理者。②辱：有辱使命。③若：及；到。例如：病未若死。——《国语》。④惊：惊恐不安。⑤贵：贵重、重要、宝贵、重视。⑥患：祸患。⑦胃：通“谓”。⑧吾：在此指统治者。⑨及：待，等到。⑩为：的，之。⑪于：往、去。⑫为：治也。⑬橐：(tuó) 通“托”，依附。例如：重争士橐。(指依附诸侯或卿大夫。)——《韩非子·五蠹》。⑭爱：《孝经·谏诤章疏》：爱者，奉上之通称。⑮女：古同“汝”，你。在本章应该引申为“天下百姓”。⑯寄：依靠，依附。

第 14 章　是谓道纪

【马王堆汉墓帛书资料】

【甲本】

视之而弗见名之曰聲听之而弗闻∠名之曰希播之而弗得名之曰夷∠三者不可至计故囷一者其上不攸其下不惕寻寻呵不可名也复归于无物是胃无状之状无物之□□□□□□□□□□□□而不见其首执今之道以御今之有∠以知古始是胃□□

【乙本】

视之而弗见□之曰微听之而弗闻命之曰希○播之而弗得命之曰夷三者不可至计故緒而为一一者其上不谬其下不惕寻寻呵不可命也复归于无物是胃无状之状无物之象是胃惕望隋而不见其后迎而不见其首执今之道以御今之有以知古始是胃道纪

【校订本】

视之而弗见，名之曰微。听之而弗闻，名之曰希。播之而弗得，名之曰夷。三者不可致诘，故混而为一。一者，其上不谬，其下不忽。寻寻呵不可名也。复归于无物。是谓无状之状，无物之象。是谓忽恍。随而不见其后，迎而不见其首。执今之道，以御今之有。以知古始，是谓道纪。

【本书校订本】

视之而弗见，名之曰微[①]。听之而弗闻，名之曰希[②]。播[③]之而弗得，名之曰夷[4]。三者不可至[5]计[6]，故混而为一。一者其上不攸[7]，其下不忽[8]。寻[9]寻呵！不可名也。复归于无物，是胃无状之状，无物之象。是胃忽望[10]，随而不见其后，迎而不见其首。执今之道，以御[11]今之有。以知古始，是胃道纪[12]。

【原文】**视之而弗见，名之曰微[1]。**

【译文】看的时候却看不见，称呼为"微"。

【原文】**听之而弗闻，名之曰希[2]。**

【译文】听的时候却听不到，称呼为"希"。

【原文】**播[3]之而弗得，名之曰夷[4]。**

【译文】抚摸的时候却摸不到，称呼为"夷"。

【原文】**三者不可至[5]计[6]，故混而为一。**

【译文】这三种元素都不能最终分辨清楚，所以当成一种元素来看。

【原文】**一者其上不攸[7]，其下不忽[8]。**

【译文】这种元素上去的时候不迅疾，下来的时候没有尽头。

【原文】**寻[9]寻呵！不可名也。**

【译文】寻找啊！没有找到可以合适的称呼。

【原文】**复归于无物，是胃无状之状，无物之象。**

【译文】又归于空虚的物质，称为空虚的状态，无质的形象。

【原文】**是胃忽望[10]，随而不见其后，迎而不见其首。**

【译文】这是极限的观察，随之而看，看不见其尾，迎面看又不见其首。

【原文】**执今之道，以御[11]今之有。**

【译文】掌握这些规律，就可以以此来治理这个物质世界。

【原文】**以知古始，是胃道纪[12]。**

【译文】用这些元素所存在的奥秘和道理来了解从古至今，就能了解天地间事物的发展过程，这称为"道纪"。

【导读】

视之而弗见，名之曰微。

老子在观察宇宙的过程中，发现了一些无形有质的元素，其中有一类是人们肉眼所看不见的元素，老子称其为"微"。

听之而弗闻，名之曰希。

在虚空中有些“无形有质”的元素在运行，但其声音是人们所听不见的，这个声音称为“希”。

捪之而弗得，名之曰夷。

在虚空当中有些“无形有质”的元素存在，但人们的触觉是触摸不到的，这种元素称为“夷”。

三者不可至计，故混而为一。

老子认识到，“微、希、夷”这三类元素都有不能分辨清楚的统一特性，所以将三者混成一体来看。

一者其上不攸，其下不忽。

不攸：不迅疾。　不忽：没有尽头。

这种混为一体的元素是不断运行的，向上而去的时候不迅疾，向下而来的时候没有尽头。

寻寻呵！不可名也。

“老子”思考很久也没找到一个适合称呼。

复归于无物，是胃无状之状，无物之象。

老子在经过慎重的思考后，还是没有找到一个更加恰当的名字来称呼这些无形的元素，只好又把它们归类为空无之物。因为，它们是空虚的状态，空虚的形象。

是胃忽望，随而不见其后，迎而不见其首。

忽望：极限的观察。“忽”为尽头，引申为极限。

这可以称为一种超越极限的观察，因为这些元素是普通人看不到的，但老子可以观察到。老子形容其观察过程是：随其身而远观其后，但看不到其后的尽头，然后又迎着其来的方向看，又看不到其开始。

这些元素是普通人看不到的，但老子可以观察到。因在观察的时候比较模糊，老子把这个观察的过程称为“惚望”。老子形容其观察过程是：随其身而远观其后，但看不到其后的尽头，然后又迎着其来的方向看，又看不到其开始。

执今之道，以御今之有。

执今之道：掌握的这个规律。

御今之有：治理这个物质世界。

老子在观察这些元素运行规律的同时，发现了这种无形元素的运行规律与世间事物发展的规律有着密切的关系。因此老子说，如果能够掌握这些元素运行的规律，就可以据此来治理这个物质世界。

以知古始，是胃道纪。

古始：历史的发展过程。

道纪：一切事物发展过程的记录。（道：代表一切事物发展的过程；纪：记录。）

老子在观察这些无形元素的运行规律时，发现了其运行规律与宇宙的生成有着密切的联系。而且，可以以此来了解从古至今一切事物的发展过程。因此，这可以称为“道纪”。

【感悟】

视听抚之皆无现，微希夷名三者安；
三位一体满空涣，物希难逸老子眼；
修行异能观玄幻，首尾不见显奇观；
其道可以阴御阳，古今冥录道纪宣。

从本章可以看出，老子是在身体力行地体察、研究这个宇宙。老子把普通人视觉、听觉、触觉都感受不到的元素称为微、希、夷。这种说法在我们现代就比较好理解了，我们现实生活中的各种通信信号、电波、磁场、引力等无形而真实存在的各种元素，就是与老子所体察到的“微、希、夷”所类似。

老子认为“微、希、夷”三种元素之间有共性，是不能分辨清楚和不能分而论之。因此，老子把这三种元素当做一体来看。这时，老子开始描述这个混为一体的元素。老子说，这种混为一体的元素是不断运行的，向上而去的时候不迅疾，向下而来的时候没有尽头。这说明，老子在观察这个元素的运行，而且将其称为超越极限的观察。老子随着其去的方向而看，看不见其尽头；老子迎面看时，又不见其开始。由此说明，这些元素虽然有运动、有方向，但没有始终；这种元素虽个体细微，但却又能组合成一体。

老子开始说，这种元素是人们“看不见、听不到，摸不着的”。而后来所说的，又显然是老子在观察中的体会和描述，这说明老子不同于寻常之人，他可以观察和感受到这些无形元素的运行。虽然，老子没有进一步做详细说明，但老子透露说：如果掌握这个规律就可以治理天下。

通过老子的介绍，我们知道这些“微、希、夷”元素一定承载着信息。老子通过对这些无形元素的观察，了解了宇宙万物的发展规律和过程。因此，老子将此称之为“道纪”。

【注释】

①微：细小②希：少，罕见。③揞：（mín）抚、摸。④夷：平坦。⑤至：极、最。⑥计：核算、分析、分辨。⑦攸：迅疾。例如：攸然而失。——《孟子·万章上》。⑧忽：尽。例如：【广韵】倏忽也。【尔雅·释诂】尽也。【注】忽然尽貌。⑨寻：寻找。⑩望：往远处看。⑪御：治理、控制、约束。⑫纪：记年代的方式（一纪：古代指十二年；世纪：一百年）。

第15章　佥为道者

【马王堆汉墓帛书资料】

【甲本】

□□□□□□□□□□深不可志夫唯不可志故强为之容∠曰与呵其若冬□□□□□□畏四□□呵其若客∠涣呵其若凌泽□呵其若楃湷□□□□□□□若浴∠浊而情之余清女以重之余生葆此道不欲盈夫唯不欲□□以能□□□成

【乙本】

古之佥为道者微眇玄达深不可志夫唯不可志故强为之容曰与呵其若冬涉水猷呵其若畏四哭严呵其若客涣呵其若凌泽沌呵其若朴湷呵其若浊莊呵其若浴浊而静之徐清女以重之徐生葆此道□□欲盈是以能褩而不成

【校订本】

古之善为道者，微眇玄达，深不可志。夫唯不可志，故强为之容，曰：与呵！其若冬涉水；犹呵！其若畏四邻；俨呵！其若客；涣呵！其若凌泽；沌呵！其若朴；湷呵！其若浊；旷呵！其若谷。浊而静之，徐清；安以动之，徐生。葆此道不欲盈。夫唯不欲盈，是以能敝而不成。

【本书校订本】

古之佥[1]为道者，微眇玄[2]达，深不可志[3]。夫惟不可志，故强为之容，曰：与[4]呵！其若冬涉水[5]；猷[6]呵！其若畏四邻[7]；俨[8]呵！其若客；涣[9]呵！其若凌泽[10]；沌[11]呵！其若楃[12]；湷[13]呵！其若浊[14]；旷[15]呵！其若浴。浊而情之，余[16]清；女以重之，余生[17]。葆此道不欲盈[18]，夫唯不欲盈，是以能敝[19]而不成。

【原文】古之佥[1]为道者，微眇玄[2]达，深不可志[3]。

【译文】从前的神仙都是修道的人，对宇宙的观察达到精微玄奥、深不可测的

道篇

境界。

【原文】**夫惟不可志，故强为之容，曰：与[4]呵！其若冬涉水[5]；**

【译文】因为这些得道者深不可测，所以只能勉强地形容他们说：友好啊！小心翼翼地如履薄冰；

【原文】**猷[6]呵！其若畏四邻[7]；**

【译文】如同“猷”一样啊！对待天地万物常怀着敬畏之心；

【原文】**俨[8]呵！其若客；**

【译文】拘谨啊！如同在天地间做客；

【原文】**涣[9]呵！其若凌泽[10]；**

【译文】付出啊！如同遍洒雨露。

【原文】**沌[11]呵！其若楃[12]；**

【译文】淳朴啊！如同可以看到其本质；

【原文】**湷[13]呵！其若浊[14]；**

【译文】浑然一体啊！如同浊水不能分清；

【原文】**旷[15]呵！其若浴；**

【译文】光明啊！如同在沐浴阳光；

【原文】**浊而情之，余[16]清；**

【译文】得道者是浑然一体的状态，其他的人都是分清的状态。

【原文】**女以重之，余生[17]。**

【译文】人们都是重复这个分清的状态，万物就是如此地生存繁衍。

【原文】**葆此道不欲盈[18]，夫唯不欲盈，是以能敝[19]而不成。**

【译文】想要得道，就不能走极端。只有不走极端，才能做到弃而不成。（大器免成）

【导读】

古之仚为道者，微眇玄达，深不可志。

古之仚：从前的神仙。（仚：古同“仙”。）

为道者：是修道的人。

微眇玄达：微妙、神秘之所在。

深不可志：深不可测。

从前的神仙都是修道的人，他们可以观察到宇宙的深远、精微、神秘之所在，这些得道之人深不可测。

其实，这些得道者也包括了老子。因为，在书中的表达已经证明，他老人家已经洞察了宇宙的奥秘所在。

夫惟不可志，故强为之容，曰：与呵！其若冬涉水；

强为之容：勉强为之形容。

与呵：友好地往来。这里是指修道者与自然界的往来。

冬涉水：冬天在冰上行走。

这些修道有成的人深不可测，只能勉强为之形容。这些修道者与天地万物友好往来，非常谨慎地避免伤害万物，就如同冬天在冰上行走。因为，伤害万物就会使得自身跌进深渊。

猷呵！其若畏四邻；俨呵！其若客；

猷呵："猷"是古代一种行为拘谨的猿类。

四邻：代表万物。　俨呵：非常恭敬.

老子用"猷"来形容这些得道者，说他们对天地万物非常敬畏，如同是客人一样拘谨。

涣呵！其若凌泽；

涣呵：散发。形容得道人对万物的付出和爱护。

凌泽：天空中下雨。

得道者对万物的付出和爱护都是公平公正的，就如同天空下雨一样均匀。

沌呵！其若榣；

沌呵：淳朴啊。　若榣：如同本质。

得道的人非常淳朴，如同可以看到他们的本质。

湷呵！其若浊；

湷呵：与自然浑然一体。

得道的人能与自然界相互交融，就如同浊水一样不能够分清。

旷呵！其若浴。

旷呵：在此指得道的人放出的光明。

得道的人能够放出光明啊（这个光明应该是一种感受）！人们与之交往都会感觉到如同在沐浴阳光。

浊而情之，余清；

浊而：浑然一体的。　情之：情态；状态；姿态。

余清：其他的（世俗的人）都是分清的。

得道者就如同浊水般浑然一体的状态，其他世俗的人都是把天地万物分清的。

女以重之，余生。

女以：你们是……。（女：古通“汝”，在此代表你们世人。）

重之：重复、循环的。

余生：其他万物都是如此生存繁衍。（余：其他的。）

人们都是重复循环的，其他万物也是如此生存繁衍。

葆此道不欲盈，夫唯不欲盈，是以能敝而不成。

葆此道：遵守大道，保持正常的发展。

不欲盈：不能走极端的道路。

敝而不成：弃而不成。

人们如果想保持正常的生存和发展，就不能走极端的道路。只有不做极端的事情，才能做到弃而不成。这个“成”字代表个体的成功，但个体成功的时候，其实是整体的分裂。

【感悟】

修行大道妙通仙，随观精微可至天；
相处万物纯心善，众若浮冰莫踏穿；
恭敬所有爱自然，谨小慎微仿犹猿；
普度红尘效天雨，润泽公正莫私偏；
自然一体本浑圆，浊水难分见一斑；
慈光普照苍生暖，沐浴万物大德缘；
静极生动水渐清，事物繁衍也自然；
尊道而行毋极端，拒绝分裂自圆满。

老子在本章介绍了得道者与万物相处之道，目的是教导世人以为效法。整理罗列如下：

一、要爱护大自然，与大自然相处就如同在冰上行走，不能随意施为，否则将面临堕入深渊的灾难。

二、对待自然万物要常怀敬畏之心，不可随意索取，否则会受到大自然的惩罚。

三、人们作为天地间的过客，要尊重天地万物，不能反客为主，否则会受到大自然的驱逐。

四、人们对待自然万物要一视同仁，不能厚此薄彼，作用力是相互的，大自然会对人们的行为做出相应的反应。

五、人们要保持淳朴的本质，只有如此才能与大自然和谐相处。

六、人们要与大自然融为一体，人们的个体是弱小的，只有与自然万物融小为大，才能获得强大的能力。（首先在思想上融合，然后才能获得能量的融合。）

七、人们要放出自身的光明，照亮自己也照亮一切事物，这样才能明心见性而洞悉真理。

八、天地万物本来是浑然一体的。因此，对待万物要如同对待己身。

九、做事不要走极端。走极端的目的是为了完成个体和个性的成功，但个体成功的时候，就是整体的分裂。现在社会上的发展理念都是发展个性来表现自我，但老子早就指出其分裂的实质和内涵。

【注释】

①仚：通“仙”。②玄：天空。玄，天也。——《释言》；玄，幽远也。例如：象幽而入覆之也。——《说文》；又如：玄古（远古）；玄睹（远见）；在此代表深远、神秘。③志：《仪礼·大射仪》：不以乐志。《註》志者，意所拟度也。想象、揣测。④与：交往，友好。~国（相互交好的国家）。⑤水：冰。冬水为冰。⑥猷：猿类，性多疑，行为拘谨。⑦畏：敬畏。⑧俨：恭敬，庄重。⑨涣：散发。⑩泽：润泽、恩泽。⑪沌：通“纯”。⑫楃：通“朴”，代表本质。⑬湷：古通“浑”。浑代表完全，浑然一体。⑭浊：水之不清。⑮旷：《说文》：旷，明也。《玉篇》旷，光明也。⑯余：其余，其他，以外。例如：《后汉书·祢衡传》：大儿孔文举，小儿杨德祖，余（余）子碌碌，莫足数也。⑰生：生育、繁衍。⑱盈：充满、极端。⑲敝：弃也。例如：冠而敝之。——《礼记·郊特牲礼》。

第16章　至虚极也

【马王堆汉墓帛书资料】

【甲本】

至虚极也守情表也万物旁作吾以观其复也天物云云各复

【乙本】

至虚极也守情督也万物旁作吾以观其复也天物秐秐各

【校订本】

至虚极也，守静笃也。万物旁作，吾以观其复也。夫物

归于其□□□静是胃复命复命常也知常明也不知常芇芇作凶知常容容乃公公乃王王乃天天乃道□□□沕身不怠	复归于其根曰静静是胃复命复命常也知常明也不知常芒芒作凶知常容容乃公公乃王□□天天乃道道乃没身不殆	芸芸，各复归于其根，归根曰静。静，是谓复命。复命，常也。知常，明也。不知常，妄。妄作凶。知常容，容乃公，公乃王，王乃天，天乃道，道乃久，没身不殆。

【本书校订本】

至[1]虚[2]，极也；守情[3]，表[4]也。万物旁[5]作，吾以观其复[6]也。天物云云[7]，各复归于其根，曰静。静，是胃复命。复命，常[8]也。知常，明也。不知常，芒[9]，芒作凶。知常容[10]，容乃公[11]，公乃王[12]，王乃天[13]，天乃道[14]，道乃没身不殆[15]。

【原文】**至[1]虚[2]，极也；**

【译文】事物发展到虚弱的状态就是极限了；

【原文】**守情[3]，表[4]也。**

【译文】万物守护着精神、思想、本质的躯壳只是外衣。

【原文】**万物旁[5]作，吾以观其复[6]也。**

【译文】万物依附天地而生长，我以万物为观察对象，观察其生长的循环。

【原文】**天物云云[7]，各复归于其根，曰静。**

【译文】天下万物众多，各个返回其根本状态的时候，称为静。

【原文】**静，是胃复命。复命，常[8]也。**

【译文】静，就是生命的回归，这个生命循环的过程，是永恒的规律。

【原文】**知常，明也。**

【译文】知道了这个永恒的规律，就明白了宇宙人生的真相。

【原文】**不知常，芒[9]，芒作凶。**

【译文】不知道这个永恒的规律，就是愚昧的，愚昧的后果是凶险的。

【原文】**知常容[10]，**

【译文】知道了这个永恒的规律，就应该做到包容，

【原文】**容乃公[11]，**

【译文】包容才能做到公平公正，

【原文】**公乃王[12]，**

【译文】公平公正才能成为得道者，

【原文】王乃天[13]，

【译文】得道者的思想境界是崇高的，

【原文】天乃道[14]，

【译文】崇高的思想境界就是道，

【原文】道乃没身不殆[15]。

【译文】道是隐没形体的，但不会懈怠。

【导读】

至虚，极也；

至虚：发展到虚弱的状态。　极也：极限、终点。

当万物发展到虚弱状态就是生命的终点。

守情，表也。

守情：守护着思想、精神、本质。

表也：外衣、表面。（表：外衣。）

万物守护着思想、精神、本质的躯壳只是外衣。这说明众生的思想、精神才是实质，而躯体只是件外衣而已。

万物旁作，吾以观其复也。

旁作：依附而生。

观其复也：观察万物的循环过程。

万物依附天地而生，老子把天下万物作为观察对象，以此来观察万物生死之循环。

天物云云，各复归于其根，曰静。

云云：众多。

天下万物众多，在此把万物各个回归其根的状态称为“静”，而没有称为“无”，说明了“静”和“无”不是一个概念。这个“静”到底是什么呢？以物质形式存在的事物为动、为阳，而以能量存在形式的状态则为阴、为静。

静，是胃复命。复命，常也。

复命：生命循环的过程。

常也：永恒的规律。

“静”就是由物质转化为能量，但这个能量没有和" 无" 融合，还有待时转化为各种物质，这就生命循环的过程，这个过程是恒久不变的规律。

知常，明也。

知常：懂得了这个永恒的规律。

明也：明白了宇宙的真相。

宇宙包含了人生，明白了宇宙的真相也就明白了人生的真相。

不知常，芒，芒作凶。

芒作凶：愚昧的行为是最凶险的。

如果不懂得这个生命循环的永恒规律，就是愚昧的，愚昧的行为是最凶险的。

知常容，

如果人们都能明白这个永恒的规律，就应该懂得包容、做到包容。包容的不是某个个体，而是宇宙万物。

容乃公，

只有做到包容才能做到公平公正，只要还有偏私就绝对不可能返本归元。

公乃王，

王：不是指国王，而是指参通天地、融万物为一体的得道者。

只有做到公平公正，才能做到融万物为一体，做到如此境界才能得道。

王乃天，

天：形容得道者崇高的思想境界。

得道者的思想境界至高无上，得道者的能量和能力至高无上，得道者“无为则无不为”。

天乃道，

道：代表大自然的规律。

得道者具有崇高的思想境界，就是遵守大自然的规律，与大自然融为一体。所以，得道者就是道。

道乃没身不殆。

没身：隐没形体。　不殆：不会懈怠。

道是隐没形体的，但道的运行和对于宇宙万物的管理不会懈怠。

这些得道者同样也是隐没形，他们对于宇宙万物的管理也是不会懈怠。

【感悟】

万物生长盛有衰，至虚而弱极限来；

守魂藏魄躯为表，众生依附天地派；

天物各复归其根，此行复命至静捱；
生命循环恒常理，通达得成明道才；
不明反复为天理，凶险从此随身害；
天地有道无为大，包容宇宙虚胸怀；
公平公正待万物，参天通地王字排；
修行情怀崇高远，可与天公齐肩在；
境界卓绝守天道，融为一体不用改；
大道隐没无形体，圆满德道不懈怠。

老子在本章重点描述的是生命之轮回。

当万物发展到虚弱的状态就是极限了，这个极限是衰亡的含义。万物的思想和精神才是本质，而躯壳只是件外衣而已，万物皆是周而复始、死而复生，其本质在枯亡之后各自返回其根，这称为“静”。由此可知，这个“静”的过程是个徘徊的状态，“静”就是以能量形式存在的“阴”。

万物循环往复是个永恒的规律，懂得了这个规律就是明白了宇宙人生的真相；不懂这个规律，就是愚昧的，愚昧的后果是凶险的。为什么会有凶险呢？这个问题说起来简单，而在实际上比较复杂，我们已经知道“静”是一种以能量形式存在的“阴”，“阴”只是物质的另一种存在形式，也是另一种维度的空间。但以能量形式存在的“阴”大小是不同的，因此，才能生发出大小不同的物质，当人们思想境界比较高，包容心比较大的时候，就会融合更多的能量，这就形成了“大阴”；当人们的思想境界比较狭隘的时候，能量就会削弱和减少，这就形成了“小阴”。将来在“物质转换”的时候，“大阴”会转换为“大阳”，也就是个体物质的形态或能力比较大；“小阴”会转换成“小阳”，也就是个体物质的形态或能力比较小的弱势群体。弱势群体的生存存在着巨大的凶险，而这些凶险的遭遇都是自身的愚昧造成的。

懂得了以上的道理，首先应该做到最大的包容。因为，只有“无”才可以包容宇宙万物。人生的最大包容就是与天地万物和谐相处，不伤害天地万物才是真正地保护自己，爱天地万物才是真爱自己。包容之道，就是对天地万物一视同仁、公平公正，要与天地万物融为一体，才能恢复圆满的能量和能力，这就是修道和得道的过程。虽然，大自然的规律无形，但其运行之道永恒不变、永不懈怠。

【注释】

①至：到，发展到……。②虚：弱。虚稼先死。——《吕氏春秋·辨土》。注："根不实也"。③情：情者，性之质也。——《荀子·正名》；思想，精神。例如：情物（指思想内容）；情神（精神、神情）。④表：外衣。例如：中绀而表素。——《庄子·让王》。⑤旁：古通"傍"。依附。⑥复：返回、往来、循环。⑦云：《庄子·在宥》："万物云云，各复其根。"成玄英疏："云云，众多也。"⑧常：恒久；长久不变。例如：日月以为常。——《国语·越语》。⑨芒：通"茫"。模糊、愚昧。⑩容：宽大包容。⑪公：公平公正。⑫王：王，天下所归往也。董仲舒曰："古之造文者，三画而连其中谓之王。三者，天、地、人也；而参通之者，王也。"——《说文》。⑬天：天，至高无上。——《说文》。⑭道：规律。⑮殆：通"怠"。疲惫、懈怠。

第17章　百省自然

【马王堆汉墓帛书资料】

【甲本】	【乙本】	【校订本】
大上下知有之其次亲誉之其次畏之其下母之信不足案有不信□□其贵言也成功遂事而百省胃我自然∠	大上下知又□其□亲誉之其次畏之其下母之信不足安有不信猷呵其贵言也成功遂事而百姓胃我自然	太上，下知有之，其次亲誉之，其次畏之，其下悔之。信不足，焉有不信。犹呵其贵言也。成功遂事，而百姓谓我自然。

【本书校订本】

大[①]上，下知有之，其次亲誉之，其次畏之，其下母[②]之，信不足。案[③]有不信？猷呵！其贵，言[④]也。成功遂事，而百省胃我自然[⑤]。

【原文】**大上[①]，下知有之，**

【译文】大道的境界至高无上，世人中有人懂得道的存在。

【原文】**其次亲誉之，**

【译文】其中境界比较低的人想去亲誉道，说明他们的认知离道尚远。

【原文】**其次畏之，**

【译文】再其次是畏惧道的，是不了解道的。

【原文】**其下母[②]之，信不足。**

【译文】层次最低者轻视道的存在，他们对道信心不足。

【原文】**案[③]有不信？猷呵！**

【译文】怎么会有这些人不信呢？因为，人们如同“猷”一样多疑啊！

【原文】**其贵，言[④]也。**

【译文】他们喜欢的只是讨论。（说说而已，而不会去付诸行动。）

【原文】**成功遂事，而百姓胃我自然[⑤]。**

【译文】在完成了某些事物后，百姓会说这些成功是通过自我能力完成的。

【导读】

大上，下知有之，

大上：“大”指的是道；“上”指道的境界至高无上。

下知：世人中有人懂得。“下”指世人。　有之：存在。

道的境界至高无上，世人中有人懂得道的存在。

其次亲誉之，

其次：其中境界比较低的人。　亲誉：亲近、赞誉。

其中境界比较低的人，他们想去亲近道而赞誉道，这说明他们的认知离道很远。因为，他们不懂道没有远近之分，道没有分别心。

其次畏之，

畏之：畏惧。

对道的认知更低一层者是畏惧道的人，他们不懂道不会伤害人。因为，人们所受到的伤害都是不遵守大自然规律所造成。

其下母之，信不足。

母之：轻视。

对道认知最浅薄的人轻视道的存在，他们对道的存在信心不足。

案有不信？猷呵！

猷：一种猿猴类动物，生性多疑，在此形容人们对道的多疑。

怎么会有这些人不相信道呢？因为，人们如同“猷”一样多疑啊！

其贵，言也。

其贵：喜欢。　言也：说说而已。

这些对道信心不足的人喜欢谈玄论妙，而不是真的愿意去遵守道和实践道。

成功遂事，而百省胃我自然。

世人大都骄傲自大，在完成了某些事物的时候，都认为是由于自己的能力完成的，而不考虑是因符合大自然规律才能完成。

【感悟】

至高无上玄机妙，凡尘有晓大道在；
阿谀奉承亲誉远，不明道体无间挨；
畏惧自然猜疑误，咎因皆由背道坏；
谈玄论妙分上下，信有不足心境矮；
成功遂事非己能，天理掌控世事排。

道的境界至高无上，世上有人懂得道的存在。例如老子已经把道说的非常透彻，只是后人对老子古朴的文字理解困难，大都曲解了圣人之意。老子也料到后人对道的理解会有局限，为了让人们对照自己悟道与否，把不理解道的人分成几个层次：

一、想去亲近道而赞誉道的人

道无所从来也无所从去，道无所不在，你还要怎么亲近？道公平公正，道需要遵守，道不用赞誉，当你想要亲近道、赞誉道的时候，你的思想境界已经很低了。

二、畏惧道的人

这个层次的人相对在境界上又低了一层，为什么要畏惧道呢？比如你过马路要看交通信号灯，你需要惧怕信号灯吗？当然，有的人惧怕的是警察。但可怕的不是信号灯，也不是警察，可怕的是你违反了交通规则所带来的危险后果，这个危险的后果不是信号灯和警察给你造成的。所以，当人们畏惧道的时候，还不如畏惧自己不遵守大自然规律的行为。

三、轻视道的存在的人

轻视道的存在是层次是最低人，这都是什么样的人呢？是明知道违法犯罪还去做，例如：明知道赌博会倾家荡产还去赌博；明知道盗窃违法还去盗窃；明知道杀人偿命还去杀人……还有一些人虽没有达到犯罪的程度，但他们也是轻视道的存在，例如：明知道吸烟有害健康还去吸烟；明知道喝酒有害健康、酒后误事还去喝酒的……

老子最后总结了这些人为什么不懂道，因为他们信不足。信不足包括信心不足和诚信不足，他们都存在着怀疑的心态，其中也有人喜欢谈论道，但却不会去实践。

世俗的成功概念无非是“功名利禄”，都以为做成这些就是成功，还认为这是由于自己的能力所完成。事实上，世人今生所能获得的“功名利禄”只是一种自然循环，本是个体原本所具备的能量所转换而来，这并不能代表真正的成功，只有返回先天无极世界才是真正的圆满成功，真正的成功者一定是遵守大自然规律的人。

【注释】

①大：自然之道。“大”为辈份之长。“无”为宇宙万物的长辈，故为最“大”。②母：通“侮”。轻慢。③案：通“安”。疑问句，怎么？表示疑问，相当于“岂”、“怎么”。例如：尔安敢轻吾射。——宋·欧阳修《归田录》。④言：议论，谈论。例如：赵括自少时学兵法，言兵事。——《史记·廉颇蔺相如列传》。⑤然：形成。例如：毋曰胡残，其祸将然。——《大戴礼记》。这里代表完成。

第18章　案有仁义

【马王堆汉墓帛书资料】

【甲本】

故大道废∠案有仁义知快出∠案有大伪六亲不和案有畜兹邦家闷乱案有贞臣

【乙本】

故大道废安有仁义知慧出安有□□六亲不和安有孝兹国家闷乱安有贞臣

【校订本】

故大道废，焉有仁义；智慧出，焉有大伪；六亲不和，焉有孝慈；邦家闷乱，焉有贞臣。

【本书校订本】

故大道废，案[1]有仁义？智慧出，案有大伪？六亲不和，案有畜[2]兹[3]？邦家闷[4]乱，案有贞[5]臣？

【原文】故大道废，案[1]有仁义？

【译文】因为大道被废弃，哪还有正确的行为标准呢？

【原文】**智慧出，案有大伪？**

【译文】正确的宇宙人生观出现了，哪还有错误观念的位置呢？

【原文】**六亲不和，案有畜[2]兹[3]？**

【译文】六亲不和的时候，哪还有繁衍发展呢？

【原文】**邦家闷[4]乱，案有贞[5]臣？**

【译文】国家昏乱了，哪还有忠臣的位置呢？

【导读】

故大道废，案有仁义？

故大道废："故"字代表缘故、原因。这是续前一章而言的，因世人轻视道，导致大道的思想被废弃，圣人的思想不能流通。

仁义：大道包括"仁义礼智信"，是世人思想行为的标准。当大道的思想被废弃的时候，哪还会有人遵守仁义之道呢？

智慧出，案有大伪？

智慧：正确的宇宙人生观。

大伪：错误的宇宙人生观。

当正确的宇宙人生观出现的时候，错误的观念还会有位置吗？

六亲不和，案有畜兹？

世人的繁衍发展都是以六亲和合为基础，如果世人六亲不和，怎么还能继续繁衍发展呢？

邦家闷乱，案有贞臣？

国家的发展是以忠臣为骨干，而国家混乱皆因奸臣当道。所以，国家在奸臣当道的混乱时刻，哪还有忠正之臣的位置呢？

【感悟】

大道仁义无限有，天理被弃谬真谛；
智慧天机蒙污锈，拂尘显光伪难立；
六亲和合天地久，滋衍万物长路夷；
国家昏乱奸当道，贞臣岂能有位栖。

老子在本章明确指出：仁义之道是世人的行为准则，当人们不遵守这个准则的时候，就是大道的智慧思想被废弃的时候。可惜后人在学习《老子》的时候，大都把这部神圣的经典给念歪了。后来的通行本居然改成："大道废，有仁义"，虽一字之差，但谬之千里。所以，《老子》被后人误解久矣。

大道包括了仁义，如果违背了大道，自然就失去了仁义。如果你懂得人与自然万物本为一体的真相，你还会去伤害自然万物吗？如果你懂得只有"无为不争"才能获得圆满成功，你还会去与人争斗和战争吗？当人们懂得这些真相的时候，就是有智慧，那还会认同错误的思想吗？

什么是六亲？父、母、兄（姐）、弟（妹）、夫（妻）、子（女）为六亲。这六亲是一个完整的家庭，是组成国家的基本细胞。六亲不和，就是家庭这个细胞破裂了。那么，国家就不完整了。国家是世界的基本细胞，如果国家不完整了，整个世界也就有缺陷了。如果六亲不和成为国家的普遍现象，这个国家就会面临灭亡。如果六亲不和成了世界普遍现象，这个世界就会面临灭亡。如果世界都灭亡了，还谈什么繁衍和发展呢？

六亲和睦之道是什么呢？是孝顺父母、长幼有序、夫妻和睦、教育子女。这些说起来简单，做起来却不容易。其中最重要的就是智慧教育，没有智慧只能教育出大伪。只有智慧的教育，才能形成六亲和睦。只有六亲和睦的世界，才能正常地繁衍和发展。

古人云：以铜为鉴，可以正衣冠；以人为鉴，可以明得失；以史为鉴，可以知兴替。例如：在南宋时期，高宗皇帝懦弱昏庸，奸臣当道，使得岳飞和韩世忠等忠正之臣没有立足之地。堪称中国历史上最昏庸、软弱的王朝之一，最终为蒙元所灭。这就是老子所说的"邦家闷乱，案有贞臣？"

历史上也有对于忠臣的概念有独特见解的人，例如：唐朝的谏官魏征。魏征曾经对唐太宗说："臣请求皇上让臣作一良臣，而不要作一忠臣。"唐太宗惊异地问："良臣与忠臣有什么区别？"魏征答道："使自己身获美名，使君主成为明君，子孙相继，福禄无疆，这是良臣。使自己身受杀戮，使君主成为暴君，家国沦丧，空有其名，这是忠臣。"魏征的所言确实具有相当高度的哲理，而魏征的话从侧面又印证了老子话："邦家闷乱，案有贞臣？"

【注释】

①案：通"安"。疑问句，怎么？甲本用"案"；乙本用"安"，也说明了通假的关系。②畜：养育。③兹：繁殖、繁衍。④闷：昏闷，不顺畅。⑤贞：正、忠。

第19章　绝圣弃知

【马王堆汉墓帛书资料】

【甲本】

绝声弃知民利百负∠绝仁弃义民复畜兹∠绝巧弃利盗贼无有此三言也以为文未足∠故令之有所属见素抱□□□□□□□□□□□

【乙本】

绝耶弃知而民利百倍绝仁弃义民复孝兹绝巧弃利盗贼无有此三言也以为文未足故令之有所属见素抱朴少□而寡欲绝学无忧

【校订本】

绝圣弃知，民利百倍。绝仁弃义，民复孝慈。绝巧弃利，盗贼无有。此三言也，以为文未足，故令之有所属：见素抱朴，少私寡欲，绝学无忧。

【本书校订本】

绝[1]圣弃[2]知[3]，民利百[4]负[5]；绝仁弃[6]义[7]，民复畜兹；绝巧[8]弃利，盗贼无有；此三言也，以为文未足，故令之有所属[9]：见[10]素[11]抱[12]朴[13]，少[14]私寡[15]欲，绝学无忧[16]。

【原文】绝[1]圣弃[2]知[3]，民利百[4]负[5]；

【译文】最高境界的圣人没有分别心，当邦国的管理者效法圣人之道而放下分别心的时候，就会使人民的生活有更多的保障。

【原文】绝仁弃[6]义[7]，民复畜兹；

【译文】最高境界的仁慈是放弃虚假的思想，当邦国的管理是真心滋养百姓的时候，才能使人民生存繁衍下去。

【原文】绝巧[8]弃利，盗贼无有；

【译文】拥有最崇高的思想，就不会去争名夺利了，贪婪的欲望也都不存在了。

【原文】此三言也，以为文未足，

【译文】以上三条只是举例说明，但这些说明还不够完整。

【原文】故令之有所属[9]：见[10]素[11]抱[12]朴[13]，

【译文】所以，给这些说明做个总结：世人需要现出天性，保持本质。

【原文】少[14]私寡[15]欲，绝学无忧[16]。

【译文】减去杂念，舍弃欲望。最高学问的境界，就是没有烦恼。

【导读】

绝圣弃知，民利百负；

本章是《老子》书中争议较大的章节，如按照“通行本”的注解来说：“断绝圣明抛弃智慧，人民才可以获利百倍。”这个解释显然是背道而驰的。假如，老子是如此思想，那还在书中讲“圣人之治”做什么呢？所以，这摆明是后人所犯的文字障，完全曲解了圣人之意。古代通假字非常之多，导致了后人学习的一些障碍，但只要是用正智来看圣贤的文章，就一定会正确地判断文字的通假。

绝圣：最高境界的圣人。“绝”字的含义虽有断绝之意，但“绝”字也代表极端的，高超的，最高境界。例如：“绝学”一词自古就代表最高境界的学问和技能，而不是断绝和抛弃学问。否则，老子、孔子这些圣人还都研究学问做什么？他们还都出来讲学做什么？

弃知：放下分别心，就是一视同仁，公平公正。这个“知”字在此代表识别。宇宙万物本为一体，有分别心，就是有分裂的思想；没有分别心，才是圆满完整的思想。

民利：人民的生活。为什么用“民”字呢？因为，这段话是针对邦国的管理者来说的。

百负：更多的依靠和保障。“百”代表众多、增长；“负”代表凭借、依靠、保障。

最高境界的圣人是没有分别心的，当邦国的管理者放下分别心，用公平公正的原则来治理邦国的时候，就会使人民的生活获得更多的依靠和保障。

绝仁弃义，民复畜兹；

绝仁：“仁”字代表滋养；在儒家代表仁爱；在佛家代表慈悲；在《老子》书中代表道。最深入、最彻底、最高境界的“仁”，就是对宇宙万物只有爱护而没有伤害。

弃义：“义”字代表“假的……”“弃义”是说最高境界的仁慈没有虚假的思想。民复：人民长久。“复”字代表循环反复，引申为长久。

畜兹：生存繁衍。“畜”字代表养育；“兹”字代表繁殖。

最高境界的仁慈就是没有丝毫虚假的思想，而是要有一颗真心。因为，只有真心真意地滋养和爱护百姓，才能使得百姓长久地生存和繁衍下去。从这句话可以看出，这是针对邦国管理者而言。

绝巧弃利，盗贼无有；

绝巧：最美好的思想，也就最崇高的思想。（巧：代表美好的思想。）

弃利：放下争名夺利的思想。

盗贼：比喻人们贪婪的欲望和行为。

无有："无"在物质世界代表空无；"无有"在此代表消失。

当人们拥有了最崇高的思想，就不会有争名夺利之心了。这时候，贪婪的欲望和行为也都不存在了。

此三言也，以为文未足，故令之有所属：

三言也：三条举例说明。　文未足：说明的还不够完整。　所属：归纳和总结。

以上三条只是举例说明，但这些说明还不够完整。所以，把这些说明做个归纳和总结。

见素抱朴，

见素：现出天性。（见：古同"现"；素：天性。）

抱朴：保持本质。（抱：保持；朴：本质。）

老子总结第一条：人要现出天性，保持本质。

少私寡欲，

少私：减去私心。　寡欲：舍弃欲望。

老子总结的第二条：减去私心杂念，舍弃贪婪的欲望。

绝学无忧。

绝学：最高境界的学问。

无忧：没有烦恼。因为，没有烦恼才是圣人境界。

老子总结了第三条：最高学问的境界，就是没有烦恼。

【感悟】

圣智高绝弃私存，天子借鉴保利民；
真仁弃假有深意，安邦定国衍富勤；
境界超凡散名利，不存贪欲立古今；
现出天性真本质，弃私舍欲不烦心。

老子在本章首先提出治理邦国的三个最高标准：

一、没有分别心

什么是分别心呢？就是把一个事物分成二乃至无限。没有分别心，就是把宇宙万物都看成一体。事实上宇宙万物本为一体，能做到没有分别心，就是返本归元。

圣人的思想境界至高无上，只有圣人能做到没有分别心。如果邦国的管理者能效法圣人之道放下分别心，对待百姓公平公正没有私心，人民的生活就会获得更多的保障。

二、仁爱之心要彻底

“绝仁”代表最高境界的仁爱，就是心中没有仇恨、心中没有敌人。只有内心没有仇恨的人，才能真心地爱护宇宙万物，而不会去伤害宇宙万物；对于邦国的治理来说，就是要真心地滋养和爱护百姓，而不要伤害和欺压百姓。

“弃义”的“义”在此并非代表“仁义”，而是代表“一切假的事物”。古文中一字多用和一字多义的词汇很多，“义”字可以代表“仁义”，也可以代表“假的事物”，汉语大字典中还记载“义”字通“俄”，代表“奸邪”之意。既然“仁”字有这么多截然不同的含义，我们应该如何来分辨呢？其实道理很简单，每本书的每段话都有概括的中心思想，而圣贤书中的思想绝对不会脱离正义，只要读者能拿出正直善良的真心来用心体会，就一定不会做出错误的解释。如果能在圣贤书中看出糟粕，那一定是其自心的糟粕障碍了正确的思想。

三、要拥有最崇高的思想：

怎样拥有最崇高的思想？邦国的管理者和人民都要保持公平、公正的思想，都要有真正的仁爱之心。

最崇高的思想如何保持呢？孔子曰：非礼勿视，非礼勿听，非礼勿言，非礼勿动。

最崇高的思想如何表现呢？这是由人们的外在行为来表现，比如表情、语言、行为、气质，这些外在的表现都会反映其心态和思想境界。当世人都具有了最崇高的思想境界，就不会做出背道而驰的行为，例如：偷窃的行为是贪婪的欲望所促使的，如果贪婪的欲望不存在，窃贼也就自然不会存在。

老子认为以上这三条还不足以说明，进而做出以下总结：

一、现出天性，保持本质

人的天性是什么？天性就是“无”，就是没有分别心。

人的本质是什么？本质就是“无”，包容了一切事物。

现出天性，就是放下分别心。保持本质，就是保持无为、不争。只有无为、不争，才能获得最圆满的成功，这就是“明心见性”。相反，去争夺的结果永远不会圆满，这就是愚昧。

二、减去私心杂念，舍弃贪婪的欲望

世人的私心杂念，就是对功名利禄的追求。五音、五色、五味所诱发的欲望，屏蔽了人与“无”之沟通。只有放下私心杂念和欲望，才能恢复人的天性和本质，也就是恢复了“无”。只有恢复到“无”的境界，才是最圆满的成功。

三、没有烦恼

最高境界的学问就是“无”，在物质世界来说就是物质的空无。

忧愁和烦恼是怎么来的呢？都是贪婪的物欲所诱发的。那么，怎样才能没有忧愁和烦恼呢？那只有放下对物欲的贪婪，当世人对物质的追求达到空无的时候，也就回归了“无”的圆满之道，自然就不会有忧愁和烦恼。

【注释】

①绝：极端的；才技特异，独一无二。例如：绝妙好辞。——《蔡邕题曹娥碑》。这里代表最高境界。②弃：放弃、不要、不用。③知：识别、区别。例如：孪子之相似者，唯其母能知之。——《淮南子》。在此代表分别心。④百：概数。言其多，许多的，众多的。例如：千禄百福。——《诗·大雅·假乐》。⑤负：依恃，凭仗。负，恃也。从人守贝，有所恃也。——《说文》。⑥弃：例如：弃，忘也。——《尔雅》。在此代表放下各种贪婪的思想。⑦义：假的事物。名义上的。隐士赵逸，来至京师，汝南王拜为义父。——《洛阳伽蓝记》。义父（经拜认为父。非亲生之父，即干爹，假父）⑧巧：美好、美丽。例如：巧笑（美好的笑容）；巧丽（美妙华丽）；巧媚（形容姿态美好）。⑨属：归类、归纳。在此代表总结。⑩见：通“现”。⑪素：本义：没有染色的丝绸。在这里代表没有污染的心灵即本性。⑫抱：保持。⑬朴：本质。⑭少：减少；减去；削弱。例如：欲天下之治安，莫若众建诸侯而少其力。——贾谊《治安策》。⑮寡：舍弃。例如：使干将寡刺而更击，蝆舍鹄而射雁，则下射无失矣。——《论衡·书解》。⑯忧：烦恼。忧，愁也。——《说文》。

第20章　而贵食母

【马王堆汉墓帛书资料】

【甲本】	【乙本】	【校订本】
唯与诃其相去几何美与恶其	唯与诃其相去几何美与亚其	唯与诃，其相去几何？美与

相去何若人之□□亦不□□□□□□□□□□众人巸巸若乡于大牢∠而春登台我泊焉未佻若□□□□累呵如□□□□□□皆有余我独遗我禺人之心也惷惷呵鬻□□□□□□胃呵鬻人蔡蔡我独闷闷呵忽呵其若□望呵若无所□□□□□□□□以悝吾欲独异于人而贵食母

相去何若人之所畏亦不可以不畏人望呵其未央才众人巸巸若乡于大牢而春登台我博焉未垗若婴儿未咳累呵佁无所归众人皆又余我愚人之心也湷湷呵鬻人昭昭我独若闷呵鬻人察察我独闽闽呵忽呵其若海朢呵若无所止众人皆有以我独门元以鄙吾欲独异于人而贵食母

恶，其相去何若？人之所畏，亦不可以不畏。荒呵，其未央哉！众人熙熙，若飨于大牢，而春登台。我泊焉未兆，若婴儿未咳。累呵似无所归。众人皆有余，我独遗。我愚人之心也，惷惷呵！俗人昭昭，我独若昏呵！俗人察察，我独闵闵呵！忽呵其若海，洸呵若无所止。众人皆有以，我独顽以鄙。吾欲独异于人，而贵食母。

【本书校订本】

唯[1]与诃[2]，其相去几何？美与恶，其相去何若？人之所畏，亦不可以不畏人。望呵！其未央[3]才[4]。众人熙[5]熙，若乡[6]于大牢[7]，而春登台。我泊焉未佻[8]，若婴儿未咳[9]。累[10]呵！如[11]无所归。众人皆有余，我独遗[12]。我愚人之心也，惷惷[13]呵！鬻[14]人昭昭，我独若闷呵！鬻人蔡蔡[15]，我独闷闷[16]呵。忽呵！其若海；望呵！若无所止。众人皆有以，我独门[17]元[18]以鄙[19]，吾欲独异于人，而贵食[20]母。

【原文】**唯[1]与诃[2]！其相去几何？**

【译文】正确与错误，其差距是多少？

【原文】**美与恶，其相去何若？**

【译文】美好与丑恶，其差距是什么？

【原文】**人之所畏，亦不可以不畏。**

【译文】人们所畏惧的，也不能不畏惧。

【原文】**望呵！其未央[3]才[4]。**

【译文】望去啊，没有尽头啊。

【原文】**众人熙熙[5]，若乡[6]于大牢[7]，而春登台。**

【译文】众人嬉戏，如同相聚于君主祭祀的盛大宴会，而且在春天登台游玩。

【原文】**我泊焉未佻[8]，若婴儿未咳[9]。**

【译文】我淡泊处之，并没有愉悦之态，平静得如同婴儿没有笑容。

【原文】累[10]呵！如[11]无所归。

【译文】积聚能量啊，向虚空无极回归。

【原文】众人皆有余，我独遗[12]。

【译文】众人都有各自的收获，只有我选择了对这些收获的放弃。

【原文】我愚人之心也，惷[13]惷呵！

【译文】我这个愚人之心，蠢蠢啊。

【原文】鬻人[14]昭昭，我独若闷呵！

【译文】世俗之人对事物分得清清楚楚，只有我好像不太清楚的样子。

【原文】鬻人蔡[15]蔡，我独闷[16]闷。

【译文】世俗之人像草芥一样放纵的生活，只有我独自默默静守着“道”。

【原文】忽呵！其若海；望呵！若无所止。

【译文】恍惚间，如同在茫茫大海，远远望去，如同进入无极的世界。

【原文】众人皆有以，我独门[17]元[18]以鄙[19]。

【译文】众人都有所作为，我独自守候着道在尘世之外。

【原文】吾欲独异于人，而贵食[20]母。

【译文】我的追求独特与众不同，而重视的是学习道。

【导读】

唯与诃，其相去几何？

唯：肯定，在此代表“是”。

诃：斥责，在此代表“非”。

这是老子在问世人的是非观念有多大差距？

美与恶，其相去何若？

美好的事物是遵循道的规律产生的；丑恶的事物是背道而驰的。

老子在此是问美好与丑恶的差距是多少？

人之所畏，亦不可以不畏。

人之所畏：人们最怕的是什么？最可怕的事情就是背道而驰。

美好是遵守道的事物，丑恶是背道而驰的事物。人们最应该畏惧的就是自己背道的行为，这种可怕的行为不能不去畏惧。

望呵！其未央才。

未央才：在此指是非美丑的差距没有尽头啊。

错误和丑恶的事物是背道而驰的，错误与正确的距离越来越远，丑恶与美好的差距越来越大。远远地望去，其差距没有尽头啊。

众人熙熙，若乡于大牢，而春登台。

熙熙：嬉戏。

大牢：祭祀宴会。古时的君主为了祈求国事太平、五谷丰登，而祭祀土地和五谷神的盛大宴会。

而春登台：春天的时光登高游玩，比喻世人所追求的是对各种欲望的享受。

老子看到众人嬉戏，如同聚会在君主祭祀的盛大宴会，而且在这个春天的时光登高游玩。

我泊焉未佻，若婴儿未咳。

泊焉：淡泊处之。　未佻：没有愉悦。　未咳：婴儿没有笑容。

老子看到众人热闹的景象只是淡泊处之，并没有愉悦之态，平静得如同婴儿没有笑容。

累呵！如无所归。

累呵：积累、积聚能量。　如无所归：向先天无极世界回归。

这是老子说自己正在积聚能量，目的是向先天无极之道回归。

众人皆有余，我独遗。

有余：众人都有物质的收获。　我独遗：只有我对这些收获选择了放弃。

老子看到众人都有各自的收获，只有自己选择了对这些收获的放弃。

我愚人之心也，惷惷呵！

惷惷：蠢蠢的样子。

老子说，我这个人比较愚笨啊。在众人看来，我这个放弃了各种收获的人，是个蠢蠢的样子啊。

老子真的说自己是愚蠢的人吗？这在世俗人的眼里是愚蠢的，但这就是大智若愚。

鬻人昭昭，我独若闷呵！

鬻人：世俗之人。　昭昭：计算得清清楚楚。

表面上看来，世俗之人把事物分辨得清清楚楚，对得失计算得也都很详细，而只有我好像不太清楚的样子。世俗的人们真的清醒吗？在世俗人眼里是清醒的，而事实上这就是大愚若智。

鬻人蔡蔡，我独闷闷。

蔡蔡：代表野草的漫无目的的生长。

闷闷：默默地。

老子用野草来形容世人漫无目的的生活，比喻人们的人生没有正确的目标，只有我老子独自默默静守“道”。

忽呵！其若海；望呵！若无所止。

忽呵：恍惚间看到。

若海：如同进入大海。

若无：如同进入先天无极世界。

所止：所在的境地。

老子在守道的过程中，恍惚间出现了一种境界，如同进入茫茫大海，远远望去，如同进入了无极世界。

众人皆有以，我独门元以鄙，

有以：有所作为。

独门元：我独自守候。“门”字代表守候；“元”字代表元始的先天无极世界，也就是老子所讲的道。

以鄙：引申为尘世之外。“以”字代表“在”。“鄙”字代表“郊外”。

这句话比较古朴，很难让人理解。因此，造成了社会上误解的版本甚多。其实，老子本意是说：世人的目标是物质的收获，众人都有所作为，但有为并非成就大道的途径，只有无为才是得道的源泉。我的目标是返回先天，唯我独守着元始的无为之道在红尘之外。

吾欲独异于人，而贵食母。

贵：重视。　食：吸纳和学习知识；

母：“无”。因为“无”为天地万物之母。

“而贵食母”这句话听着比较吓人，但的确没有吃人的意思。老子的本意是说：只有我与众不同，别人重视的都是物质利益的获取，而我最重视的是学习“无”之道。

【感悟】

是非善恶相距远，背道而驰畏当前；

众人嬉戏聚春汇，唯我淡泊未开颜；

累积能量待时雁，志在必得返先天；

世俗皆有收获至，愚人是我弃物缘；

莫言老子太蠢颠，皆因世人看不穿；

无非五行算得住，上智弃欲守道田；
恍惚之间入道海，原来老子进无限；
有为并非功成径，无为道成上德源；
与众不同独我异，饮慧开智无上仙。

老子在本章讲解了世俗之人与修道者的区别，世俗者大愚若智，得道者大智若愚。

本章写得比较抒情也非常感慨，其中蕴涵着对世人的无限悲悯。是与非、善与恶，其间的差距有多大呢？老子回答说，其间的差距看来是没有尽头了。为什么有这么大的差距呢？例如：对于世间来说，战争是错误的、丑恶的，战争的方向是死亡和灭亡；和平是正确的、是慈悲善良的，和平的方向是生存和发展。人们从这个简单的例子可以看出是与非、善与恶之间的差距有多大。所以，人们最可畏惧的就是背道而驰的行为，这个可怕的行为是不能不去畏惧的。

老子看到众人嬉戏着参加盛大的宴会，又登台春游的时候，老子是宁静淡泊的，未有丝毫喜悦之情，就如同婴儿安静的时候。这是说老子不被世俗的诱惑所动，无论表情还是心态都如同婴儿般天真纯洁，不被欲望所牵引，这表现了老子的修为和定力。在世俗人都追名逐利的时候，老子却在积聚能量向“无”的境界回归。

老子看到世人的都各有收获，只有老子独自舍弃了这些利益。老子为什么不去获取这些收获呢？老子说自己是愚蠢的人啊！而这些世俗的人们都很聪明，什么事都能计算得很清楚。老子这段话当然是正话反说，这是说人们的争名逐利是愚昧的。因为，这些蝇头小利解决不了宇宙人生的根本问题。

老子指出了世俗之人漫无目的地生活，没有正确的人生目标，只有老子默默地守候着大道。

老子通过能量的积聚，忽然间如同身处在大海之间，远远望去，如同进入了虚空无极的世界。看来，此时老子已经突破了“有与无”的空间界限，能够往来于“有无”之间。其实，老子在多篇文章中都透露过他对空间的突破。

表面上看来，众人都有所收获。只有老子独自守候着元始之道，在这个充满诱惑的红尘之外。因为，老子的追求不同于世俗之人，老子重视的是学习天地万物之元始，即“无”之道，目的是为了返本归元。

【注释】

①唯：表示肯定。例如：如地如天，何私何亲；如月如日，唯君之节。——《管子》。②呵：呵，责也。——《玉篇》。例如：厉声以呵。——明·张溥《五人墓碑记》。在此代表否定。③央：尽头。④才：古同“哉”。文言语气助词，表感叹，相当于“啊”，如“快!”⑤熙：广大。例如：《周语》熙，广也。《史记·吴世家》歌大雅曰：广哉熙熙乎。⑥乡：会意。据甲骨文，像二人对食形。在此代表乡人相聚宴饮。⑦大牢：牢乃豢畜之室，牛牢大，羊牢小，故皆得牢名。用一头牛做（祭品）或用在饮食中，称为太牢，《第十七少仪》其礼，大牢（与太牢同）。《礼记·王制第五》——天子（古时的君主为了祈求国事太平、五谷丰登，每年都要到郊外祭祀土地和五谷神。）皆大牢，诸侯社稷皆少牢。⑧佻：愉也——《说文》。⑨咳：小儿笑也——《说文》。⑩累：本义：堆积，积聚。例如：一丝而累。——《后汉书·列女传》。⑪如：往也。——《尔雅》。⑫遗：给予；馈赠；舍弃。⑬惷：（chǔn）愚也。今俗本作“蠢”。⑭鬻：（yù）幼小。通“育”，幼稚；通“俗”。⑮蔡：草芥。形容野草漫山遍野放纵地生长。⑯闷：沉默。在此代表默默静守着大道。⑰门：守门人。《博雅》门，守也。⑱元：元，始也。——《说文》。在此代表元始的“无”之道。⑲鄙：周代地方行政单位。王城郊外以五百家为“鄙”。后引申为郊外、野外。在本章代表尘世之外。⑳食：接受，采纳——《盐铁论》。这里代表学习。母：无，名天地之始；有，名万物之母。这里引申母为“无”之道。

第21章　孔德之容

【马王堆汉墓帛书资料】

【甲本】

孔德之容唯道是从道之物唯望唯忽□□□呵中有象呵朢呵物呵中有物呵∠渰呵鸣呵其中有请吔∠其请甚真其中□□自今及古其名不去以顺众仪∠吾何以知众仪之然以此∠

【乙本】

孔德之容唯道是从道之物唯望唯物物呵望呵中又象呵朢呵物呵中有物呵幼呵冥呵其中有请呵其请甚真其中有信自今及古其名不去以顺众父吾何以知众父之然以此

【校订本】

孔德之容，唯道是从。道之物，唯恍唯惚。惚呵恍呵！中有象呵！恍呵惚呵！中有物呵！窈呵冥呵！其中有精呵！其精甚真，其中有信。自今及古，其名不去，以顺众父。吾何以知众父之然？以此。

【本书校订本】

孔[①]，德[②]之容[③]，唯[④]道是从。道之物[⑤]，唯望[⑥]唯惚[⑦]。惚呵望呵！中有象呵！望呵惚呵！中有物呵！幼[⑧]呵冥[⑨]呵！其中有请[⑩]呵！其请甚真，其中有信[⑪]。自今及古，其名不去，以顺[⑫]众父。吾何以知众父之然？以此。

【原文】**孔[①]，德[②]之容[③]，唯[④]道是从。**

【译文】“无”是宇宙万物的容身之处，宇宙万物要遵从“无之道”来行为。

【原文】**道之物[⑤]，唯望[⑥]唯惚[⑦]。**

【译文】道的观察，一种是能看到的“有”，另一种是看不清楚的“无”。

【原文】**惚呵望呵！中有象呵！**

【译文】在看不清楚的“无”中看到啊，虚空中有景象的显现啊！

【原文】**望呵惚呵！中有物呵！**

【译文】看这个景象很模糊啊，但看到其中有物质的存在啊！

【原文】**幼[⑧]呵冥[⑨]呵！其中有请[⑩]呵！**

【译文】这种物质细小幽暗啊，其中有信息的存在啊！

【原文】**其请甚真，其中有信[⑪]。**

【译文】这个信息的存在是非常真实的，其中有信息的载体。

【原文】**自今及古，其名不去，以顺[⑫]众父。**

【译文】从现在追溯到远古时期，这个“道”的称呼就没有离开过，是用来通向先天无极世界的。

【原文】**吾何以知众父之然？以此。**

【译文】我凭什么来了解先天无极世界的真相呢？就是凭借遵循“无之道”才做到的。

【导读】

孔，德之容，唯道是从。

孔：孔窍的空无之处。

德：宇宙万物。“无生有”，“有”代表宇宙万物，“有”为“无”之所得，这既是“上德不德，是以有德”。(详见德篇第一章)

德之容：“无”才是宇宙万物容身之处。

“无”是宇宙万物的容身之处，宇宙万物皆归“无”所管辖，要遵从“无之道”来行为。

道之物，唯望唯惚。

道之物：道的观察。“物”字在古有观察之意。

唯望：是一种能看到的。

唯惚：是一种模糊而看不清楚的。

老子说道的观察有两种，即“有”和“无”。观察“有”时是可以看到的，这种称为“望”。

另一种观察状态是“无”，是看不清楚的，这种称为惚。

惚呵望呵！中有象呵！

惚呵望呵：惚为“无”，“望”为看到。

象：景象。

老子在观察“无”的时候，可以看到虚空中有景象的显现。

望呵惚呵！中有物呵！

望呵惚呵：“望”是接上句，本来是在模糊的状态中看到了景象，在此描绘这个看到的景象又是模糊的。

中有物呵：这个模糊的景象之中还有物质的存在。

老子在“无”的状态中看到了景象，再看这个景象又是模糊的。但可以肯定，在这个模糊的景象当中有物质的存在。

幼呵冥呵！其中有请呵！

幼呵冥呵：细微幽暗啊。在模糊景象中看到的物质是极其细微幽暗的。

有请：有信息的存在。“请”通“情”，代表了情况、信息。

老子在“无”的状态中发现了极其细小幽暗的物质，而且发现其中有信息的存在。

其请甚真，其中有信。

其请甚真：这个信息的存在非常真实。

有信：有信息的载体。“信”在古时代表使者、信使，这里可以解释为信息的载体。

老子观察到在虚空中有信息的存在，并且肯定了这个情况的真实性，说明了这些信息是有载体传递的。

自今及古，其名不去，以顺众父。

其名不去：“其名”代表道。这是说，道的概念不会消失。

以顺：用来通向……。（顺：代表通向某个方向。）

众父：代表“无”。“众”字代表天地万物。“父”代表创始、本源。天地万物的创始者是“无”。

从现在追溯到远古时期，道的这个概念就没有离开过。这个道，就是用来通向先天无极世界之道。

吾何以知众父之然也？以此。

众父之然：先天无极世界的情况。

以此：遵循无为之道。

老子最后明确地说：我凭什么来了解先天无极世界的情况呢？老子自己回答说，我是以遵循“无”之道来突破“有无”之屏障，这才能观察到虚空中的景象，也就是能观察到先天无极世界的情况。

【感悟】

孔窍之中容大千，唯道是从万物缘；
道之观察有为望，观无惚兮象中显；
无中之物幼冥远，可载信息今古传；
大道往来返先天，循无之道通幽玄。

《老子》书中不离“有无”之道，在本章用“孔”来代表“无”，用“德”来代表宇宙万物之“有”。老子说：“无”容纳宇宙万物，宇宙万物归“无”管辖。所以，宇宙万物要遵从“无之道”来行为。世人只有“无为不争”，才能与“无”信息同步。只有与“无”同步，才能沟通先天无极世界。

老子观察到虚空中也存在着物质，但这种物质极其细微幽暗，而且承载着信息的传递。老子所观察到的景象对于现代人并不难理解，我们现代人都知道虚空中存在着各种粒子、磁场、电波、信号等无形物质，这些无形的物质是人们用肉眼所不能看到的，但现代科学拥有各种技术手段，可以观察到这些无形物质的存在和动向，这些现代科技的观察和老子的描述极为相似。

现代人虽具有观察一些无形物质的技术手段，但对于老子的观察还是让世人感到震撼。老子的年代，没有高科技的技术手段，老子的观察对于世人来说，无疑是“超人”的能力。“有无”之通道自古就存在，但通向“无”的道路上有屏障障碍着“有无”世界的沟通，而老子就是因为遵循“无”之道行为，才取得了与虚空无极世界的同步，从而突破了“有无”之屏障，这才能观察到虚空中的各种情况。

【注释】

①孔：孔，窍也，空也。——《玉篇》。在此代表“无”。②德：《汉语大字典》解释：古代特指天地化育万物的功能。③容：容纳。④唯：只有、只是。⑤物：观察。例如：物土方，议远迩。——《左传·昭公三十二年》。⑥望：望，远视也。——《玉篇》。⑦惚：又通作忽。《汉书·音义》慌忽，眼乱似有无也。一种模糊的感觉。⑧幼：小也。——《说文》；幼，稀也。——《尔雅》。在此形容细小精微的物质。⑨冥：冥，幽也。——《说文》；冥，暗也。——《广雅》。⑩请：通情。这里代表信息。⑪信：与“讯”通。《司马相如·谕巴蜀檄》故遣信，使晓谕百姓。古人谓使者曰信。⑫顺：通“巡”。周行视察。在此为通向的含义。

第22章　炊者不立

【马王堆汉墓帛书资料】

【甲本】	【乙本】	【校订本】
炊者不立自视者不章□见者不明∠自伐者无功自矜者不长其在道曰粽食赘行∠物或恶之故有欲者□居∠	炊者不立自视者不章自见者不明自伐者无功自矜者不长其在道曰粽食赘行物或亚之故有欲者弗居	跂者不立，自视者不章，自见者不明，自伐者无功，自矜者不长。其在道也，曰：“余食、赘行。”物或恶之，故有欲者弗居。

【本书校订本】

炊[①]者不立[②]，自视[③]者不章[④]，自见[⑤]者不明[⑥]，自伐[⑦]者无功[⑧]，自矜[⑨]者不长。其在道曰：“余[⑩]食赘[⑪]行，物[⑫]或恶[⑬]之。”故有欲者弗居。

【原文】炊[①]者不立[②]，

【译文】思想和追求如炊火般渺小，这样的发展不能持久。

【原文】自视[③]者不章[④]，

【译文】自我考察的效果不能显著。

【原文】自见[⑤]者不明[⑥]，

【译文】有主观意识的人，不能看清楚事物的真相。

【原文】**自伐[7]者无功，**

【译文】自吹自擂的人，所自夸的功劳是被无限放大的。

【原文】**自矜[8]者不长。**

【译文】骄傲自大的人，其得意不会长久。

【原文】**其在道曰："余[10]食赘[11]行，物[12]或恶[13]之。"**

【译文】其得道者说：过多的获取是导致祸患的行为，这是世界的危险。

【原文】**故有欲者弗居。**

【译文】所以，有贪婪欲望的人不能得道。

【导读】

炊者不立，

炊者：比喻心量比较小的人。"炊"字代表炊火。

不立：难以持久。

炊火的使命就是做饭，做完饭火就熄灭了，如果人生的理想和追求如同炊火般渺小，其发展则势必难以持久。

自视者不章，

自视者：自我考察的人。

不章：不彰显、不明显。

自我考察的效果不会明显。因为，人对自我的认识不够客观。正所谓"不识庐山真面目，只缘身在此山中"。

自见者不明，

自见者：主观意识。

个人主观的思想和见解不能代替真理。因为，真理是大自然的客观规律，不是个人主观意识的想象。

自伐者无功，

自伐者：自吹自擂的人。

无功："无"字一方面代表没有，另一个含义就是无限夸大。

自吹自擂者，不会努力地工作、认真地做事，只能把自身功劳和能力无限夸大，而事实上没有真实的功劳和能力。

自矜者不长。

自矜者：骄傲自大的人。

骄傲自大的人自以为是，但他不会长久，正所谓"谦受益、满招损"。

其在道曰："余食赘行，物或恶之。"

余食：过多的贪婪。"余"字为过多；"食"字代表获取。

赘行：产生祸患的行为。"赘"字代表祸患。

物或恶之：世界的危险。"物或"代表物质世界。

已经得道者说：过多的获取是导致祸患的行为，这是世界的危险。

故有欲者弗居。

所以，有贪婪欲望的人是不能得道的。这其实是说，没有贪婪的欲望的人才能得道。

【感悟】

胸中志弱炊火渺，红尘翻滚立久难；
不识庐山真面目，己身自视否明全；
个人主观非真理，客观真实大自然；
自伐本来少有功，傲慢自古行不远；
余食赘行世界危，贪婪必致背道翻。

老子在此告诫世人，要舍贪弃欲。并且，举例说明了不能得道的几种行为。

一、炊者不立

老子在此用炊火来比喻人心。炊火是用来烧饭做菜的，其目的和作用是有限的。当人心如炊火之时，说明人的思想和追求是有限的。而拥有这个有限思想的人，注定不能持久发展。这是老子告诫人们，志向大小是得道与否的关键，如果仅限于追求功名利禄，那就如同炊火一样渺小；如果人们追求的是圆满得道，那就需要遵守大自然的规律。只有与"无"之道同步而行，才能与"无"沟通，只有这样才能成就"无为则无不为"，才能圆满得道。

二、自视者不章

每个人看自己的时候，都是有局限的。每个人都是一个小宇宙，如果你能完全了解自己，就能了解整个宇宙；如果你能了解宇宙，就能了解你自己。这个了解的概念很大，不是知道自己的姓名、年龄、身高、体重、性格、爱好、职业等情况，就算是了解了。你能看到自己的后背吗？你能看到的只是镜子中的影像。你能看到你的内脏吗？你能看到你每条血管和经络的详细情况吗？你能看到虚空中无形的能量对你身体的影响吗？你能知道人的思想和灵魂是怎么来的吗？就现代社会科技来说，对于人体的研究还是相当有限。

所以，老子说“自视者不章”。

三、自见者不明

既然世人对于自己的了解是如此的有限，那个人的思想和见解会是真理吗？当然不会是真理。这个“自见者”，不单纯代表个人的思想和见解，也代表个体的团体和国家。如果为了个体团体的利益，而去损害其他团体或国家的利益，那这个思想和行为都必定是错误的。

四、自伐者无功

这是人们工作和生活中常见的现象，往往那些自吹自擂者不会努力地工作、认真地做事。自吹自擂是好逸恶劳的典型表现，也是一些骗子的基本功之一。他们往往说自己手眼通天，而且敢打保票，把胸脯拍得山响。但这样的人往往都是骗子，轻则说完就没影，重则还得骗财骗色，结果是不会干成任何事。

五、自矜者不长

骄傲自大的人多少有点小本领，这样的人俯拾皆是，比如：曹操因自大而在赤壁大败；项羽因骄傲而自刎乌江……虽然这样的人前有古人，但也必定后又来者。

六、余食赘行

这是得道者告诫后人说，过分的贪婪是导致产生祸患的行为。“余食”是对地球资源过多的获取，是奢侈浪费的行为，奢侈是人心贪婪所导致的；“赘行”是导致病患灾难的行为，这个病患的毒瘤，就是奢侈浪费之风。我们从小就背诵：“锄禾日当午，汗滴禾下土，谁知盘中餐，粒粒皆辛苦。”但这首诗现在不流行了，我们现代人自以为生活富裕，因而开始骄奢。吃饭用方便筷子，这是卫生方便还是奢侈浪费呢？几个人吃一顿饭花几千元、几万元，甚至更多，这是尊贵还是奢侈呢？这些奢侈生活背后的代价是什么呢？是地球的石油被汽车蒸发殆尽；是地球的水源被工厂污染殆尽；是地球的森林变成了方便筷子；是地球的金属变成了武器；是地球的土地变成了沙漠……

我们中华古圣先贤明了宇宙人生的真相，早就预料到事物发展的过程。因此，事先就留下经典传世，以为后人防患于未然。这些圣人们苦口婆心地告诉我们这些子孙后代：贪婪奢侈的行为会导致世界的危险，有贪婪欲望的人不能得道。如此，世界将不能正常地生存和发展；世人只有断绝贪婪的欲望才能得道，只有遵守大自然的规律才能正常地生存和发展。

【注释】

①炊：烧饭的烟火。②立：《说文》立，住也。在此引申为持久。③视：考察，察看，

审察。例如：视其所以。——《论语·为政》。④章：古同“彰”，彰明，明显，显著。例如：平章百姓。——《尚书·尧典》。⑤见：看法，见解。⑥明：详细清楚。⑦伐：自吹自擂，夸耀自己。不伐己功，不矜己能。——《史记·淮阴侯列传》。⑧功：会意。从力，工声。“工”亦兼表字义，表示用力从事工作。⑨矜：骄傲、自大、自夸。⑩余：过多。⑪赘：赘瘤；肉瘤；累赘；祸害。⑫物：社会、外界环境、世界。例如：物外人（尘世以外的人）；物道（世道）。引申为大自然。⑬恶：凶险、危险。例如：穷山恶水。

第23章　夫唯不争

【马王堆汉墓帛书资料】

【甲本】

曲则金枉则定∠洼则盈敝则新∠少则得∠多则惑是以声人执一以为天下牧不□视故明不自见故章不自伐故有功∠弗矜故能长∠夫唯不争故莫能与之争古□□□□□□□语才诚金归之

【乙本】

曲则全汪则正洼则盈繁则新少则得多则惑是以耶人执一以为天下牧不自视故章不自见故明不自伐故有功弗矜故能长夫唯不争故莫能与之争古之所谓曲全者几语才诚全归之

【校订本】

曲则金，枉则正；洼则盈，敝则新；少则得，多则惑；是以圣人执一，以为天下牧。不自视故章，不自见故明，不自伐故有功，弗矜故能长。夫唯不争，故莫能与之争。古之所谓曲全者，几语哉！诚全归之。

【本书校订本】

曲①则②金③，枉④则定⑤，洼则盈，敝⑥则新，少则得，多则惑。是以圣人执一⑦，以为天下牧⑧。不自视故明；不自见故章；不自伐故有功；弗矜故能长。夫唯不争，故莫能与之争。古之所谓曲金者，几⑨语⑩才⑪！诚，金归⑫之。

【原文】曲①则②金③，枉④则定⑤，

【译文】由柔弱而至坚固，由邪曲而至正定；

【原文】洼则盈，敝⑥则新，

【译文】由低洼而至盈满，由破旧而至崭新。

【原文】少则得，多则惑⑦。

【译文】追求越少收获越多，贪婪越多则导致迷惑。

【原文】是以圣人执一，以为天下牧[8]。

【译文】所以，圣人执一之道，以此为天下治理的方法。

【原文】不自视故明；不自见故章；

【译文】分析事物不主观，所以才能清晰明了；不用主观意识来考察自己，所以才能效果显著；

【原文】不自伐故有功；弗矜故能长。

【译文】不自吹自擂者，才能努力地工作、认真地做事；不骄傲自大，所以才会长久。

【原文】夫唯不争，故莫能与之争。

【译文】只有不争，才没有人能与之争。

【原文】古之所谓曲金者，几[9]语[10]才[11]！诚，金归之。

【译文】古人所说的细弱而至坚固的过程，是机要之论啊！需要人们树立至诚之心，成功才能归属于你。

【导读】

曲则金，

曲：事物在微小细弱的生发阶段。

则：就是；便是。　金：事物在坚固的成熟阶段。

事物在细小柔弱的阶段，其发展趋势必然是成熟坚固。这说明事物的发展都有规律可循。

枉则定，

枉：邪而不正。　定：正直安定。

事物在邪曲的时候，其发展结果必然是正定。这说明人们对世间事物的认识都有个渐进的过程。

洼则盈，

在自然界里，能够积水的地方都是低洼之地。而低洼处，一定会存水而至盈满。这是比喻一切事物处在低洼状态的时候，其发展的结果必然是盈满。

敝则新，

敝：破旧。

这是比喻一切处在破旧状态的事物，其发展的结果必然是崭新。

少则得，

零是最少的，零既是“无”。但“无”也是最多的，这说明贪婪越少，收获越多。

多则惑。

人的贪心多，就会迷惑颠倒。当人们迷惑颠倒的时候，还会有什么好的结果吗？

是以圣人执一，以为天下牧。

执一：掌握了天地万物本为一体的真相。

天下牧：天下治理的方法。

圣人掌握了天地万物本为一体的真相，以此作为治理天下的方法。

不自视故明；

人们对自己的认识是有局限的，分析事物不主观才能清晰明了。所以，圣人不以主观意识来了解自己；

不自见故章；

圣人对一切事物的判断都不带有主观意识，而都是以大自然规律为标准。不用主观意识来考察自己，所以才能效果显著；

不自伐故有功；

圣人从不自吹自擂夸耀自己。所以，才会努力地工作、认真地做事。

弗矜故能长。

圣人从不骄傲自大。所以，圣人之道才会得以长久。

夫唯不争，故莫能与之争。

只有圣人做到了不争，所以没有人能与之争。圣人皆因不争而被尊为圣人，没听说哪个圣人的名号是经过比试和争夺而获得。

古之所谓曲金者，几语才！诚，金归之。

几语才：机要之论啊！“几”字通“机”，代表机要；“才”，通“哉”。

金归之：成功归属于你。“金”字代表坚固、成熟、成功。

古人说由柔弱而至坚固，这是事物发展规律的机要之论啊！但只知道这个规律还不行，还需要人们树立至诚之心，成功才能归属于你。

【感悟】

万物生长弱至坚，正定皆由邪曲延；

大海盈满乃洼成，崭新必是破旧换；

多得之因原本少，迷惑颠倒物太繁；
圣人执一弘大道，治理天下道至简；
自检当属旁观清，分析明了予客观；
有功还待勤行道，长远当需除骄蛮；
争者所获必残缺，不争之贤德道全；
古来行者循道衍，至诚则灵盈无限。

老子在本章讲述了事物发展的过程和得道的关键。

一、曲则全

宇宙万物的生成和发展，都是由细微弱小而发展到成熟长大。例如：不论多大的动物，皆由微小的精子和卵子的结合而开始；不论多大植物的生长，都是由一粒种子开始；浩瀚的大宇宙，也是由一些微小的基本粒子发展构成。这个事物发展的过程，就是一切事物成功的规律。

二、枉则定

人们对事物的认知，都需要一个渐进的过程，例如：人们从最早的“地心说”发展到“日心说”，通过对宇宙的不断认知，现在的人们已经明白，地球绝非宇宙的中心。虽然，现代科学对无限的认知还远远不够，但已经有了相对进步的认识。

三、洼则盈

不论是江河湖海或小溪水坑，皆因地势低洼才能盛水至满。人们所能吸收的知识也是如此，只有谦虚居下者才能获取到知识，骄傲自大者所获必定有限。由此可知，人心之容量决定收获的多少，例如：圣人的心胸无限宽广，所以圣人拥有的智慧无限大。

四、敝则新

状态破旧的事物发展结果必然是崭新。例如：人的生老病死、植物的生长衰亡、宇宙的成住坏空，世间一切事物的发展都是本着这个循环的规律。（成住坏空：是佛教的宇宙观。这是说：一个世界之成立、持续、破坏，又转变为另一世界之成立、持续、破坏，其过程可分为成、住、坏、空四时期。）

五、少则得

我们已经懂得“无”为最少，也为最多。人在贪心最少的时候，才能收获最多。例如：圣人没有贪心，因“无为不争”成就了“无为则无不为”的最大收获和最大能力。

六、多则惑

如果人在贪婪思想的推动下获得了财富，不论其财富有多大，与虚空无极的世界相比都是微不足道的，而且贪婪的收获只不过是颗毒瘤，给人们带来的只有伤害和毁灭，例如：贪官污吏必定会受到法律的制裁、自然规律的惩罚、人民的唾弃、内心的恐惧。事实证明，贪婪者绝对不会获得幸福的人生。

七、是以圣人执一，以为天下牧

圣人懂得天地万物皆为一体，对待天地万物一视同仁，这才是真正治理天下之道。例如：儒释道三圣皆执一之道来教化世人，孔子讲“存心养性，执中贯一”；佛讲“明心见性，万法归一”；老子讲“修心炼性，抱元守一”。

八、不自视故明

圣人懂得个人的思想和见解有限，所以圣人对一切事物的判断都不带有主观意识。圣人是以宇宙之道和人生之理来做为判断事物的标准，所以圣人才能对事物有清晰明了的判断。例如：世人的竞争思想都是站在自身利益的角度上来考虑问题，这就是主观意识；而圣人的不争是站在大宇宙的角度上来考虑问题，这就不是主观意识，也就是不自见故明。

九、不自见故章

世人不能客观地看待事物，所以不能做出正确的判断。圣人了解了宇宙人生的真相，对一切事物的判断都不带有主观意识，所以圣人能够对事物的判断清晰明了。圣人把宇宙人生的真相教导给世人，让人们能客观地看待一切事物，能以大自然的规律来约束自己的行为，这样才能使得世人的发展合理、效果显著。

十、不自伐故有功

圣人的事业是教育人们了解宇宙人生的真相，圣人们都努力工作，认真做事。例如：儒、释、道三圣一生都从事着教育工作，给人们讲授宇宙之道和人生之理。圣人们从不自吹自擂，在遇到利益和名誉的时候，退到了众人之后，但圣人因此得到了众人的拥戴，这就是不自伐故有功。

十一、弗矜故能长

圣人从不骄傲自大，圣人之道才会得以长久。例如：孔子曰：“三人行，必有我师焉。择其善者而从之，其不善者而改之。”孔圣人告诫世人要谦虚谨慎，而不能骄傲自大。圣人们虽将名利置于身外，但因而得到了名存千古的长久利益。

十二、夫惟不争，故莫能与之争

圣人“无为不争”，所以没有人能与之争。例如：世人所争夺的无非“名利”二字，对世人而言帝王是名利之最，但释迦牟尼放弃了帝王的名誉和地位，这就是不争。因此，世人的帝王之争就与释迦牟尼没有了关系。那么，世人还能与他争什么呢？

十三、古之所谓曲则金者，几语才！诚，金归之

古人所说的由细弱而至坚固的发展规律，是世间一切事物成功的规律，这就是天机的所在啊！但是，知道这个规律还不等于成功，而是需要人们树立至诚之心，这个成功才能归属于你。例如：通过学习《老子》，我们懂得了“无为不争”才是真正的成功之道，但又有多少人能循道而行呢？做不到就是不诚，不诚自然不能成就大道；而当人们真正做到“无为不争”的时候，这就是诚之所至，这时候成功必然归属于你。

【注释】

①曲：弯曲；柔弱；细小。例如：曲惠（小惠）；曲智（小智）；②则：表示因果关系，就，便：闻过则喜。③金：比喻坚固，攻不破的或无懈可击的。例如：金阵（坚固的兵阵）；金城；金汤；金堤（形容堤防的坚固）。在这里代表事物的成功。④枉：枉，邪曲也。——《说文》。（形声。从木，王声。本义：弯曲；不正）⑤定：同本义，与“乱”或“动”相对。“正”亦兼表字音。本义：安定；安稳。⑥敝：破旧。破旧得发展是崭新。⑦一：宇宙万物本为一体。一也者，万物之本也。——《淮南子·诠言》；一者太极也。⑧牧：九州之长入天子之国，曰牧。——《礼记·曲礼》。引申为治理的含义。⑨几：政务。通“机”。或问为政有几。——《法言·先知》。注：“要也”。⑩语：论也——《说文》。⑪才：《尔雅·释詁疏》：哉，古文作“才”。⑫归：归属。

第24章　希言自然

【马王堆汉墓帛书资料】

【甲本】	【乙本】	【校订本】
希言自然飘风不冬朝暴雨不冬日孰为此天地□□□□□	希言自然薊风不冬朝暴雨不冬日孰为此天地而弗能久有	希言自然。飘风不冬朝，暴雨不冬日。孰为此？天地，

□于人乎故从事而道者同于道德者同于德者者同于失同于德□道亦德之同于□者道亦失之

兄于人乎故从事而道者同于道德者同于德失者同于失同于德者道亦德之同于失者道亦失之

而弗能久，又兄于人乎！故从事而道者同于道，得者同于得，失者同于失。同于德者，道也得之。同于失者，道亦失之。

【本书校订本】

希[1]言[2]自[3]然[4]，飘风不冬[5]朝，暴雨不冬日。孰[6]为此，天地而弗能久，有兄[7]于人乎？故从[8]事[9]。而[10]道[11]者同于道[12]，德[13]者同于德[14]，失者同于失。同于德者，道亦德之。同于失者，道亦失之。

【原文】希[1]言[2]自[3]然[4]，

【译文】至理名言来自大自然的规律。

【原文】飘风不冬[5]朝，暴雨不冬日。

【译文】猛烈的旋风不会刮一上午不停，暴雨不会下一整天不停。

【原文】孰[6]为此，天地而弗能久，

【译文】事物发展的规律就是这样的，天地间急暴的事物都不能持久。

【原文】有兄[7]于人乎？故从[8]事[9]。

【译文】又何况于人呢？因此，要遵从事物发展的规律。

【原文】而[10]道[11]者同于道[12]。

【译文】行道者都要遵守共同的大自然规律。

【原文】德[13]者同于德[14]。

【译文】得道者，皆因遵守大自然规律。

【原文】失者同于失。

【译文】失败者，同样都是不遵守大自然规律的人。

【原文】同于德者，道亦德之。

【译文】同样遵守大自然规律的人，都会得道。

【原文】同于失者，道亦失之。

【译文】同样违背大自然规律者，都会失去道。

【导读】

希言自然，

希言：至理名言。“希”字引申为“无”。“言”字代表见解、学说。“希言”乃道之表达，即“至理名言”。

至理名言来自大自然的规律。

飘风不冬朝，暴雨不冬日。

飘风：迅疾猛烈的旋风。

不冬朝：一上午不停。

不冬日：一整天不停。

老子讲述了一个气象常识：迅疾猛烈的旋风不会刮一上午不停，暴雨也不会下一整天不停。

孰为此，天地而弗能久，

孰为此：事物发展的规律都是如此这般。

老子说世间一切事物的发展规律都是这样，用气象规律来形容天地间急暴的事物都不能持久。

有兄于人乎？故从事。

有兄：何况。从事：遵从事物的发展规律。

古圣先贤明了“天人合一”之道，人与天地是相对应的，何况于人呢？当然，人生之道也不会在自然规律之外。因此，人生同样要遵从大自然的规律。

而道者同于道，

第一个“道”字代表行道者。第二个“道”字代表大自然的规律。

任何行道者都要遵守相同的大自然规律。

德者同于德，

前一个“德”字代表获得、得道，但这个“德”不是贪婪而得，而是守道而得。

后一个“德”字代表遵守大自然的规律。

得道者，皆因遵守大自然规律。

失者同于失。

前一个“失”字代表失败。后一个“失”字代表违背。

失败者，都是因为违背了大自然的规律。

同于德者，道亦德之。

前一个“德”字代表遵守大自然规律的人。

后一个“德”字代表获得、得道。

同样遵守大自然规律的人，都会得道。

同于失者，道亦失之。

前一个“失”字代表违背大自然规律的人。

后一个“失”字代表失去。

同样违背大自然规律的人，都会失去道。

【感悟】

至理恒古出自然，人生格言法道篇；
飘风不能终朝过，暴雨难以整日灌；
事物发展有道矩，天地人间岂能变；
行者皆须守天道，德成乃因循道圆。

老子在本章发表了几个至理名言。

一、希言自然

老子说，至理名言来自大自然的规律，但这句话本身就是一句至为经典的至理名言。

二、飘风不冬朝，暴雨不冬日

“狂风暴雨”般的行为是不能持久的。什么样的行为是狂暴的行为呢？例如：所有的穷兵黩武都不会持久；所有国家的暴政都不会持久；所有对人民的压迫都不会持久；所有野蛮的行为都不能持久……历史证明所有狂暴的行为都不会持久，其结果都必然是失败。

三、而道者同于道

世间所有行道者都同样要遵守大自然的规律。例如：儒、释、道三教都有各自的理论体系和发展道路，但三教所讲的内容都是遵守同样的大自然规律。孔子曰：“道也者，不可须臾离也；可离，非道也。”佛祖曰：“常念知足，安贫守道。”

四、德者同于德

得道者，都同样遵守大自然规律。例如：儒、释、道三圣都是得道者，三圣都是同样地遵守大自然规律。

五、失者同于失

失败者，都违背了大自然的规律。例如：小偷和强盗都是人生的失败者，他们的行为违反了大自然的法则，他们依靠偷抢所获得的财富是短暂的，其人生的后果是痛苦的。

六、同于德者，道亦德之

所有遵守大自然规律的人，同样都会得道。例如：儒、释、道三圣的成就和境界并非高不可攀，只要人们都效法他们去遵守大自然的规律，就都能达到和他们一样的境界和成就。

七、同于失者，道亦失之

所有违背大自然规律的人，同样都会失去运行之道和得道的机会。例如：老子在道篇第五章里讲过，“天地不仁，以万物为刍狗；圣人不仁，以百姓为刍狗”，这是说违背大自然规律的世人，使得万物失去了运行之道，使得百姓失去了生存之道，同样也使得自身失去了圆满成功之道。

【注释】

①希：引申指空虚，空中。在此也代表“无”。②言：见解；学说。③自：始；开头；起源；自，从也。——《广雅》；自天右之。——《易·大有》。④然：然，烧也。——《说文》；俗字作“燃”。引申为事物发展的必然规律。⑤冬：冬，四时尽也。——《说文》；通“终”。完结，终了。⑥孰：“熟”的古字。程度深，指事物发展到最终的阶段或相当的程度。在这里引申为事物发展的规律。⑦兄：古通“况”。⑧从：顺从；依从；遵循。⑨事：事物发展的规律。⑩而：这样，此。如：而夫（此人；这人）。⑪道：行道。⑫道：大自然规律。⑬德：通“得”。取得，获得；成功。⑭德：遵守大自然规律的行为。

第25章　道法自然

【马王堆汉墓帛书资料】

【甲本】

有物昆成先天地生绣呵缪呵独立□□□可以为天地母吾未知其名字之曰道吾强为之名曰大□曰筮筮曰

【乙本】

有物昆成先天地生萧呵缪呵独立而不玹可以为天地母吾未知其名字之曰道吾强为之名曰大大曰筮筮曰远远曰反

【校订本】

有物昆成，先天地生。萧呵寥呵！独立而不改，可以为天地母，吾未知其名，字之曰道。吾强为之名曰大。大

远□□□□□□ 天大地大王亦大国中有四大 而王居一焉人法地□法□天 法□□法□□	道大天大地大王亦大国中有 四大而王居一焉人法地地法 天天法道道法自然	曰逝，逝曰远，远曰反。道 大，天大，地大，王亦大。 国中有四大，而王居一焉。 人法地，地法天，天法道， 道法自然。

【本书校订本】

有物昆[1]成，先天地生，萧[2]呵缪[3]呵！独立而不改，可以为天地母。吾未知其名，字[4]之曰道。吾强为之名曰大，大曰筮[5]，筮曰远，远曰反[6]。道大，天大，地大，王[7]亦大。国中有四大，而王居一焉。人法[8]地，地法天，天法道，道法自然。

【原文】**有物昆[1]成，先天地生，萧[2]呵缪[3]呵！**

【译文】物质世界在“无”后而成，先天地而生，萧条肃静啊！

【原文】**独立而不改，可以为天地母。**

【译文】物质世界此时还是浑圆一体没有分裂的，而后可以分为天和地。

【原文】**吾未知其名，字[4]之曰道。**

【译文】我不知道其名，就起了个字称为“道”。

【原文】**吾强为之名曰大，**

【译文】我勉强将其称为“大”。

【原文】**大曰筮[5]，筮曰远，远曰反[6]。**

【译文】这个大说的是推测和计算，推测和计算所说的“大”距离现在非常遥远，这个遥远的距离说的是返回过去。

【原文】**道大，天大，地大，王[7]亦大。**

【译文】道大包含了天、地、王；

天大包含了地、王；

地大包含王；

王大包含了万物。

【原文】**国中有四大，而王居一焉。**

【译文】国中有四大，而王是其中之一。

【原文】**人法[8]地，地法天，天法道，道法自然。**

【译文】人要遵循地之运行规律，地要遵循天之运行规律，天要遵循道之运行规律，道要遵循大自然的规律。

【导读】

有物昆成，先天地生，萧呵缪呵！

有物昆成：有物后成。这个物是什么？这个物就是“有”，就是后天物质世界，就是老子所说的“道生一”、易经所说的太极。

后天物质世界的“有”，是由先天无极世界的“无”而生，故为后生。但这个物质世界的太极是阴阳未判、浑圆一体的，当时的情景是一派萧条肃寂啊！

独立而不改，可以为天地母。

独立：物质世界原本为浑然一体之太极。

不改：阴阳未判，天地未分。

物质世界这个太极，当时是浑然一体还没有分裂的。太极生阴阳后，使得原本一体的物质世界分裂为天地，由此而产生了时间和空间，然后随着不断地裂变而产生了万物。

吾未知其名，字之曰道。

老子也不知道此物的名，就给此物起了个字称为“道”。老子在第一章说到“两者同出，异名同胃”，就是说“无”和“有”都谓之道。

吾强为之名曰大，

这个浑圆一体的后天物质世界极为广大，老子只好勉强给这个阴阳未判的物质世界起了个名称，叫做“大”，这个“大”字有两层含义：

一、代表宇宙生成的长者为大，但物质世界是由“无”生成的，并非是最大者，所以只能勉强称其为大。

二、代表这个物质世界极为广大。但是，这个大也是由极小演变而来的。而且，物质世界再大也没有“无”大，所以只能勉强称其为大。

大曰筮，筮曰远，远曰反。

大曰筮：“大”字代表的是后天物质世界。“筮”字代表了推测和计算。这个“大”的物质世界是推测和计算的结果。

筮曰远：“远”字代表了时间的遥远。这说明老子推测的后天物质世界距离当时的时间非常遥远。

远曰反：“反”字代表返回过去。这个遥远的时间说的是返回过去。

道大，天大，地大，王亦大。

道大：此道为后天物质世界的“有”。道包含的范围很大，包含了天、地、王。

天大：天包括的范围很大，包含了地、王。

地大：地包括了王。

王亦大：王包括了万物。

国中有四大，而王居一焉。

国中：此国指的不是国家，而是指后天物质世界的范围。

四大：道、天、地、王。

国中有四大，这个国是以道为主体，此道生天地，天地生万物。而人乃“天、地、人”三才（裁）之一，人包括了万物，人乃万物之灵，故称之为王。而且，在下一句话中列出了人、地、天、道，很显然代表的是四大。在此四大中，“王”换成了“人”，这说明四大可以称为道、天、地、人。

人法地，地法天，天法道，道法自然。

人法地：人要遵循地之运行规律。

地法天：地要遵循天之运行规律。

天法道：天要遵循道之运行规律。

道法自然：道要遵循一切事物发展的自然规律。（这个道指的是“有”之道；而“无”生“有”为自然。）

以上是老子总结的自然规律，“法”字代表的是效法和遵循，这是给后人的启示和忠告：人要遵守大自然的规律。

【感悟】

太极本由无极成，阴阳天地太极生；
浑圆未分阴与阳，天地开时将母称；
老子借此言大道，四大有缘国中逢；
道大物质世界整，天大为阳向上升；
地大属阴为下降，王大居中万物亨；
人才为王掌万物，道法自然生机盈。

本章所讲有一定难度，如没有《易经》基础和对宇宙概念的了解，则很难理解老子的表达。

老子在道篇的开篇说，“无，名天地之始”，但在本章说“有物昆成，先天地生”，这说明“有物”不可能是“无”，可“有物”又先天地而生，这就让人产生了迷惑。但如果有《易经》的理论基础，就会很容易了解，“无”乃无极，“有”乃太极，太极包含了阴阳，而阴阳即天地，这样我们就明白了，“无，名天地之始”也可以说：“无，名太极阴阳之母。”

老子所说的“物”独立未改，说明此时的物质世界还浑然未分，这是什么状态？这就是未分阴阳的太极状态。老子为此物酿了个字，谓之“道”。又为此物勉强起了个名，谓之“大”。这是说此尚未分裂的物质世界的辈份为大，但与“无”相比还不是最大，所以勉强称之为大。在《易经》里，这个“后天物质世界”被称为太极，太极就是大极的含义，“太”字比“大”字多了一点，这个点代表了“小”，这就说明太极之极大是由极小衍变而来。当然，也可以说这个极大和极小都是相对而言的。这个“大”是对此“物”的推测和计算，说明这个“后天物质世界”距离老子当时的时间非常遥远，这个遥远的时间说的是返回过去。至此，我们应该明白老子给此物所酿名字的含义，其名为“大”，其字为“道”，正所谓“大道至简”，这个完整的物质世界其数为“一”，故为至简。

老子根据对宇宙的了解，罗列了宇宙中的四大主体：道、天、地、王，此四大主体是按顺序排列，首先道最大，道包含了天、地、王；然后是天大，包含了地、王；再后是地大，包含了王；最后说王也大，但没说王包含了什么。那么，王包含的是什么呢？王其实应该代表的是人，老子在最后说“人法地”，而没有说王法地，这就说明“王”代表“人”，当然这个“人”不会是单指地球的人类，而是指天地间的万物。

老子说：“国中有四大，而王居一焉。”这说明此国包括了道、天、地、王，此“国”显然不是人类中的某个国家，这个四大之国，指的必然是有了时空概念的宇宙，“而王居一焉”是说人所代表的万物是宇宙中的一大主体。虽有“天地王”来说明此国是有时空概念的宇宙，但“道”说明了宇宙本为一体的本质。

老子在此概括地介绍宇宙，其目的是让世人对宇宙有所了解。中国的古圣先贤都懂得，“天人合一”之道是人类生存和发展的法则：人要遵循大地的运行规律；地要遵循天的运行规律；天要遵循道的运行规律；而“后天之道”要遵循“先天之道”的衍变，这就是大自然的规律。

“道法自然”是很多参禅悟道者的口头禅，但能懂这句话真意的人又有多少呢？

【注释】

①昆：《尔雅·释言》昆，后也。子孙，后代。例如：虞、魏之昆。——左思《吴都赋》。②萧：萧条；冷落；荒凉。③缪：通“穆”。穆然；肃静。④字：《礼·曲礼》男子二十冠而字。《仪礼·士冠礼》冠而字之，敬其名也。君父之前称名，他人则称字也。⑤筮：古之占卜。这里引申为推测和计算。⑥反：“返”。往返。这里引申为过去未来的时空。⑦王：夏、商、周三代天子之称号。泛指一国君主。在此指宇宙间万物之代表。⑧法：效法；遵循。

第26章　万乘之王

【马王堆汉墓帛书资料】

【甲本】	【乙本】	【校订本】
□为巠据清为趮君是以君子众日行不离其甾重唯有环官燕处□□若若何万乘之王而以身巠于天下巠则失本趮则失君	重为轻根静为趮君是以君子冬日行不远其甾重虽有环官燕处则昭若若何万乘之王而以身轻于天下轻则失本趮则失君	重为轻根，静为趮君。是以君子终日行，不离其辎重，虽有环馆，燕处则超然。若何万乘之王而以身轻于天下？轻则失本，趮则失君。

【本书校订本】

重[1]为轻[2]根，静[3]为趮[4]君[5]。是以君子[6]冬[7]，日行[8]不远其甾[9]。重虽[10]有环[11]官[12]燕[13]处，则昭[14]若若[15]。何万乘之王而以身轻？于天下轻则失本，趮则失君。

【原文】重[1]为轻[2]根，静[3]为趮[4]君[5]。

【译文】百姓为君王之根本，安定为动乱的主宰。

【原文】**是以君子[⑥]冬[⑦]，日行[⑧]不远其甾[⑨]。**

【译文】因为君子消失了，所以导致不断有灾难发生。

【原文】**重虽[⑩]有环[⑪]官[⑫]燕[⑬]处，则昭[⑭]若若[⑮]。**

【译文】百姓只有住上有墙的房子和过上安逸舒适的生活，才能显示国家达到和顺。

【原文】**何万乘之王而以身轻？**

【译文】为什么万民之君王要以本身为轻呢？

【原文】**于天下轻则失本，趮则失君。**

【译文】如果以天下百姓为轻就失去了根本，动乱就是因为脱离了以百姓为根本的宗旨。

【导读】

老子在本章用“轻与重、静与趮”来类比国家管理的核心原则，即以“百姓为本”和“公正廉明”。

重为轻根，

重为轻根：这是用植物的茎和根来做比喻，根为重，茎为轻。

在此，轻与重是用来比喻君王与百姓的。但是，老子所说的轻与重是已经定论的，是毋庸置疑的。理论上要以百姓为重，以君王为轻。因为，君王也是百姓中产生的，没有百姓就没有君王，这是再简单不过的道理。

静为趮君。

静为趮君：静之安定是躁之动乱的主宰。

这是用植物的根和茎来做比喻，植物的根是安定的静；植物的茎是会受外界影响而动乱的躁，如果没有根的主宰，茎就会随风而逝。这样就可以看出，植物根之安定是茎之动乱的主宰。用这个道理来比喻国家，说明国家的百姓是国君的主宰，没有百姓的主宰，国君就会消失。

是以君子冬，日行不远其甾。

君子：君子是中国古人对有道德修养者的一种尊称，也是做人的道德标准。

冬：消失了。“冬”通“终”。

日行：引申为经常性的事物。

不远其甾：不断地发生灾难。

如果君子消失了，道德标准也就会随之消失。这说明，当世上道德伦理缺失的时候，就会导致不断有各种灾难发生。

重虽有环官燕处，则昭若若。

重：代表百姓。　虽有：只有。

环官：有围墙的房舍。　燕处：安逸舒适的生活。

则昭：才能显示。　若若：达到和顺。

只有百姓能够住上有围墙的房子，过上安逸舒适的生活，才能显示国家已经达到和顺。换句话说，只有百姓安居乐业，才能代表国家安泰。

何万乘之王而以身轻？

万乘之王：万民之君。

万乘之王的地位非常尊贵，但万民之君为什么要以本身为轻呢？

于天下轻则失本，趮则失君。

轻则失本：天下百姓才是国家的根本，如果以天下百姓为轻，就失去了根本。所以，应该以天下百姓为重。

趮则失君：动乱则失去主宰。如果以君王为重而以百姓为轻，就颠倒了国家的轻重位置，这相当于植物的茎脱离了根本，势必使得国家产生动乱的局面。所以，国家要以百姓为根本。

【感悟】

重为轻根恒常理，静为躁君本自然；
君子一旦世间逝，天灾人祸头上悬；
百姓福乐得天理，方显国泰黎民安；
万乘之王知轻重，得失分明民丰衍。

虽然，“马王堆甲乙本”资料的内容略有差异，但也都能看出整篇文章讲解的是国家管理之道。而且，照例用了一些比喻来进行了说明。

一、重为轻根

既然是用根来表达这个轻重的问题，显然是用植物来做比喻的。既说重为轻根，必定轻为重茎。从常识来讲，根与茎那个更重要？答案：当然是根比茎重要，如果茎受到伤害的植物还能存活，如果根受到伤害的植物就不会存活，相对来说根更重要。但这和国家的管理有什么关系呢？对于一个国家来说，百姓才是国家的根，君王只是由百姓之根生发出来的茎，一个国家想要生存发展，首先君王要摆正自己的位置，要把百姓利益放在最重要的位置，把君王的利益放在百姓之后，只有百姓这个根强壮起来，君王这个茎才能生存和发展；如果君王把自己放在重要的位置，而把百姓放在不重要的位置，这就如同只给植物的茎浇水，不给根浇水，植物的根得不到水的滋养，必定会死亡，而根死亡以后，给这个茎浇再多的水也不可能存活，这就是“重为轻根”所要表明的道理。

二、静为趮君

根为静，茎为躁，静和躁都是一种比喻，静所代表的是安定，而躁则代表动乱。例如：如果一个国家处在动乱的状态，说明这个国家违背了以百姓为根本的宗旨。

三、是以君子冬，日行不远其甾

什么是君子？君子在中国古代是衡量道德修养的一种标准，这个标准是什么呢？君子的标准就是遵守“仁、义、礼、智、信”，如果能遵守此五常便为君子无疑。如果君子在这个社会消失了，后果是什么样子呢？答案是“日行不远其甾”，即会经常性地发生灾难。

四、重虽有环官燕处，则昭若若

重是老百姓，百姓如果都能安居乐业，才能代表国家的安泰。这是一个最简单不过的道理，但愿世界上所有的统治者都能懂得这个道理。

五、何万乘之王而以身轻？于天下轻则失本，趮则失君

为什么要以国家君王为轻呢？我们都知道君主的位置高高在上，有什么理由让他们以天下百姓为重而以自身为轻呢？理由很简单，如果以天下百姓为轻，就等于把一个植物的根给拔了起来，而做为茎的君王也就失去了生存的根本。但这里的“天下”包括了世上所有的百姓，不是单指某一个国家。比如，某些武力强大的国家，不能只重视自己国家的利益，而去轻视其他国家的利益。为了获得各种利益，动用自己强大的武装能力去打击其他国家，这同样是轻视百姓，这样做的结果不会获得长久的利益，这同样会失去其生存的根本。为什么把“重轻与静躁”放在一起呢？因为，当君主和百姓颠倒了轻重，这就是国家和世界发生动乱的时候。

【注释】

①重：百姓为国家的根本，所以百姓为重。②轻：君王是由百姓的根中生发之茎，所

以君王比百姓为轻。③静：宁静、安静。代表国家安定。④趮：通“躁”。好变动民曰躁。——《周书·谥法》。形容国家动乱。⑤君：主宰、统治、管理、制约。⑥君子：《易经·乾》象曰：天行健，君子以自强不息；《易经·坤》象曰：地势坤，君子以厚德载物。这段话表明了君子是具备天地之德的，而天地之德都不外“元亨利贞”的五德“仁、义、礼、智、信”。所以说君子的标准就是具备“仁、义、礼、智、信”的品德。⑦冬：古通“终”。完结；消失。⑧日行：引申为经常性的……。⑨甾：(zāi) 古同“灾”。⑩虽：仅，只。例如虽有明君，能决之，又能塞之。——《管子》。⑪环：环，璧也。——《说文》；环绕，围绕。⑫官：官乃馆之古文，闲官即闲馆，谓馆舍之空虚者。——俞樾《诸子平议》。⑬燕：古同“宴”，安闲，安乐。⑭昭：显扬；显示；张扬；昭陛下圣明。——诸葛亮《出师表》。⑮若：及；到。病未若死。——《国语》；顺也。——《尔雅·释名》。例如：万民是若。——《诗·鲁颂·閟宫》。

第 27 章　善人之师

【马王堆汉墓帛书资料】

【甲本】

善行者无𢷎迹□言者无瑕适善数者不以梼𥮾善闭者无閗籥而不可启也善结者□□约而不可解也是以声人恒善怵人而无弃人物无弃财是胃怞明故善□□□之师不善人善人之齎也不贵其师不爱其齎唯知乎大眯是胃眇要

【乙本】

善行者无达迹善言者无瑕适善数者不以梼筞善〇闭者无关籥而不可启也善结者无纆约而不可解也是以耶人恒善怵人而无弃人物无弃财是胃曳明故善人善人之师不善人善人之资也不贵其师不爱其资虽知乎大迷是胃眇要

【校订本】

善行者无辙迹，善言者无瑕适，善数者不以筹策。善闭者无关籥而不可启也。善结者无绳约而不可解也。是以圣人恒善救人，而无弃人，物无弃财，是胃愧明。故善人，善人之师；不善人，善人之资也。不贵其师，不爱其资，虽知乎大迷，是谓妙要。

【本书校订本】

善[1]行者无𢷎[2]迹；善言者无瑕[3]适[4]；善数者不以筹策[5]；善闭者无关籥[6]而不可启也；善结者无纆[7]约[8]而不可解也。是以圣人恒[9]善，救人而无弃人，物[10]无弃财[11]，是胃神[12]明。故善人，善人之师；不善人，善人之齎[13]也。不贵其师，不爱其齎，唯知乎大眯[14]，是谓眇要。

【原文】**善[1]行者无勶[2]迹；**

【译文】明真理者的行为，不留隐患。

【原文】**善言者无瑕[3]适[4]；**

【译文】明真理者的言辞，不会有不好的内容说给别人听。

【原文】**善数者不以筹策[5]；**

【译文】明真理者的感悟，不用工具也可以把道计算得很清楚。

【原文】**善闭者无关籥[6]而不可启也；**

【译文】明真理者屏蔽利欲的诱惑，这个屏蔽之门虽然没有门闩，但利欲的诱惑也难以侵入。

【原文】**善结者无纆[7]约[8]而不可解也；**

【译文】明真理者内心凝聚着真理的标准，虽没有绳索的约束，但也不会脱离真理的标准。

【原文】**是以圣人恒[9]善，救人而无弃人，**

【译文】所以，圣人保持真理的标准，救人而不会放弃任何需要救助的人。

【原文】**物[10]无弃财[11]，是胃神[12]明。**

【译文】圣人对于一切事物没有分别心、没有取舍，所以才称之为神明。

【原文】**故善人，善人之师；**

【译文】所以明真理者，是善良者的老师；

【原文】**不善人，善人之齎[13]也。**

【译文】不明真理者，是善良者的借鉴。

【原文】**不贵其师，不爱其资，唯知乎大眯，是谓眇要。**

【译文】不尊重教给自己真理的老师，不爱护给自己借鉴的人，要懂得这才是最糊涂的人，这些道理就是学习各种精微奥妙理论的重点。

【导读】

善行者无勶迹；

善：在此代表明白真理。

善行者：明真理而行为的人。

无勶迹："无"字代表没有，也代表圆满。在此，以行走没有痕迹来比喻做事圆满。

"善行者无勶迹"绝对不是说什么"踏雪无痕"的轻功。这句话是说：

明真理者做事情都比较圆满，不会留下隐患。

善言者无瑕适；

善言者：明真理而说话的人。

无瑕：没有瑕疵，比喻说话圆满。

适：往也。就是说给别人听。

明真理者言辞圆满没有瑕疵，绝对不说内容不好的话给别人听。

善数者不以筹策；

善数者：明道而感悟真理的人。“数”字代表计算，引申为思考、感悟。

筹策：计算的工具。在算盘发明之前，古人是用一种竹木细枝或草茎来作为计数和计算的工具，这种工具称为筹策。

明道者懂得大道至简的道理，根本不用工具去计算真理。

善闭者无关籥而不可启也；

善闭者：明真理而抵御物欲诱惑的人。“闭”代表闭门，这是用来比喻明真理者，用来屏蔽利欲侵袭的心理屏障。

关籥：就是古时的门闩。

在这个滚滚红尘，世俗的诱惑太多了，坚持真理的修道者需要有抵抗诱惑的能力，人的心虽然没有门闩，但只要有对真理的追求和坚定的信心，就一定可以把利欲的诱惑挡在心门之外。

善结者无缰约而不可解也。

善结者：明真理而在心中凝结道德标准的人。

无缰约：没有绳索的束缚。“无”字又是双关语，可代表没有；也可代表“无”之道的圆满标准。

明真理而在心中凝结道德标准的人，虽没有绳索的束缚，但不会脱离这个道的准则。

是以圣人恒善，救人而无弃人，

圣人恒善：圣人保持真理的标准。

所以，圣人永恒保持真理的标准，救人而不会放弃任何需要救助的人。

物无弃财，是胃神明。

物无弃财：对待一切事物没有放弃和取舍。这是一句比较容易被后人误解的词，因为“物”字代表的不是物体而是事物；“财”字代表的不是财产而是裁剪和取舍之意。

神明：无所不通，神妙无方。

这句话真正的含义是说：圣人对待一切事物没有放弃和取舍，都是一视同仁，没有分别心。所以，圣人才被称之为神明。

故善人，善人之师；

第一个善人代表的是明真理者。

第二个善人代表的是善良者。

明真理者是善良者的老师，能够去学习真理者都是善良的人。

不善人，善人之齎也。

不善人：代表不明真理的人。

不明真理的人是善良者的借鉴，使得善良的人不会重蹈覆辙。

不贵其师，不爱其资，唯知乎大眯，是谓眇要。

不贵其师：不尊重自己的老师。

不爱其资：不爱护能给自己借鉴的人。

唯知乎大眯：要知道这样的人才是最糊涂的。

眇要：精微奥妙理论的重点。

最后老子总结说：不尊重教给自己真理的老师，不爱护给自己借鉴的人，这样的人是最糊涂的，这些道理就是学习各种知识的重点。

【感悟】

善明真理行圆满，不留贻害在人间；

病祸皆由口来传，崇尚德道谨慎言；

万法归一道至简，真理岂用筹策算；

圣贤之道屏魔障，不用门闩亦庄严；

从心所欲不踰矩，如能行至成圣贤；

圣人尊道不裁剪，不弃世人救苦难；

善良师从先得道，借鉴不善离灾远；

不明尊师逆天理，轻视借鉴糊涂延。

本章讲的是明真理者的行为规范。

一、善行者无彂迹

明真理者做事不留后患，这不是做坏事不留后患。因为，后患都是做坏事留下的。如果想做事不留后患，先要了解做什么事能留下后患。例如：为了获取石油而抽取地球的骨髓；为了采矿而随意挖取地球的骨骼；为了获取木材而摧毁了地球之肺；为了化工生产而污染了地球的呼吸道；为了肉食而大量繁殖的畜牧业，导致了地球的发烧；为了排污而污染水源，导致了地球血液的坏死；为了战争和核试验而导致了地球的半身不遂……到底如何做事才能不留后患呢？这么简单的问题还是留给读者自己去思考吧。

二、善言者无瑕适

中国有句古话："病从口入，祸从口出。"这个"祸从口出"，就是代表语言中如有不好的内容会引来灾祸。什么是不好的内容呢？下面举例说明。

例1：谎言，中国人大多从小都听过"狼来了"的故事，这个故事就不用我给大家讲了，这个故事虽不能代表所有谎言的危害，但这个故事讲的是"谎言危害了生命"。还有一句众所周知的话："一个谎言要用无数个谎言来弥补"。这个恶性循环的后果可想而知。

例2：大言，俗话叫"吹牛"。但不管话说得多大，说到做到的话不叫大言，说到做不到的话才叫大言，中国有句成语叫做"大言不惭"，是指说大话的人不知道惭愧，为什么说大话是值得惭愧的事情呢？因为，说大话就是骗人、就是没有诚信。

例3：恶言，说话的态度恶劣、言辞粗鄙地攻击他人等，都属于恶言。《增广贤文》曰："伤人一语，利如刀割。"恶言的后果的是什么呢？这就是斗争的起源、战争的开始。

例4：挑拨：《增广贤文》曰："来说是非者，便是是非人。"这句话非常有哲理，搬弄是非就是挑拨，这样的行为是非常恶劣的，其后果更是严重的。因为，挑拨也是斗争的起源之一。

例5：污言秽语，这个污言秽语的概念很大，但往往被人们理解小了，以为是说脏话而已。其实污言秽语包括了：脏话、骂人的话、下流的话、低级趣味的话、揭短的话、笑话别人的话、寻人开心的话、献媚吹捧的话、导人邪念的话、诱人上当的话、教人学坏的话、误人子弟的话等，凡是不正当、不应当说的语言，都是污言秽语。本来"人之初，性本善"，所有的婴儿都是纯洁的白纸一张；所有成人内心的阴暗面，都是被这些污言秽语所污染的。

三、善数者不以筹策

明真理者不需要用工具来计算真理，因为大道至简，大道为一，道就是这么简单，这还需要用工具来计算吗？

四、善闭者无关籥而不可启也

明真理者都能屏蔽利欲的诱惑。虽然，屏蔽诱惑的心门没有门闩，但也不会被利欲的诱惑所开启。例如：儒家守礼；佛家守戒；道家守德，这就是屏蔽利欲诱惑而没有门闩的屏障。

五、善结者无缨纆约而不可解也

明真理者心中凝结着真理的准则，虽没有绳索的约束，也不会脱离这个真理的标准。那么，坚持这个真理的准则到底是什么呢？这就是老子在本书所讲的核心“无为”，这是遵守大自然规律的行为，是真正的大为。例如：子曰：“七十而从心所欲不踰矩”，这说明孔子心中凝结着圆满的行为标准，虽可以做到随心所欲，但却不会脱离这个真理的标准。

六、是以圣人恒善，救人而无弃人

圣人的标准就是善，这个善不单指善良也是指明真理。圣人懂得宇宙人生的真相，懂得天地万物皆为一体，放弃任何人都是放弃自己的一部分。所以，圣人救人而不弃人；圣人对待一切事物都没有分别心，不会去衡量取舍，可谓之神明。神明就是无所不通，无所不能，无为而无不为。

七、故善人，善人之师

明真理者是善良者的老师。圣人就是明真理者。那什么样的人是善良的人？追求真理的人，就是善良的人。懂得真理的圣人，就是追求真理者的老师。例如：孔子、老子、释迦牟尼等圣人，就是传授真理的老师。

现在很多人对宗教有误解。因为，误解宗教的人没有弄清楚宗教的含义。其实，“宗”字代表一切事物的根本，也就是宇宙人生的真相；“教”字代表教育。

还是以儒释道为例，儒家称老师为“先生”；道家称老师为道长；佛家称老师为和尚。这些称呼的含义其实都是一样的，都是讲道的老师，都是讲文化的老师，都是讲宇宙人生真相的老师。所以，鉴别一个宗教的传承和发展是否正确，就要看这个宗教是否在搞教育，如果这个宗教是在讲解宇宙万物和谐为一的教育，说明这个宗教的传承和发展是正确的；如果一个宗教的寺庙或教堂不搞教育而搞商业，不讲和谐而讲斗争，那就说明这个团体或单位已经变质和偏离了正道。

八、不善人，善人之资也

不明真理者是善良者的借鉴，例如：做事留后患的人；说话内容不好的人；不懂大道至简的人；不能抵御利欲诱惑的人；不能遵守真理准则的人……这些人都是不善人，这些不善人的行为所造成的恶劣后果，就是追求真理者的借鉴。

九、不贵其师，不爱其资，唯知乎大眯，是谓眇要

追求真理者要尊重传授真理的老师，如果没有明道者的教导，人们就只能在浑浑噩噩中堕落和煎熬。

追求真理者要爱护不明真理者，要帮助不明真理者早日成为明真理者。因为，所有的明真理者都是从不明真理者过渡而来的。而且，宇宙万物皆为一体，放弃任何人都是放弃自己的一部分。

既然懂得了师之贵，也明白了资之位，如果还不能尊重传授真理给我们的老师，还不能爱护给我们借鉴的人，这就是最大的糊涂。以上这些内容，都是追求真理者学习真理的重点。

【注释】

①善：善良；善于；擅长。在本章代表明真理者。②勶：通“辙”，车子。车轮碾过的痕迹。例如：前辙（前人的错误和教训）。引申为做事情留下隐患。③瑕：玉上的斑点或裂痕。比喻事物的缺点或人的过失、毛病。④适：往也。——《尔雅》。⑤筹策：古代计算用具，多用竹子制成。⑥籥：（yuè）古同“钥”，锁钥。门直闩。上穿横闩，下插地上的直木。⑦纆：（mò）绳索。⑧约：约束、束缚。⑨恒：恒久，保持。⑩物：事物、事情。⑪财：《尔雅·释言疏》：“裁”、“财”音义同。在本章为取舍之意。⑫神：【孔传】：圣无所不通，神妙无方。⑬齎：在此为借鉴和对比。⑭眯：通“迷”。迷惑，糊涂。

第28章　圣人用则

【马王堆汉墓帛书资料】

【甲本】

知其雄守其雌为天下溪为天下溪恒德不鸡恒德不鸡复归婴儿知其白守其辱为天下浴为天下□恒德乃□德乃□□□□□知其守其黑为天下式为天下式恒德不貮德不

【乙本】

知其雄守其雌为天下鸡为天下鸡恒德不离恒德不离复□□□□□其白守其辱为天下○浴为天下浴恒德乃足恒德乃足复归于朴知其白守其黑为天下式为天下式恒德不

【校订本】

知其雄，守其雌，为天下溪。为天下溪，恒德不离。恒德不离，复归于婴儿。知其白，守其辱，为天下谷。为天下谷，恒德乃足；恒德乃足，复归于朴。知其白，

贰复归于无极☱散□□□□人用则为官长夫大制无割	贷德不贷复归于无极朴散则为器耶人用则为官长夫大制无割	守其黑，为天下式。为天下式，恒德不忒；恒德不忒，复归于无极。朴散则为器，圣人用则为官长，夫大制无割。

【本书校订本】

知[①]其雄[②]，守其雌[③]，为天下溪；为天下溪，恒德不鸡[④]；恒德不鸡，复归婴儿。知其白，守其辱[⑤]，为天下浴；为天下浴，恒德乃足[⑥]；德乃足，复归于楃[⑦]。知其白，守其黑，为天下式[⑧]；为天下式，恒德不贰[⑨]；德不贰，复归于无极；楃散则为器[⑩]。圣人用则为官[⑪]长[⑫]，夫大制无割。

【原文】**知[①]其雄[②]，守其雌[③]，为天下溪；**

【译文】水掌管着雄强之大海，但仍然守护着雌弱的小河沟，这才形成天下的小溪。

【原文】**为天下溪，恒德不鸡[④]；**

【译文】形成了天下的小溪，这是因为水没有分别心的境界不会改变。

【原文】**恒德不鸡，复归婴儿。**

【译文】水没有分别心的境界不改变，就如同回归到浑圆一体的太极状态。

【原文】**知其白，守其辱[⑤]，为天下浴；**

【译文】水掌管着洁净之处，但也守护着污浊之处，使得天下万物皆得沐浴和滋养。

【原文】**为天下浴，恒德乃足[⑥]；**

【译文】对天下万物的沐浴和滋养，这个没有分别心的境界才为圆满。

【原文】**德乃足，复归于楃[⑦]。**

【译文】没有分别心的境界圆满了，才能复归于物质的本质。（这个本质，就是浑圆一体的“太极”。）

【原文】**知其白，守其黑，为天下式[⑧]；**

【译文】（太极裂变成阴阳后）太极掌管着白之明亮，同时也守护着黑之阴暗，这就是自然界的法则。

【原文】**为天下式，恒德不贰[⑨]；**

【译文】这个自然界的法则，就是恒德的境界不会改变。

【原文】德不贰，复归于无极；楃散则为器[10]。

【译文】此德不会有改变，才能使得太极返回无极；如果有了分别心，太极就会分裂为宇宙万物。

【原文】圣人用则为官[11]长[12]，夫大制无割。

【译文】圣人以这个法则为治世的最好方法，这个大的根本原则是不能割舍和改变的。

【导读】

知其雄，守其雌，为天下溪；

雄：代表浩瀚雄强的大海。

雌：代表潺潺细流的小水沟。

为天下溪：形成天下所有的小溪。

大海与小溪，皆因水的灌溉而成就。水知道大海的雄强，但在奔流入海的同时，并没有放弃灌溉雌弱的小水沟，依然守护着小水沟，这才形成天下所有的小溪。

为天下溪，恒德不鸡；

恒德：水一视同仁对待大海和小溪，这种没有分别心的境界为恒德。“恒”字代表恒久、普遍、均衡。在此，是指水能够“知其雄，守其雌”，这是因为水没有分别心；“德”字代表道的境界。

不鸡：鸡在古时称为司晨鸟，代表了昼夜阴阳的变换。在此，“不鸡”代表水之恒德不会改变。

水形成了天下的小溪。这是因为，水没有分别心的境界不会改变，水始终一视同仁对待大海和小溪，

恒德不鸡，复归婴儿。

婴儿：浑圆一体的后天物质世界。“无”生“有”，“有”为婴儿。

水这种没有分别心的境界不改变，就如同回归了太极浑圆一体之状态。

知其白，守其辱，为天下浴；

知其白：掌管着洁净之处。

守其辱：守护着污浊之地。

水虽然掌管着洁净之处，但也同样守护着污浊之地，这才使得天下万物皆得到沐浴和滋养。

为天下浴，恒德乃足；

乃足：“足”代表了大圆满的“无”。

水使得天下万物皆得到了沐浴和滋养，这个没有分别心的境界才达到了圆满。

德乃足，复归于楃。

楃：生成万物的本质，即浑圆一体之太极。

水滋养万物之德圆满了，这才回归了浑圆一体之太极。

知其白，守其黑，为天下式；

知其白：掌管着光明。“白”代表光明。

守其黑：守护这黑暗。“黑”代表阴暗。

为天下式：形成了天下的法则。

浑圆一体的太极又分裂为阴阳，即光明和黑暗，但这个太极没有分别心，仍然同时包容着光明与黑暗，这就形成了自然界的法则。

为天下式，恒德不贰；

不贰：一体的恒德境界不会改变。

这个自然界的法则，就是没有分别心的境界不会改变。

德不贰，复归于无极；楃散则为器。

复归于无极：由“有”返回至无极状态。

楃散则为器：由太极分裂而成万物。“器”字为有形的器物，代表了万物。

如果太极原本为一体的恒德境界不改变，这个太极之“有”就会返本归元至无极。

如果有了分别心，这个太极就会分裂为宇宙万物。

圣人用则为官长，夫大制无割。

用则：用这个大自然的法则。

为官长：为管理的最好方法。“官”字不是当官，在这里代表的是管理。“长”字在这里代表的是最好的。

夫大制：这个大的根本原则。

无割：是不能割舍和改变的。

圣人用这个大自然的法则，作为最好的管理方法。以大自然的法则为人生的法则，这个大原则是不能割舍和改变的。

【感悟】

水入大海呈雄强，雨注小溪雌流淌；
知雄不弃雌同在，心无分别太极祥；
太极同存阴阳事，黑白皆守乃循常；
恒德不二归无极，分散则为万物张；
自然法则圣人御，天理不会割裂殇。

老子在本章用水之德来讲解自然界的法则。老子说，水掌管着雄强之大海，但没有放弃对雌弱的小河沟进行灌溉，这才形成了天下所有的小溪，这就是自然界的法则。自然法则就是人生法则，人也分为大器和小器，用大海之雄强来比喻大器之人，用小河沟之雌弱来比喻小器之人，用水来比喻传授真理的圣人。大器之人对真理的容纳自然也大；小器之人对真理的容纳自然就小，但圣人并没有放弃对小器之人进行真理的传授。所以说，圣人是太极的一体思想，对任何事物都没有分别心。

水知道世界上有洁净之处，但还守护着污浊之地，这才形成对天下万物的沐浴和滋养。这里的洁白代表了善良的人；这里污黑代表了不善良的人，传授真理的圣人爱护善良的人，但也不会放弃不善良的人，都会一视同仁地进行真理的传授和教育。圣人这样没有分别心的境界恒久不变才为圆满，圣人的德行圆满，就回归了一切事物的本质，也就是浑圆一体之太极。

太极会裂变成阴阳，但太极在掌管着光明的同时，也守护着阴暗，这就形成了天下的法则，这个法则就是没有分别心。这里光明的“白”代表明真理者，阴暗的“黑”代表不明真理者，圣人效法浑圆一体之太极，在守护着明真理者的同时，同样要守护着这些不明真理者。因为，明真理者都是从不明真理者中过渡的。

老子的讲解使我们懂得，圣人的待人之道不分高下、不分大小、不分贵贱、不分贫富、不分贤愚、不分地域……例如：在孔圣人之前，只有贵族子弟有权受教育，只有贵族子弟才有当官的资格。而孔子的教学要求是：只要虔心修学，都可以入学受教。

圣人的教育内容，就是遵守自然法则。由此可知，分别心是得道的障碍，只有去除分别心，才能由太极回归无极；如果有了分别心，太极就会分裂为宇宙万物。现代发达的科技产生了众多的事物，说明世人的分别心越来越重，这必然会使得世界也越来越分裂。

圣人们了解自然界的法则，也就是了解宇宙人生的真相。大自然的法则，就是圣人治世的最好方法。只有这个方法，才是人生圆满成就的最大法则。所以，这个法则无法割舍和改变。

【注释】

①知：主持；管理。例如：有能助寡人谋而退吴者，吾与之共知越国之政。——《国语·越语上》。②雄：指雄强的大海。③雌：指雌弱的小河沟。④鸡：《玉篇》：司晨鸟。古时以鸡鸣来代表昼夜阴阳之转换。⑤辱：污浊；混浊。⑥足：圆满、完成。⑦楃：通“朴”：本质。在此代表宇宙万物的本质“一”。⑧式：法也。——《说文》。法则。⑨贰：背离；怀有二心。例如：君立臣从，何贰之有？——《国语·晋语一》。引申为改变。⑩器：宇宙万物。⑪官：驾御；管理。⑫长：优；是；正确。

第29章 天下神器

【马王堆汉墓帛书资料】

【甲本】

将欲取天下而为之吾见其弗□□□□□器也非可为者也为者败之执者失之物或行或随或灵或□□□□□或坏或撱是以声人去甚去大去褚

【乙本】

将欲取□□□□□□□□□得已夫天下神器也非可为者也为者败之执者失之○物或行或隋或热或硾或陪或堕是以圣人去甚去大去诸

【校订本】

将欲取天下而为之，吾见其弗得已。夫天下，神器也，非可为者也。为者败之，执者失之。物或行或堕，或热或吹，或强或剉，或培或堕。是以圣人去甚、去大、去奢。

【本书校订本】

将欲取天下而为之，吾见其弗得已。夫天下，神[①]器也，非可为者也。为者败之；执者失之。物或[②]行或随；或炅[③]或吹[④]；或坏[⑤]或撱[⑥]。是以圣人去甚[⑦]、去大、去褚[⑧]。

【原文】**将欲取天下而为之，吾见其弗得已。**

【译文】以贪欲为动力来获取世间利益的人，我看他们最终什么也得不到。

【原文】**夫天下，神[①]器也，非可为者也。**

【译文】这个天下，是遵循大自然规律所造化的物质世界，不是个人的贪心私欲可以为所欲为的。

【原文】**为者败之；执者失之。**

【译文】用贪欲之心来妄为者，注定会失败；掌权者起了贪欲之心，必定会失去已有的权力。

【原文】**物或[②]行或随；或炅[③]或吹[④]；或坏[⑤]或撱[⑥]。**

【译文】事物的发展规律：有前行者，就有跟随者；有日照之热，就有风吹之凉；有培养的，就有毁弃的。

【原文】**是以圣人去甚[⑦]、去大、去楮[⑧]。**

【译文】所以，圣人都会去除极端的思想和行为，去除骄傲自大的思想，去除多余事物的储存。

【导读】

将欲取天下而为之，

将欲：以贪欲。

取天下：获取世间的各种利益。

世人皆以贪欲为动力来获取世间的各种利益。

吾见其弗得已。

吾见其：我看这些贪心的人。

弗得已：是什么也得不到的结果。“已”字代表止，也就是最终的结果。

世人用贪欲来获取各种利益，我看这些贪婪的人最终什么也得不到。

夫天下，神器也，非可为者也。

夫天下：这个天下。

神器也：“神”字代表大自然的造化；“器”字代表容纳万物之器，也就是物质世界。

这个物质世界的天下，是遵循大自然规律造化而成，不是个人的贪婪可以获取的。

为者败之；执者失之。

为者：想用贪欲来夺取天下各种利益的人。

执者：已经掌握了某些权力和某种能力的人。

想用贪欲来夺取天下各种利益的人，必定会失败；已经掌握了某些权力和某种能力的人起了贪欲之心，想利用职权和能力之便利来获得各种利益，则必定会失去已有的权力和能力。

物或行或随；

物：事物。这里指一切事物发展的方向。

或行：有前行者。

或随：有跟随者。

一切事物的发展，都会有前行者和追随者。

或炅或吹；

或炅：有炎热的。引申为鼓励的支持者。

或吹：有吹凉的。引申为否定的反对者。

一切事物发展都有支持者，也有反对者。因为，世间事物都有阴阳两面。

或坏或撱。

或坏：有培育的。“坏”通“培”。

或撱：有毁坏的。

一切事物的发展都有精心培育的，也有进行毁坏的。这是说，事物的发展都是相互制约的。

是以圣人去甚、去大、去楮。

去甚：去除过分极端的行为。

去大：去除骄傲自大的行为。

去楮：去除贪婪的行为。“楮”字代表储存，引申为贪婪。

圣人的思想就是遵守大自然的规律，大自然的规律都有标准，不会为个人的意志所转移。所以，圣人会去除背道而驰的行为，会去除极端、异常、过分的思想和行为；会去除骄傲自大的思想；会去除多余的储存事物，也就是去除贪婪、奢华的思想和行为。

【感悟】

贪婪获取皆难有，神器自然乃造化；

妄为其败成定果，执者背道失已辖；

世间之行前后随，冷热共存本一家；
生灭遵循天然理，过分极端定遭罚；
傲慢皆因愚昧至，岂知天外有天大；
身外之物若有余，贪婪奢华堕地下。

老子说，天下的世俗之人啊，都是以贪欲来当做获取天下各种利益的动力，我看这些贪婪的行为都是不会成功的。那么，人们都有哪些行为是贪婪自私的行为呢？下面简单的举例说明：

先从个人来说，例如：盗窃、抢劫、行贿、受贿、贪污腐败等各类违法犯罪行为。

从团体上来说，例如：剥削工人、假冒伪劣、偷工减料、以次充好、行业垄断、市场垄断、欺行霸市等行为。

从各国家来说，例如：侵略战争、恃强凌弱、经济掠夺、资源垄断等行为。

老子站在圣人的高度，预言了这些贪婪自私的行为必然会失败。而且，同时警告已经掌握了一些权力和能力的人，如果依靠权力和能力的便利去为自己谋私利，其结果必然是失败，而且会失去已有的权力和能力。因为，衡量人生幸福与否的标准，不在于金钱权势，而在于内心的感受。如果金钱和权势是真正的幸福快乐，释迦牟尼就不会放弃王位了。我们普通人对于宇宙人生的认识是有限的，圣人的出现就是来告知我们宇宙人生的真相。等我们能够真正懂得宇宙人生真相的时候，才能知道自私贪婪的真正后果是什么，才能知道无为不争的真正意义是什么。虽然，我们现在还没有真正了解宇宙人生的真相，但了解宇宙人生真相的圣人们已经事先来告知我们说：用贪婪自私为动力来获取天下各种利益的人，他们最终的结果是没有任何收获；以“无为不争”为人生准则的结果是大圆满，是“无为而无不为”。

老子接下来讲述了世间事物发展的几个规律：一、事物发展的方向性；二、事物发展的相对性；三、事物发展的制约性。当然，这只是作为铺垫，并没有全面的展开。圣人们根据大自然的规律，提出以下几点针对性的个人规范：

一、要去除极端的思想和行为。

二、要去除骄傲自大的思想和行为。

三、要去除贪婪奢华的思想和行为。

【注释】

①神：《说文》：天神，引出万物者也。【徐曰】：申即引也，天主降气，以感万物，故言引出万物。在本章代表的是遵循大自然规律之造化。②或：有也。——《小尔雅·广言》。③炅：日照之热。④吹：刮风。例如：夜阑卧听风吹雨，铁马冰河入梦来。——陆游《十一月四日风雨大作》。⑤坏：通"培"。用泥土封塞空隙。按：古代"坏"与"壞"是音义都不相同的两个字。"坏"，本读作 pēi，是个从土、不声的形声字，指"未烧过的砖瓦、陶器"。——《汉语字典》⑥撱：抛弃、毁坏。《集韵》：翾规切，音堕。亦弃也。⑦甚：过分、极端、异常。⑧褚：储藏。

第30章　不道蚤已

【马王堆汉墓帛书资料】

【甲本】

以道左人主不以兵强□天下□□□□□□所居楚朸生之善者果而已矣毋以取强焉果而毋驕果而勿矜果而□□果而毋得已居是胃□而不强物壮而老是胃之不道不道蚤已

【乙本】

以道佐人主不以兵强于天下其□□□□□□□□棘生之善者果而已矣毋以取强焉果而毋骄果而勿矜果□□伐果而毋得已居是胃果而强物壮而老是胃之不道不道蚤已

【校订本】

以道佐人主，不以兵强于天下。其事好还，师之所居，楚棘生之。善者果而已矣，毋以取强焉，果而毋骄，果而勿矜，果而勿伐，果而毋得已，是谓果而不强。物壮而老，谓之不道，不道早已。

【本书校订本】

以道左[①]人，主不以兵[②]强于天下，其事好还[③]。师之所居，楚[④]棘[⑤]生之。善[⑥]者果[⑦]而已[⑧]矣，毋以取[⑨]强焉，果而毋骄，果而勿矜，果而勿伐，果而毋得已居[⑩]，是胃果而不强[⑪]。物壮而老[⑫]，是胃之不道，不道蚤[⑬]已。

【原文】以道左[①]人，主不以兵[②]强于天下，其事好还[③]。

【译文】以道来辅助世人，统治者不以武力逞强于天下，这样才能得到好的

道篇

回报。

【原文】**师之所居，楚[4]棘[5]生之。**

【译文】战争所到之处，会导致痛苦和灾难的发生。

【原文】**善[6]者果[7]而已[8]矣，毋以取[9]强焉，**

【译文】明道者的成功是已经注定的，不需要去选择强横的手段。

【原文】**果而毋骄，果而勿矜，果而勿伐，**

【译文】成功而不骄傲，成功而不自大，成功而不炫耀，

【原文】**果而毋得已居[10]，是胃果而不强[11]。**

【译文】成功者不要在成功的位置停滞不前，这称为成功而不僵。

【原文】**物壮而老[12]，是胃之不道，不道蚤[13]已。**

【译文】事物在发展到强壮的时候，就已经衰亡了。这是因为，不遵守道。不遵守道，就会提早衰亡。

【导读】

以道左人，主不以兵强于天下，其事好还。

左人：辅助世人。

主：代表统治者。

兵：代表武力战争。

还：代表回报。

这句话的逗号应该在“主”字前，而不应该点在“主”字后，如果逗号在“主”字后，那辅助君主的人应该是国之大臣，但整篇文章都看不到与大臣的关系；而且，道不是单纯辅助君王的，而应该是辅助所有人。所以，逗号在“主”字前才合理。

这段话是说：要用自然之道来辅助世人安居乐业，统治者不要以用武力和战争来显示自己国家的强大，这样做才会有好的回报。

师之所居，楚棘生之。

师：代表战争。

楚棘：代表痛苦和灾难。

战争所到之处，就会产生痛苦和灾难。从这两句话已经看出，老子把武力和战争评价为痛苦和灾难的源头。

善者果而已矣，毋以取强焉，

善者：“善”字在《老子》书中有善良、善于的含义。善道者必善良，善的主要含义是善道，既明真理者。

果而已矣：成功已经是注定的。

毋以取强：不会选择强取豪夺。

明真理者的成功已经注定了，不需要去选择强取豪夺的手段。

果而毋骄，果而勿矜，果而勿伐，

果而毋骄：成功而不骄傲。

果而勿矜：成功而不自大。

果而勿伐：成功而不自我炫耀。

果而毋得已居，是胃果而不强。

已居：已经成功的位置。

不强：不僵硬

成功后，不要停留在已经成功的位置上，这称为成功而不僵硬。

物壮而老，是胃之不道，不道蚤已。

物壮：事物在发展到强壮时候。

蚤已：提早停止。

事物在发展到强壮、盛大的时候，就提早停止了。这是因为，不遵守大自然的规律，其结果就是提早衰亡。

【感悟】

以道佐人福自衍，君主息战天下安；
烽火连绵世道乱，生灵涂炭民生怨；
循道而行成非远，强取豪夺败临面；
骄矜伐离成功岸，功成身退德行炼；
不贪天功据己有，盛大不僵宏继延；
物壮而老非正道，离道提早衰亡现。

老子把国家和世界的发展总结了两条道路，一条路是遵守大自然规律的行为；另一条路是强取豪夺的战争行为。这两条路线的发展都会有什么结果呢？老子在下面一一做了介绍和总结。

老子提出的第一条路线是“以道左人”，这句话隐藏了两个问题，我们来做分析如下：

第一个问题：是谁“以道左人”？答案：是国家的管理者。“主不以兵强于天下”的“主”字，显示了“以道左人”者就是“主”，即国家的管理者。

第二个问题：“以道左人”如何具体操作呢？在此，是问战争与不战争哪个符合道。这说明，如果国家管理者不以战争逞强于天下，这就是“以道左人”了。能够做到如此的管理，就会有好的回报，即善有善报。

老子提出的第二条路线是“师之所居”。这句话毫无悬念，战争必然会导致痛苦和灾难的发生。但这句话隐藏着一个重大的疑问，战争的结果是谁获得了利益？答案：没有任何人可以通过战争获得利益。表面上看，确实很多侵略者掠夺了不少的财富，但这就是真正的利益吗？侵略者无疑是等同于小偷和强盗的，但谁见过小偷和强盗可以过上幸福快乐的生活？其结果，都只是获得短暂的财富，他们真正获得的是仇恨和唾弃。而且，杀人偿命、欠债还钱这是天之道，掠夺的财富不会永久拥有。所以，战争没有任何人可以获得利益，战争也不会让任何人获得幸福和快乐，战争只能导致人民产生痛苦和灾难，还有仇恨的循环。

老子在定论不发动战争之善报后，又定论了战争的恶果。然后，老子总结了明道者的几个特点。

一、成功不用强取豪夺；

二、成功而不骄傲；

三、成功而不自大；

四、成功而不自夸；

五、成功而不居。

老子总结了几条成功者的规律后，又对提早衰亡的事物进行了警告：

有些事物在发展到强大的时候，就提前衰亡了，这说明行事者没有遵守大自然的规律。世间一切事物的发展，不论国家、企业、团体、家庭，还是个人的势力有多么强大，都要遵守大自然的规律，否则都会提早衰亡。那么，到底什么是大自然规律呢？概括地说，遵守大自然的规律，就是爱护宇宙万物如同爱护自己的生命，凡是为了满足个体的利益去伤害别人、伤害万物的时候，都是在违背大自然规律，其结果必定是提早衰亡。

【注释】

①左：左，手相左助也。——《说文》。俗字作“佐”。②兵：武力；战争。③还：回

报、回击。④楚：古代的刑杖或督责生徒的小杖；拷打；痛苦。⑤棘：比喻艰难、灾难。⑥善：明道者。⑦果：实现、成功。凡事与预期相合的称果，不合的称不果。例如：闻之，欣然规往。未果，寻病终。——晋·陶渊明《桃花源记》。⑧已：《玉篇》：止也，毕也，讫也。在此为注定。⑨取：选取；选择。⑩居：位置。如：居先（处于先位）。⑪强：通“僵”。⑫老：凋零、衰亡。⑬蚤：古通“早”。

第31章　兵者不详

【马王堆汉墓帛书资料】

【甲本】	【乙本】	【校订本】
夫兵者不祥之器□物或恶之故有欲者弗居君子居则贵左用兵则贵右故兵者非君子之器也□□不祥之器也不得已而用之铦袭为上勿美也若美之是乐杀人也夫乐杀人不可以得[5]志[6]于[7]天下矣是以吉事上左丧事上右是以便将军居左上将军居右言以丧礼居之也杀人众以悲依立之战胜以丧礼处之	夫兵者不祥之器也物或亚□□□□□□□□□子居则贵左用兵则贵右故兵者非君子之器兵者不祥□器也不得已而用之铦憹为上勿美也若美之是乐杀人也夫乐杀人不可以得志于天下矣是以吉事□□□□□□□是以偏将军居左上将军居右言以丧礼居之也杀□□□□□立□□朕以丧礼处之	夫兵者，不祥之器也。物或恶之，故有道者弗居。君子居则贵左，用兵则贵右，故兵者非君子之器。兵者不祥之器也，不得已而用之。恬淡为上，勿美也。若美之，是乐杀人也。夫乐杀人，不可以得志于天下矣。是以吉事上左，丧事上右；是以偏将军居左，上将军居右，言以丧礼居之也。杀人众，以悲依莅之；战胜，以丧礼处之。

【本书校订本】

夫兵者，不祥之器也。物或[1]恶之，故有欲者弗居。君子居则贵左，用兵则贵右。故兵者，非君子之器[2]也；兵者，不祥之器也，不得已。而用之铦[3]，袭[4]为上。勿美也，若美之，是乐杀人也。夫乐杀人，不可以得[5]志[6]于[7]天下矣。是以吉事上左，丧事上右。是以偏将军居左，上将军居右，言以丧礼居之也。杀人众，以悲依立之。战胜，以丧礼处之。

【原文】**夫兵者，不祥之器也。**

【译文】战争啊！这是不吉祥的事情。

【原文】**物或[1]恶之，故有欲者弗居。**

【译文】这是世界的危险，所以有战争欲望的人不要这样做啊。

【原文】**君子居则贵左，用兵则贵右。**

【译文】君子定位以左为首，用兵定位以右为先。

【原文】**故兵者，非君子之器[2]也；**

【译文】所以，战争绝不是君子想干的事。

【原文】**兵者，不祥之器也，不得已。**

【译文】战争，是不祥的事情，恶性的循环是不能够止息的。

【原文】**而用之铦[3]，袭[4]为上。**

【译文】这些用来战争的兵器，只有将其销毁埋葬方为上策。

【原文】**勿美也，若美之，是乐杀人也。**

【译文】不要对战争加以宣扬，如果对战争加以称赞和宣扬，这就是喜欢杀戮之人啊。

【原文】**夫乐杀人，不可以得志于天下矣。**

【译文】这些喜欢杀戮的人，你们千万不要以获取利益为目标，去灌输战争和杀戮的思想给世人了。

【原文】**是以吉事上左，丧事上右。**

【译文】所以，吉事以左为首，丧事以右为首。

【原文】**是以偏将军居左，上将军居右，言以丧礼居之也。**

【译文】所以，偏将军居左，上将军居右，说明这是丧礼的排列。

【原文】**杀人众，以悲依立之。战胜，以丧礼处之。**

【译文】这些杀人者，按顺序排列站立表示悲哀。战争虽然胜利了，但要以丧礼的形式来对待。

【导读】

老子在本章表明了战争是世人所厌恶的事情。

夫兵者，不祥之器也。

兵：军队和战争。

器：事物，指军队和战争。

这个军队和战争啊，这是不吉祥的事物。

物或恶之，故有欲者弗居。

物或恶之：世界的危险。（物或（物域）：物质世界；恶之：危险。）

有欲者：有战争欲望的人。

弗居：不要这样做。

战争是世界的危险，所以有战争欲望的人千万不要这样做啊。

君子居则贵左，用兵则贵右。

贵：在此代表首要的位置。

中国古时候的阴阳概念比较普及，阴阳是非常朴素辩证的哲学思想，阴阳的划分都是根据自然而来，以阳为高、为上、为左、为吉利、为高贵、为君子；以阴为低、为下、为右、为凶、为低贱、为小人。

君子所做的事情一定是吉利的，吉利的事情以左为首；而小人所做的事情一定是不吉利的，不吉利的事情和丧事都是以右为先。古人都懂得战争是不吉利的事情，所以，军事的排列位置以右为首。

故兵者，非君子之器也；

非君子之器也：绝非君子能去做的事物。

古圣先贤对战争的定论是非常明确的，把战争定论为不吉祥的事情，凡是发动战争者必然皆非君子。君子是衡量道德的基本标准，好战者都是丧失道德标准的小人，战争这个不吉祥的事情，绝非是君子所能去干的事。

兵者，不祥之器也，不得已。

不得已：不能够停止的。

战争，是不吉祥的事情。因为，战争所引起的恶果必然是恶性的循环，是永远不会止息的。

而用之铦，袭为上。

而用之铦：这些用来战争的兵器。

袭为上：销毁埋葬为上策。

这些用来战争的兵器，只有将其销毁埋葬方为上策。

勿美也，若美之，是乐杀人也。

勿美也：不要宣扬了。

乐杀人也：喜欢杀戮的人啊。“乐杀人”者在这里是贬义词，老子说话比较含蓄，但为了不让读者有什么误解，我就直白的给解释一下，“对战争的事情加以称赞和宣扬的人，都不是什么好人”。

千万不要再宣传战争的事情和炫耀这些兵器了，如果有人对战争的事情加以称赞和宣扬，这就是喜欢杀戮的人啊。当然，这些宣传杀戮和战争的人，都不是什么好人啊！

夫乐杀人，不可以得志于天下矣。

夫乐杀人：这些喜欢杀戮的人。

不可以得志：不要以获取利益为目标。

于天下矣：来给天下人了。给天下人什么？给天下人灌输战争和杀戮的思想。

这些喜欢杀戮的人，你们千万不要以获取利益为目标，去灌输战争和杀戮的思想给世人了。

是以吉事上左，丧事上右。

中国古人是用阴阳的理论来排列吉凶的位置。以生死来说，当然以生为吉，以死为凶。生为阳，左也为阳，所以，吉事的位置排列以左为上；死为阴为凶，右为阴，所以，凶事的位置排列以右为上。

是以偏将军居左，上将军居右，言以丧礼居之也。

在古代的丧礼排列以右为首，但在军事位置的排列上，以偏将军居左，而以上将军居右，与吉事的排列相反，这说明中国古人都懂得战争是不吉利的事情。因此，以丧礼的排列来表达对战争的态度。

杀人众，以悲依立之。

杀人众：指这些参与杀戮的军人。

战争的后果就是死人，而这些军人们都是杀人者，他们都要以丧礼的排列顺序来表示悲哀。

战胜，以丧礼处之。

战争胜利了，但不能用吉庆的方式来庆祝，而要以丧礼的形式来对待，这也是中国古人对战争所表达的一种无奈。

【感悟】

战争邪恶不祥器，致危世界因贪婪；

君子排列贵为左，用兵之序右为前；

兵者背道非君子，战争恶性久循环；

杀人之器销为上，乐而宣之罪恶渊；
乐杀人者莫宣贪，传于天下人心乱；
吉事居左凶为右，兵家上将靠右垣；
杀戮得逞行丧礼，胜者悲立否兴还。

老子在本章阐述了天下人民对战争的看法，通过老子的文章也可以看到中国古人对战争所持有的态度。

老子首先就表达了对战争的看法，老子说战争是不吉祥的事情。这会导致世界的危险。因此，老子告诫所有有战争欲望的人千万不要发动战争。不单是作为圣人的老子明了这个战争的恶果，我们中国古人对战争的危害也都有深刻认识。从军人位置的排列，就可以看出古人对战争的态度。

《易经·系辞》曰："天尊地卑，乾坤定矣。卑高以陈，贵贱位矣。"这里所说的高低贵贱是自然之理，天在上为尊、地在下为卑，是自然存在的，是不可否定的，这里对天地没有什么褒贬的概念，但在人类在发展过程中，逐渐把这个高低贵贱的自然之理引入到人生之理，把阳引申为动、为生、为吉；把阴引申为静、为死、为凶。我国古代，以君子为衡量道德品质的基本标准，以君子为吉；死亡的事情对于世人来说当然是凶，当古代军人的位置以凶的顺序来排列时，说明古人对战争也很无奈。所以老子说，战争是不吉祥的事情，而且战争的恶性循环永远不会止息。后人把"不得已"篡改成"不得已而为之"，然后解释成什么"迫不得已而战"，其谬大矣。因为，圣人绝对不会给战争任何借口，不论是任何原因的战争绝对都是错误，都是在违背大自然的规律，都在自取灭亡。

既然知道战争是不吉祥的事情，就应该把武器进行销毁埋葬方为上策。而且，不要宣传有关战争的事情，免得激发人们对战争的欲望。如《三字经》所讲："人之初，性本善，性相近，习相远。"人们的先天本性本来都纯洁善良，但经过后天的影响和污染而出现了恶。如果经常宣扬与战争有关的事情，人们的思想里就会潜移默化地被战争的欲望所污染，就会导致战争的发生和蔓延。所以说，那些称赞和攀比武器先进的人、宣扬战争仇恨的人，唯恐天下不乱的人，都是喜欢杀戮的人。这些宣传战争的人、喜欢杀戮的人，你们千万不要再灌输战争和杀戮的思想给世人了。

战争不是某一个国家所能改变的事情，需要全世界所有的国家联合起来制定一个有利于人类、有利于地球、有利于宇宙的正确方针和政策，而且要落实到各个国家每个人的思想中，这样才能真正地避免战争的发生。虽然，这是个再简单不过的道理，但实施起来却是这么的困难，现在的人们都已“习相远”，恶的思想和行为已经成为思想行为的主体，却还自以为这是很正常、很正确的事情。

世人为了各自的利益，利用各种手段来竞争，都在提高各自的竞争能力，以为如此就可以获得更好的发展。其实不然，竞争就是分裂，竞争会导致战争，竞争就是世界灭亡的根源。其实，道理并不复杂，暂且不论整个宇宙，先说整个地球，不论世界上有多少国家、有多少人，但都在一个地球上生活，地球相当于一个完整的人体，每个国家每个人都相当于人体的一部分，人体的任何一部分受到损伤都会影响人体气血的运行，当伤及到要害部位的时候，那就会导致死亡。所以，世界想正常地发展，只有在高度和谐、和睦相处的基础上才能实现。

【注释】

①或：通“域”。②器：有形的具体事物。③铦：（xiān）锋利、兵器。④袭：穿衣加服。亦指敛尸之衣。引申为毁灭埋藏。⑤得：获取利益。⑥志：目标。⑦于：取。例如：昼尔于茅，宵尔索陶。——《诗·豳风·七月》。

第32章　知止不殆

【马王堆汉墓帛书资料】

【甲本】

道恒无名梱唯□□□□□□□□王若能守之万物将自宾天地相谷以俞甘洛民莫之□□□□焉始制有□□□□有夫□□□□□□□所以不□俾道之在□□□□□浴之与江海也

【乙本】

道恒无名朴唯小而天下弗敢臣侯王若能守之万物将自宾天地相合以俞甘洛□□□令而自均焉始制有名名亦既有夫亦将知止知止可以不殆卑□□在天下也猷小浴之与江海也

【校订本】

道恒无名，朴虽小而天下弗敢臣，侯王若能守之，万物将自宾。天地相合，以俞甘露，民莫之令，而自均焉。始制有名，名亦既有，夫亦将知止，知止所以不殆。譬道之在天下也，犹川谷之与江海也。

【本书校订本】

道恒，无名。楃唯[①]小，而天下弗敢臣[②]。侯王若能守之，万物将自宾[③]；天地相合[④]，以俞[⑤]甘[⑥]洛[⑦]；民莫之令，而自均[⑧]焉；始制[⑨]有名，名亦[⑩]既[⑪]有，夫亦将知止，知止可以不殆[⑫]。俾[⑬]道之在天下也，犹小浴之与江海也。

【原文】**道恒，无名。楃唯[①]小，而天下弗敢臣[②]。**

【译文】道是永恒的，以“无”来称呼，其本质虽然小，而天下皆不敢轻视道。

【原文】**侯王若能守之，万物将自宾[③]；**

【译文】当权者治理国家如能遵守大自然规律，万物都会将正常运行；

【原文】**天地相合[④]，以俞[⑤]甘[⑥]洛[⑦]；**

【译文】天地阴阳二气相交，以降下甘露；

【原文】**民莫之令，而自均[⑧]焉；**

【译文】人民不用管理者发号施令，而能自觉和谐相处。

【原文】**始制[⑨]有名，名亦[⑩]既[⑪]有，**

【译文】无极造化宇宙万物用“有”来称呼，这个称呼已经到了“有”的阶段。

【原文】**夫亦将知止，知止可以不殆[⑫]。**

【译文】这时就应该适可而止，要知道节制才不会出现危险。

【原文】**俾[⑬]道之在天下也，犹小浴之与江海也。**

【译文】运用道在天下无处不在，如同小溪与大海的相通关系。

【导读】

道恒，无名。楃唯小，而天下弗敢臣。

道恒：道是永恒的。

无名：以“无”来称呼。

楃唯小：道本质虽小。道的本质“其小无内”，但可以生发和包容着宇宙万物，所以，道也是“其大无外”。

弗敢臣：不敢轻视。道为上，臣为下，如果将道视为臣，就是轻视道。

道的运行规律永恒不变，道是以“无”来称呼的，这个“无”之道的本质无限小，但天下皆不可轻视。因为，“无”之道可以生发宇宙万物，可以包容着宇宙万物，可以管理着宇宙万物。

侯王若能守之，万物将自宾；

侯王：各个邦国之主。

自宾：自然服从管理。

各个邦国之主，如果以大自然的规律来治理国家，万物都将正常地运行和发展。

天地相合，以俞甘洛；

天地相合：这不是天地真的相合，而是天地阴阳二气在交合之后形成了云雨。

以俞：可以降下。

甘洛：甘露，即下雨。古人将雨形容为甘露。

天地二气相合，就会形成云雨。这是说，如果各个邦国之主都能遵守大自然规律，自然会风调雨顺、国泰民安。

民莫之令，而自均焉；

民莫之令：人民不用下命令。

自均：人民都自觉地和谐相处。

如果各个国家的统治者都能够遵守大自然的规律，人民将不需要统治者颁布法令，便能自觉地和谐相处、幸福地生活。

始制有名，名亦既有，

始制：最原始的虚空无极造化孕育。

有名：物质世界用“有”来称呼。

名亦既有：名称已经到了“有”的阶段。

最原始的先天无极世界造化了宇宙万物。至此，把这个形成的物质世界用“有”来称呼，这个称呼已经从“无”到了“有”的阶段。

夫亦将知止，知止可以不殆。

夫亦将知止：这时候，已经需要懂得适可而止了。

不殆：不会出现危险。

世界已经发展到了“有”的阶段，就已经到了应该适可而止的时候。所以，一定要对事物的发展进行控制和节制，而不能毫无顾忌地对待大自然。否则，世界将因资源枯竭而灭亡。

俾道之在天下也，犹小浴之与江海也。

俾道：运用道，即道的运行。

与江海：汇入江海。

大道无形，运行于天下而无处不在，就如同小溪汇入大海的关系，以此来比喻世间的万事万物，它们的规律都是相通的。

【感悟】

大道永恒无为名，本质虽小容时空；
侯王若能循道治，万物发展自从容；
天地相合降甘露，民自守道国运隆；
无极制造有成形，至此须明止争用；
采掘大地千疮孔，危机已现眼前轰；
道充万物宇宙满，犹如众水江海融。

老子在本章说大道永恒，可以生发宇宙万物，可以包容宇宙万物，也可以管理宇宙万物，所以，绝对不可以轻视道的存在。

大道无形，但人们可以通过气候的变化和植物的兴衰来感受道的存在。例如：一年四季的运行和变化就是道，农民种地都是按照节气来操作，到了开春的时候就播种，到了秋天才能收获，春生、夏长、秋收、冬藏，这个规律就是道。如果轻视道的存在，一定要违反这个规律去耕种，那么就不会收获粮食，人如果没有了粮食的收获就无法生存，这就是大自然的规律而不可违背。（春夏秋冬代表的是时空，随着各地方位的不同，其播种的季节会有所不同，但不论其方位如何变化，都会符合其时空规律。）

世间所有的事情皆不可背道而行，以上举例只是从表面上来看道的重要性，还有很多事情是表面上看不出来的。比如说，世人都以为天灾不可改变。其实，天灾会随着世人的行为而改变，这也是现代科学所证明的事情。世人的行为是依靠思想支配，所以说，天灾和人祸都与人类的错误思想有着直接的关系。

老子告诫世人，天灾即是人祸。而且，各国君王对天灾人祸的发生是负有重大责任的，如果各个邦国的治理都能遵守大自然的规律，万物才能正常地运行和发展，天地阴阳之气才会相交。例如：在《易经》里的地天泰卦说："小往大来，吉亨。""小往"是说地之气上升，"大来"是说天之气下降，天地之气交合而万物通，故称为地天泰，泰者"吉亨"。万物通泰，天地气合，云行雨施，使得天降甘露而风调雨顺。国家风调雨顺，百姓自然五谷丰登，人民衣食无忧自然不会违法乱纪，也都能自觉地和谐相处，这就是国泰民安。

老子在此说明了各国的统治者对天时的影响，当然潜台词是说：如果统治者的管理不遵守大自然规律，就会导致天灾人祸，民不聊生，万物和百姓都会变成“刍狗”。

由虚空无极发展至物质世界，人们这时需要懂得适可而止。止的是什么呢？老子说：“名亦既有，夫亦将知止。”这句话说明，需要止的是“有”，这个“有”代表了物质，需要停止的是对物质追求的欲望。因为，人类贪得无厌，所以无休止地开发地球资源。但是，地球的资源是有限的，以现有的速度对地球开发下去，地球资源即将面临枯竭，等待人类的将是地球的毁灭。

老子说：道在天下无处不在，就如同小溪与大海是相通的。这是比喻世上任何事情都离不开道，不论是大事还是小事，所有的规律都是相通的。所以，改变世界要从点点滴滴做起，要从起心动念做起，要从修正自己的良心做起，要从遵守自然之道做起，只有遵守自然之道，才能使我们这个世界继续的生存和发展。

【注释】

①唯：虽然。②臣：君为尊，臣为卑小。因为道是宇宙万物管理，所以以道为君，以宇宙万物为臣，如果以道为臣则有违反之意。③宾：服从、归顺。《尔雅·释诂》：宾，服也。【疏】：宾者，怀德而服。④合：混合、交合。在此代表天地之气相合。⑤俞：（yú）通“腧”；通“输”。在本章为降下……。⑥甘：甜、美。⑦洛：通“露”。⑧均：平均、公正、调和、调节。⑨制：制造、造作、造化。《崔骃·达旨》：阴阳始分，天地初制。⑩亦：已经。⑪既：至、及。⑫殆：危险。⑬俾：（bǐ）使用、运用。《尔雅·释诂》：俾，使也。

第33章　不失其所

【马王堆汉墓帛书资料】

【甲本】	【乙本】	【校订本】
知人者知也自知□□□□□ 者有力也自胜者□□□□□	知人者知也自知者明也朕人 者有力也自朕者强也知足者	知人者，智也。自知者，明 也。胜人者，有力也。自胜

□也强行者有志也不失其所者久也死不忘者寿也	富也强行者有志也不失其所者久也死不忘者寿也	者，强也。知足者，富也。强行者，有志也。不失其所者，久也。死不忘者，寿也。

【本书校订本】

知①人者，知②也；自知者，明也；胜人者，有力也；自胜者，强也；知足者，富也；强③行者，有志也；不失其所者，久也；死不忘者，寿也。

【原文】**知①人者，知②也；**

【译文】能够了解别人的人，是有智慧的人。

【原文】**自知者，明也；**

【译文】能够了解自己的人，是清醒的人。

【原文】**胜人者，有力也；**

【译文】能够战胜别人的人，是有能力的人。

【原文】**自胜者，强也；**

【译文】能够战胜自我的人是真正的强者。

【原文】**知足者，富也；**

【译文】智慧圆满的人，才是真正的富有者。

【原文】**强③行者，有志也；**

【译文】尽力修行者，是有志向的人。

【原文】**不失其所者，久也；**

【译文】能够做到不违背自然规律，才会获得长久的存在和发展。

【原文】**死不忘者，寿也。**

【译文】死后不被人们所遗忘，这才是真正的长寿者。

【导读】

知人者，知也；

第一个“知”字代表了解。

第二个“知”字通“智”。

能够了解别人的人，是有智慧的人。反过来说，不能了解别人的人是愚昧的人。

自知者，明也；

自知：了解自己的人。

能够了解自己的人，是清醒明白的人；反过来说，如果不能认清自己的人就是糊涂的人。

胜人者，有力也；

有力：有能力。

能够战胜别人的人，是有能力的人。

自胜者，强也；

自胜：战胜自己。

强：代表强者。

能够战胜自己的人，才是真正的强者。连接上一句话说明，有能力的人不等于是强者。

知足者，富也；

知足：智慧的大圆满。此“知”字通“智”。

富也：什么是富有？最富有者就是“无”，因为“无”包括了宇宙万物。

老子所说的“知足”和“富”的概念，是世人大都没有真正理解话，也是老子文化中需要重新认识的一个重点概念。所谓的“知足”不是对某种事物的满足。因为，满足不能等同于真正的富有。“知”在本章通“智”，只有智慧的大圆满，才是真正的“富”。

通过对道篇的研究，读者都应该知道什么是大圆满，但我在此还是要明确地说明：大圆满即是“无”，“无”包括了宇宙万物，“无”即是我们要学习的道，达了“无”的境界才是得道。

强行者，有志也；

强行：尽力修行。

尽力修行的人是有志气的人。这句话本来比较容易理解，但其中有个细节，就是这个“行”字代表向正确的方向而行，如果是向错误的方向而行，越努力就会离道越远，这是个理解的重点。

不失其所者，久也；

不失：不违背。

其所：代表人的本分，也即是道。

能够做到不违背大自然的规律者，才会获得长久的存在和发展。

死不忘者，寿也。

不忘：代表不被人们所遗忘。

能够遵守大自然规律的人，是具有崇高思想境界的人，其躯体虽然死亡，但其崇高的思想境界不会被人们所遗忘，这才是真正的长寿者。

【感悟】

知人善任具智慧，自知之明谓德贤；

胜人之能天赋力，自胜方为明道缘；

大智圆满为真富，尽力修行强者现；

不失其所德久远，死不忘者寿人间。

老子的话都非常有哲理，为了让大家更清晰老子的哲学思想，下面就把本章名言进行举例说明。

一、知人者，知也：能够了解别人的人是有智慧的人，但智慧的境界各不相同，以中国特有的三才方法来划分，知人的智慧应该分为初中高三个层次，下面分类说明。

1. 初级的“知人之智”：这个初级没有贬低的意思，只是境界的高度有所不同，能知人就是一种智慧，以曾国藩的《冰鉴》为代表，《冰鉴》一书为观人之术，其核心口诀是：“邪正看眼鼻，真假看嘴唇；功名看气概，富贵看精神；主意看指爪，风波看脚筋；若要看条理，全在语言中。”曾国藩的知人方法是以观察人的相貌、骨骼、精神、气质、举止、言谈，以此来鉴别人心之邪正、能力之长短、发展之趋势，更可用来解读人生、明察世情。这个方法能够鉴别人才，可以“量体裁衣，择人而用”。正所谓“善用人者，天下之人皆可用；不善用人者，天下之人皆不可用”。

2. 中级的“知人之智”：在《吕氏春秋·察今》中曰：“故察己则可以知人，察今则可以知古，古今一也，人与我同耳。有道之士，贵以近知远，以今知古，以益所见，知所不见。故审堂下之阴，而知日月之行、阴阳之变；见瓶水之冰，而知天下之寒。”这段话所说的境界又高了一层，正所谓“见微知著”，此为中级的“知人之智”。

3. 高级的“知人之智”：在这里，我讲个比较经典的老故事来说明最上乘“知人之智”。

话说有一天，苏东坡与佛印禅师聊天，两人均盘腿而坐，聊到高兴时，苏东坡问佛印禅师：“你看我现在像什么？”佛印禅师说：“我看你像一尊佛。”苏东坡笑着对佛印禅师说：“我看你像一堆牛屎。”佛印禅师笑笑，没有说什么。苏东坡以为他胜利了，回家后沾沾自喜地和他妹妹苏小妹谈起了这件事。他妹妹说：“哥哥，你输了！禅师的心是佛一样的境界，所以看你像一尊佛；而你的心态像一堆牛屎一样，看禅师当然也就像一堆牛屎了。”苏东坡听后顿时面红耳赤。

正所谓：“佛视众生皆是佛。”此为知人的最高境界。

二、自知者，明也：能够了解自己的人，是清醒明白的人。但了解自己的人也分为初中高三个层次。

1. 初级：要能够真实地了解自己在现实生活中的能力，这是初级的要求。如果能够做到，就已经算是明白人。

俗话说：“人贵有自知之明。”这句话说明了能够自知的人很难得，很多人对自己到底有多大能力不了解，世界上眼高手低的人比比皆是，这些人没有专业能力，而是通过钱权或自吹自擂而强占在某些工作岗位上，因其能力达不到这个位置所需要的标准，结果给国家和单位造成了巨大损失，这样的人大有人在。

2. 中级：在初级的基础上，能够了解自己的身体，这不是普通的了解，要清晰地看到和感受到自己身体各器官和气脉的状况。

这个说法可能很多人接受不了，但这是真实存在的。比如说中医的经络学说，在古代没有能够看到经络的仪器，但古人如何能够分毫不差地描绘出经络和穴位的状况呢？其实，这是某些古人真实地感受到了经络的运行及走向。否则，无法完成这些经络穴位的描绘。

3. 高级：能够真实地了解自己与宇宙本为一体，能够了解宇宙的发展与自己生命发展的过程。（这是圣人的境界，也是儒、释、道三圣所讲之道。）

三、胜人者，有力也：能够战胜别人的人，是有能力的人。这个能力没有褒奖的意思。因为，能力就如同体育比赛一样要分级别的，大级别战胜小级别并不值得骄傲，就像大人欺负小孩子并不光荣。所以，老子的本意是说：能够胜人没什么了不起。因为，人的先天条件都不一样。这也说明，竞争本来就是不符合自然规律的事情。

四、自胜者，强也：能够战胜自己的人，是真正的强者。宇宙分裂成万物后，圆满的整体变成了不圆满的个体，个体的能量和能力也随之弱化。不圆满使得万物有了一些共同的弱点，而老子对人性的弱点有着充分的认知，知道人们需要战胜自己的弱点才能成就大道，这才是真正的强者。那么，人类最大的弱点是什么呢？答案：是贪心。贪心是人类第一大敌，也是人类最大的弱点，贪心者不能理解宇宙一体的思想，不能从整个宇宙的大局着想，必定会执着于小我而影响与大我的融合。大我是最大的强者，小我都是弱者。人们只有战胜自我的贪心，才能与宇宙万物融为一体，从而成为真正的强者。

五、知足者，富也：智慧圆满的人，才是真正的富有者。因为，老子所讲述的是虚空无极的大道，而不是论证世人中谁有钱。如果用钱来衡量财富，那就不是真道。对于宇宙来说，地球只不过是一粒尘埃，世人中就算有千万亿财产者，与地球相比也都微不足道，更谈不上富有。因此，只有与“无”之道融为一体，才是圆满的大智慧，才能拥有无限的能量和能力。这就是说，成就了大圆满才是真正的富有，真正富有的人是得道者。

六、强行者，有志也：勤勉修行的人，是有志向的人。修道人就如同农民种地一样，到了节气就要开始播种，错过了播种的季节再播种就没有用了，只有等下一个轮回，机缘虽然常有，但需要时间的等待，如果每次遇到机缘都不珍惜，那就是没有志向的人。节气对应的是修道的缘，既然道缘已经成熟，就应该及时勤勉修行，以免错过这个机缘。

七、不失其所者，久也：不违背自然规律的人，才会获得长久的存在和发展。那么，什么样的人才能获如此成就呢？下面以儒、释、道三教来举例说明：

例 1：孔子的教育核心是仁爱忠恕，而仁爱忠恕的核心是“天人合一”，其教育原则就是遵守大自然的规律，也就是不失其所。

例 2：老子的教育核心是道德，而道德的核心是“天人合一”，其教育原则就是遵守大自然的规律，也是不失其所。

例 3：释迦牟尼佛的教育思想核心是慈悲觉悟，而慈悲觉悟的核心是“天人合一”，其教育原则就是遵守大自然的规律，同样是不失其所。

从以上举例我们看出，儒、释、道三教的教育思想核心都是相同的，而三教的存在和发展也是相似的，都是存在和发展了两三千年，都是历史上存在最长久的教育思想体系，这就是“不失其所者，久也”。

八、死不忘者，寿也：死后不被人们所遗忘的人，才是真正的长寿者。还是以儒、释、道三圣为例，三圣现在虽然已经不在，但并没有被人们所遗忘，而且千古以来，他们一直受到人们的尊崇和学习。当然，像这样的古圣先贤还有很多，凡是如同三圣一样被后人尊崇和学习的人，这才是其寿也。

【注释】

①知：懂得、了解。②知：古通“智”。③强：竭力；尽力。知困然后能自强也。——《礼记·学记》。注：“修业不敢倦。”

第34章　故能成大

【马王堆汉墓帛书资料】

【甲本】

道□□□□□□□□□□遂事而弗名有也万物归焉而弗为主则恒无欲也可名于小万物归焉□□为主可名于大是□声人之能成大也以其不为大也故能成大

【乙本】

道沨呵其可左右也成功遂□□弗名有也万物归焉而弗为主则恒无欲也可名于小万物归焉而弗为主可名于大是以耶人之能成大也以其不为大也故能成大

【校订本】

道泛呵其可左右也，成功遂事而弗名有也，万物归焉而弗为主，则恒无欲也，可名于小。万物归焉而弗为主，可名于大。是以圣人之能成大也，以其不为大也，故能成大。

【本书校订本】

道沨①呵！其可左右②也。成功遂事，而弗名有也。万物归焉而弗为主，则恒无欲也，可名于小。万物归焉而弗为主，可名于大。是以圣人之能成大也，以其不为大也，故能成大。

【原文】**道沨①呵！其可左右②也。**

【译文】大自然的规律包含广大啊！它可以规范一切事物的发展。

【原文】**成功遂事，而弗名有也。**

【译文】道成就了万物的生长与发展，而不以道来称呼这些事物。

【原文】**万物归焉而弗为主，则恒无欲也，可名于小。**

【译文】万物皆都归附于道，而道不以主宰者自居，道的原则是保持“无”的思想和状态，可以称呼为小。

【原文】**万物归焉而弗为主，可名于大。**

【译文】万物皆都归附于道，而道不以主宰者自居，道乃虚空无极无所不包，道可以称呼为大。

【原文】**是以圣人之能成大也，以其不为大也，故能成大。**

【译文】圣人之所以能够成就大道之业，是因为不追求大的事业，所以能成就最伟大的事业。

【导读】

道沨呵！其可左右也。

道沨：道包含广大。“沨”字代表广泛。

左右：包含了规范的含义。

道包含广大啊！道可以规范一切事物的发展。

成功遂事，而弗名有也。

弗名有：不用道来称呼宇宙万物，也就是不显示自己。

道成就了万物的生长与发展，但并没有因此而显示自己存在。因为，道的表现为“无”。

万物归焉而弗为主。则恒无欲也，可名于小。

万物归焉：万物皆都归附于道。老子说：道生一，一生二，二生三，三生万物，也就是万物由道而生，万物返本归元即回归为道。

而弗为主：而道不以主宰者自居。

可名于小：可以称呼为小。“小”字代表大道无形，其小无内，道可说是小。

万物皆都归附于道，而道不以主宰者自居。道的原则是保持“无”的思想和状态，所以，可以称呼为小。

万物归焉而弗为主，可名于大。

可名于大：“大”字代表大道无形，其大无外，道可称为大。

万物皆都归附于道，而道不以主宰者自居。但是，道乃虚空无限而称呼为大，所以可称呼为大。

是以圣人之能成大也，以其不为大也，故能成大。

不为大也：不追求世俗之大业。

成大：成就大道。

圣人之所以能成就大道之业，是因为不追求世俗之大业，而是完全尊循道无为之原则而行。其“无”之道虽小亦大，所以圣人才能成就最伟大的事业。

【感悟】

大道无限包宇寰，其可左右万物衍；
成功遂事名弗占，万物归附未宰焉；
其小无内名于小，其大无外大名安；
圣人成大不为大，无为不朽世代传。

老子说大道广大，可以规范一切事物的发展。

世间万物皆分阴阳，但孤阴不生，孤阳不长，只有阴阳和合才能滋生繁衍。

道造化了宇宙万物，而万物形成之后，虽不用道来称呼这些万物，但宇宙万物也都还是道。

例如：人类所生的孩子无论起个什么名字，都要称为人；老虎生的孩子还是叫老虎，不能叫猫。宇宙万物皆由道而生，所以，宇宙万物皆可称呼为道。

道生宇宙万物，宇宙万物皆都归附于道，道虽可规范宇宙万物，但并不主宰宇宙万物之行为，如果宇宙万物按照道的规范来实行，则可正常地运行和发展，如果宇宙万物不按照道的规范来实行，则会产生各种危险的后果。道的法则是保持“无”的思想和状态，因为道乃无形，所以可以称呼为小。这说明，不论多么小的事物都是离不开道的规范的。例如：现代的微观科学研究，不论是分子、原子、基本粒子以及与之相应的各种场，都离不开规律的规范。这说明，没有任何事物可以脱离道的规范。道的本质其小无内，但道又可包容虚空无限之大。所以，道可以称呼为大。这也说明，不论多么大的事物也都离不开道的规范。例如：现代的宏观科学研究，不论是对宇宙甚至超宇宙的研究，都同样有规律可循，这就是道的规范。

通过对道的逐步学习，我们现在对道多少有了一些了解，道是其大无外而又其小无内的。虽然，道有大小，但道的大与小是相通的。圣人之所以能够成就伟大的事业，是因为明白大小相通道理。不论多小的事物都是大道，所以，圣人在生活中不论有多么小的事物都是按道而行。虽然，圣人不追求大的事业，但却成就了最伟大的事业。

例如，释迦牟尼本来是帝王的继承人，但却放弃王位出家修行。在世人来看，帝王之位才是大，个人修行为小。但是，释迦牟尼懂得，成就大道要从起心动念开始修行，要从个人生活中的细节开始修行。从小事做起，才是成就大道的必经之路。成佛即得道，得道即智足，智足才为最富。

【注释】

①渢：（fēng）通“泛”。泛滥、广泛、弥漫。②左右：代表辅佐，助佑。表示可以控制事物的发展；

第35章　往而不害

【马王堆汉墓帛书资料】

【甲本】

执大象□□往往而不害安平大乐与饵过格止故道之出言也曰谈呵其无味也□□不足见也听之不足闻也用之不可既也

【乙本】

执大象天下往往而不害安平大乐与□过格止故道之出言也曰淡呵其无味也视之不足见也听之不足闻也用之不可既也

【校订本】

执大象，天下往，往而不害，安平大。乐与饵，过格止，故道之出言也，曰：“淡呵其无味也，视之不足见也，听之不足闻也，用之不可既也。”

【本书校订本】

执大象，天下往[①]，往而不害，安平大。乐与饵[④]，过[⑤]格[⑥]止，故道之出言也，曰：“谈呵！其无，味[⑦]也。视之不足见也；听之不足闻也；用之不可既[⑧]也。”

【原文】执大象，天下往[①]，

【译文】圣人执掌天地万象之规律，使得天下之人皆都向往。

【原文】往而不害，安平大。

【译文】想获得如此成就，要做到不伤害天地万物，要有定力，要去除分别心，要有博大的胸襟。

【原文】乐与饵[4]，过[5]格[6]止，

【译文】声色，是导致人们脱离大道的诱饵。当行为超越了道所规范的标准，就要及时地终止。

【原文】故道之出言也，曰："谈呵！其无，味[7]也。

【译文】已经得道的人总结说：谈起道啊！其"无"之道，需要体会和感悟。

【原文】视之不足见也；听之不足闻也；用之不可既[8]也。"

【译文】道是看而不得见，听而不得闻，但道是用之不尽的。

【导读】

执大象，天下往，

执大象：执掌天地万象。

天下往：天下人皆向往有此成就。

谁执掌天地万象？"无"执掌天地万象；圣人行"无为"之道，而执掌天地万象。圣人所获得的巨大成就，使得天下人皆都向往。

往而不害，安平大。

往而不害：向往获得如此成就，首先不能伤害万物。

安：安者定也。在此指定力。

平：平均，没有分别心。

大：胸襟博大。

天下人皆想获得如此成就，首先就不要伤害万物。然后，要培养定力；抛开分别心；要具有心包太虚般博大的胸襟。

乐与饵，过格止，

乐：声色

与：附和、连带着。

饵：各种诱惑。

过格止：违反"无为"之道的行为要停止。（过：超过、违反；格：道的标准。）

通往成就圣人的道路，要培养定力，抛开分别心，拥有博大的胸怀。因为，在求道的路上会遇到"声色"的诱饵。想要避免玩物丧志，就要能够抵御各种物欲的诱惑。凡是违反大道标准的行为，都要及时终止。只有保持道心之稳固，才能最后得道。

故道之出言也，曰："谈呵！其无，味也。

故道：已经得道的人。

出言也：总结了理论。

谈呵：谈论道的话题。

味：体会和感悟。

已经得道的人总结说：谈起道啊！其"无"之道，要经过体会和感悟才能理解。

视之不足见也；听之不足闻也；用之不可既也。"

不足见：看不到。

不足闻：听不到。

不可既：不能穷尽。

大道无形，想看道是什么样子看不到，想听道是什么声音听不到，但道却用之而不能穷尽。

【感悟】

圣人无为执万象，天下之人皆向往；

往而不可害万物，安平大道修渐长；

声色犬马诱人饵，过格须止毋能忘；

先贤总结无玄妙，力行大道悟真广；

视之不足见道穷，听之难以闻妙方；

大道无限御寰宇，用之不尽德圆相。

老子在本章讲述了修道的过程和规范。老子说，圣人掌握了道的发展规律，使得天下人皆向往之。那么，圣人们都掌握了什么大道呢？

例1：老子掌握了大道，而成就了"无为而无不为"。

例2：释迦牟尼掌握了大道，成就了大圆满的"如来"。

例3：孔子"七十而从心所欲不逾矩"，说明孔子七十岁的时候，成就了"无为而无不为"，因而成就了"万世师表"。

三圣同样掌握了大道，同样成就了"万世师表"。所以，天下人皆向往圣人之道，皆学习圣人之道。但是，人们学习圣人之道的必经之路有以下几条：

安：安者定也，也就是定力。

《坛经·定慧品第四》曰："定慧犹如何等？犹如灯光。有灯即光，无灯即暗。灯是光之体，光是灯之用。名虽有二，体本同一。此定慧法，亦复如是。”这是说，定力如灯，智慧如光，有定力就可以生发智慧，有智慧才能明大道。

平：公平公正，没有分别心。

什么是分别心？心中有我、有他就是分别心。不懂宇宙万物一体之理，心中分你我他，这就是分别心。

什么是没有分别心？心中只有我，没有他，即为没有分别心。懂得宇宙万物皆为一体之理，心中只有我，天为我，地为我，宇宙万物皆为我，我自然不会伤害我。

大：指“我大”，我到底有多大呢？

例如：《易经》中，乾卦为天、为头，这说明天乃我之头；兑为泽、为口，这说明泽为我之口；离卦为日、为目，这说明日为我之目；震卦为树木、为毛发，这说明树木为我之毛发；巽为风、为气，这说明风为我之气；坎卦为水，为腰肾，这说明水为我之腰肾；艮为山、为鼻子，这说明山为我之鼻子；坤卦为地、为腹，这说明地乃我之腹……

八卦万物类象，其大无外，其小无内。当然，八卦所包含的宇宙万物皆有对应。以上只是举例说明，宇宙万物皆为一体，我与宇宙万物合称为“大我”。

人生旅途，充满了各种诱惑，声色如同钓鱼的诱饵。现代媒体所表达的多为声色，所以世人更容易被声色的诱饵所钓，因而导致人们逐渐脱离了大道的轨道。如果世人能认识到声色的危害性，就要用大自然的规律来规范自己，如果自己的行为超出规律范围之外，就要及时地停止。

通过对学道过程的认知，再来看已经得道者的总结，得道者说，很多人喜欢谈玄论妙，但其“无”之道非谈论就能明白，要身体力行才能得道。

本章结尾又透露了一个大秘密：道是想看看不到，想听听不着，但道却不可穷尽。这说明，大道无形，大道循环。

【注释】

①往：归向。《玉篇》：行也，去也。②安：定也。——《尔雅》③乐：旧指“声色”。即歌舞和女色。例如：今吴王淫于乐而忘其百姓。——《国语》。④饵：引诱；诱惑。⑤过：超过、超越。⑥格：量度、标准、限制。⑦味：体味；体会。例如：味精（体味精深）。⑧既：穷尽。例如：吾与汝既其文，未既其实。——《庄子·应帝王》。

第 36 章　是胃微明

【马王堆汉墓帛书资料】

【甲本】

将欲拾之必古张之将欲弱之□□强之将欲去之必古与之将欲夺之必古予之是胃微明友弱胜强鱼不可脱于潇邦利器不可以视人

【乙本】

将欲擒之必古张之将欲弱之必古○强之将欲去之必古与之将欲夺之必古予□是胃微明柔弱朕强鱼不可说于渊国利器不可以示人

【校订本】

将欲翕之，必姑张之。将欲弱之，必姑强之。将欲去之，必姑与之。将欲夺之，必姑予之。是谓微明，柔弱胜强。鱼不可脱于渊，邦利器不可以示人。

【本书校订本】

将欲拾①之，必古②张之；将欲弱之，必古强之；将欲去③之，必古与④之；将欲夺之，必古予⑤之。是胃微明：友⑥弱胜强；鱼不可脱于渊⑦；邦利⑧器不可以视人。

【原文】**将欲拾①之，必古②张之；**

【译文】将要收缩，必然是已经张开了；

【原文】**将欲弱之，必古强之；**

【译文】将要减弱，必然是已经强大了；

【原文】**将欲去③之，必古与④之；**

【译文】将要分离，必然是已经联合了；

【原文】**将欲夺之，必古予⑤之。**

【译文】将要夺取，必然是对方已经有收获了。

【原文】**是胃微明：友⑥弱胜强；**

【译文】如果能了解这些道理，可以说对道的细微之处有了了解：联合弱者要比单独的弱者强大；

【原文】**鱼不可脱于渊⑦；邦利⑧器不可以视人。**

【译文】鱼不能脱离深水；国家重要的器物不要用来展示给世人所了解。

【导读】

将欲拾之，必古张之；

拾之：收缩。

张之：张开。

一切事物的发展都有必然的规律。比如，一个事物将要收缩，必然已经是张开的。当然，这里所说的收缩和扩张都是相对的。

将欲弱之，必古强之；

弱之：减弱。

强之：强大。

如果一个事物将要减弱，必然是因为这个事物已经相对强大。

将欲去之，必古与之；

去之：分离。

与之：联合。

如果一个事物将要分离，必然是因为这个事物已经联合。

将欲夺之，必古予之。

夺之：争夺某些事物。

予之：给予某些事物。

如果将要夺取对方的某些事物，必然是因为对方已经有所获得。这个“予”，未必是夺者所给予的，而是收获方已经得到外力所给予的事物。

是胃微明：

微明：对细微之处有精妙了解。

如果能够懂得以上所讲的道理，就是对自然界法则的细微之处有精妙的了解。

友弱胜强；鱼不可脱于渊；邦利器不可以视人。

友弱：联合弱者。

利器：重要的器物。

视人：展示给世人所了解。

联合的弱者要比单独的弱者强大；鱼不能脱离深水，这样容易被发现和引来攻击；国家重要的器物不要展示给世人所了解，这样会引起窥视和争斗。

【感悟】

物欲收之必因张，将弱之物已为强；

分离皆因早相合，被夺定是物多方；

友弱胜强真实理，鱼儿脱渊面临亡；

邦之利器毋视人，怀壁其罪致国殇。

老子在本章用自然之理来说明邦国的治理法则：

将欲拾之，必古张之：一个事物将要收缩的时候，这个事物必定已处在张开的状态。

例如：如果想把剪刀合并的时候，是因为剪刀已经是张开。通过此例，我们可以了解的是收放之道。

将欲弱之，必古强之：如果一个事物将要减弱的时候，这个事物已经处在强大的状态。

例如：吹气球的时候，吹到涨大的时候，就要减弱吹力乃至停止吹力。如果在气球涨大的时候，继续增力吹气，就会导致气球爆裂。这个物极必返的道理说明了强弱之道。

将欲去之，必古与之：如果一个事物将要分离的时候，说明这个事物已经联合。中国有句古话说："天下之事，分久必合，合久必分。"

例如：如果想要分开一对黏在一起的物体，说明这两个物体已经是联合的。通过此例，我们可以了解开合之道。

将欲夺之，必古予之：世人如果想要夺取对方的一些事物，必定是因为对方已经获取了某些事物。

例如：现在世界上的石油争夺所引发的战争，就是因为某些国家拥有大自然赋予的石油资源，引发了某些军事强国的窥视和掠夺。由此可知，"匹夫无罪，怀璧其罪"。

是胃微明：如果能够明白以上所讲述的事例，这就是对自然界法则的细微之处有了精妙的了解。但是，这只是了解，剩下更重要的事情是体会和感悟。那么，老子感悟到了什么呢？老子感悟到以下几条：

友弱胜强：联合的弱者要比单独的弱者强大。

例如：一根筷子，很容易就能用手折断；而一把筷子，就不能用手来折断。

这个例子对于世人来说，人与人之间要联合起来才能共同强大；对于国家来说，国与国之间要联合起来才能共同强大；对于学道者来说：一个人的能力和能量是有限的，只有把宇宙万物都联合在一起时，才能使得能量和能力最强大。

鱼不可脱于渊：鱼不能脱离深水。这是因为，鱼在浅水的时候，容易被发现和攻击，而深水对于鱼来说就是远离危险的道。“鱼脱于渊”，就是鱼儿脱离了生活的轨道，会容易发生危险。此例给人类的启示是什么呢？启示当然有很多，但这里是来比喻邦国重要的器物。

邦利器不可以视人：国家重要的器物不可展示给世人所了解。因为，这就如同“鱼脱于渊”一样，会引起人们的贪欲之心，进而招来争夺和劫掠。例如：某些国家拥有石油被众所周知，因此招来了众多的劫掠和战争。

【注释】

①拾：收敛。②古：古老；久远。古，久也。——《玉篇》。在本章引申为“已经”。③去：分离。④与：交往、联合。⑤予：授予；给予。予，与也。——《广雅》。⑥友：互相合作、联合。⑦渊：深水。⑧利：利益；有利的，重要的。

第37章　万物自化

【马王堆汉墓帛书资料】

【甲本】	【乙本】	【校订本】
道恒无名侯王若守之万物将自忞忞而欲□□□□□□□□之以无名之无名楃之楃夫将不辱不辱以情天地将自正	道恒无名侯王若守之万物将自化化而欲作吾将阗之以无名之朴阗阗以无名之朴夫将不辱不辱以静天地将自正道二千四百廿六	道恒无名，侯王若守之，万物将自化。化而欲作，吾将镇之以无名之朴。镇之以无名之朴，夫将不辱，不辱以静，天地将自正。

【本书校订本】

道恒，无名。侯王若守之，万物将自化。化而欲作，吾将阗①之，以无名之楃阒。阒以无名之楃，夫将不辱[2]。不辱以情[3]，天地将自正。

【原文】**道恒，无名。**

【译文】道是永恒的规律，以“无”来称呼。

【原文】**侯王若守之，万物将自化。**

【译文】统治者如果都能遵守此道，天地万物将自然生化。

【原文】**化而欲作，吾将阒[1]之，以无名之楃阒，**

【译文】化为“无”后，吾（无）将大量生发万物，这个用“无”来称呼的本质可以生发万物。

【原文】**阒以无名之楃，夫将不辱[2]。**

【译文】生发万物是用“无”来称呼的本质，这能让宇宙万物不被污染。

【原文】**不辱以情[3]，天地将自正。**

【译文】“无”不会污染到宇宙万物的本性，这样没有经过污染的天地，才能自然端正地运行发展。

【导读】

道恒，无名。

道恒：大自然的规律是永恒的。

无名：用“无”来称呼。

侯王若守之，万物将自化，

守之：遵守。

自化：由“有”到“无”为化。

统治者如果都能够遵守大自然的规律，大自然就不会遭受破坏，宇宙万物都将“由有到无”，这才是自然的运行变化。

化而欲作，吾将阒之，以无名之楃阒，

作：由“无”到“有”。　吾：代表“无”。

阒：大量生发万物。　楃：通“朴”。代表“无”的本质。

当万物化为“无”时，道的发展将要生发万物，是用“无”这个本质来生发万物。

阒以无名之楃，夫将不辱，

夫：指宇宙万物。

辱：代表污染。

用“无”来称呼的本质来生发万物，宇宙万物就不会被污染。

不辱以情，天地将自正。

情：代表宇宙万物的本性。

“无”的本质不会污染到宇宙万物的本性，这个没有经过污染的天地，就会自然端正地运行发展。

【感悟】

大道永恒无名赋，万物自化王贤明；

化而欲作阗无度，夫将不辱天地清。

老子在本章教导统治者要遵守“无”之道，才能使得天地万物循自然而造化。

“无生有”称为作；“有生无”称为化。“有无之相生”代表道的循环，也是自然万物之生灭。然而，人类为了满足自私的欲望，不断地破坏着大自然，这就导致了万物化作的异常，万物将面临着非正常的生灭。现在各个国家都在争相开采地球资源，甚至掠夺其他国家的资源，这就是破坏大自然的行为，其后果是万物和百姓都将会成为“刍狗”。只有所有国家的统治者来遵守大自然的规律，都不去破坏大自然的时候，万物才能自化而寿终正寝。

万物自化是“由有化无”；万物化而欲作，即“由无生有”，这个循环过程的开始，是由称呼为“无”的本质所生发，用“无”来生发万物，万物将不会被污染，万物的本性也不会被污染，天地将正常地运行和发展。

老子在本章的讲述，是个美好的理想。老子希望所有统治者都能了解自然之道，遵守自然之道，如果能实现这个理想，我们这个世界将是个没有污染的净土。

【注释】

①阗：（tián）充满；填塞。例如：阗凑（大量聚集）；阗委（大量集中）；阗繁（人口众多）。②辱：污染。③情：本性。

德篇

第1章　上德不德

【马王堆汉墓帛书资料】

【甲本】

□□□□□□□□□□□□□□□□□□德上德无□□无以为也上仁为之□□以为也上义为之而有以为也上礼□□□□□□□□□攘臂而乃之故失道矣而后德失德而后仁失仁而后义□义而□□□□□□□□□□□□而乱之首也□□□道之华也而愚之首也是以大丈夫居其厚而不居其泊居其实而不居其华故去皮取此

【乙本】

上德不德是以有德下德不失德是以无德上德无为而无以为也上仁为之而无以为也上〇为之而有以为也上礼为之而莫之应也则攘臂而乃之故失道矣而后德失德而后仁失仁而后义∠失义而后礼夫礼者忠信之泊也而乱之首也前识者道之华也而愚之首也是以大丈夫居□□□居其泊居其实而不居其华故去皮取此∠

【校订本】

上德不德，是以有德。下德不失德，是以无德。上德无为而无以为也。上仁为之而无以为也。上义为之而有以为也。上礼为之而莫之应也。则攘臂而扔之。故失道矣而后德，失德而后仁，失仁而后义，失义而后礼。失礼者，忠信之薄也，而乱之首也。前识者，道之华也，而愚之首也。是以大丈夫居其厚而不居其薄，居其实而不居其华。故去皮取此。

【本书校订本】

上①德②不德，是以有德。下③德不失④德，是以无⑤德。上德无为⑥，而无以为也。上仁⑦为之，而无以为也。上义⑧为之，而有以为也。上礼⑨为之，而莫⑩之应也。则⑪攘⑫臂而乃⑬之，故失道矣而后⑭德，失德而后仁，失仁而后义，失义而后礼，夫⑮礼者，忠信之泊⑮也，而乱之首也。前⑯识者，道之华也，而愚之首也。是以大丈夫居其厚而不居其泊；居其实而不居其华，故去皮⑰取此。

【原文】上①德②不德，是以有德。

【译文】“无”化育宇宙万物不是为了获得利益，所以宇宙万物都是其收获。（德：1. 化育；2. 获得；3. 收获。）

【原文】**下[3]德不失[4]德，是以无[5]德。**

【译文】宇宙万物的运行不违背运行之道，所以先天无极世界都是其收获。（德：1. 运行；2. 运行之道；3. 收获。）

【原文】**上德无为[6]，而无以为也。**

【译文】“无”化育万物是由“无”造作而成，而“无”是用来造作的。

【原文】**上仁[7]为之，而无以为也。**

【译文】“无”抚育宇宙万物的行为就是造作，而“无”是用来运行的。

【原文】**上义[8]为之，而有以为也。**

【译文】“无”保持“有”的正常状态就是造作，而物质世界是用来运行的。

【原文】**上礼[9]为之，而莫[10]之应[11]也。**

【译文】“无”尊敬宇宙万物行为就是造作，而不用其回报。

【原文】**则攘[12]臂而乃[13]之，故失道矣而后[14]德，**

【译文】世人效法拱手而揖状而以为这就是礼，这就违背了道的标准和降低了德的标准，

【原文】**失德而后仁，**

【译文】世人违背了德的标准，这也是降低了仁的标准。

【原文】**失仁而后义，**

【译文】世人违背了仁的标准，这也是降低了万物生存状态的标准。

【原文】**失义而后礼，**

【译文】世人违背了万物生存状态的标准，这也是降低了尊敬万物的标准。

【原文】**夫[15]礼者，忠信之泊[16]也，而乱之首也。**

【译文】这个降低了标准的礼，使得忠信缺少了，也是世界混乱无序的开始。

【原文】**前[17]识者，道之华也，而愚之首也。**

【译文】对剪裁之后道的认知，只是道的表面，而且是愚昧的开始。

【原文】**是以大丈夫居其厚而不居其泊；**

【译文】是以大丈夫的行为要处于标准上，而不能处于降低的标准上。

【原文】**居其实而不居其华，**

【译文】处于道的核心而不要停留在道的表面。

【原文】**故去皮[18]取此。**

【译文】所以，要摒弃肤浅的认知，选择标准的理论。

【导读】

上德不德，是以有德。

上：代表“无”。因为，至上者“无”。

德：代表化育、运行、获得。

上德：“无”化育宇宙万物。

不德：不是为了获得。

有：宇宙万物。

有德：宇宙万物都是其收获。

先天无极世界化育了宇宙万物，这不是为了获得利益。因为，先天无极世界不计较得失，所以宇宙万物都是先天无极世界的收获。

精简地说：“无生有”不是为了获得“有”，但“有”必定是“无”的收获。

下德不失德，是以无德。

下：代表宇宙万物。（无：为上；有：为下。）

德：运行。

下德：宇宙万物的运行。

不失德：不违背运行之道，也就是遵守“无”的运行之道。

无德：先天无极世界都是收获。这里的“无”有双重含义：一、没有获取物质世界的物质利益；二、获取了先天无极世界。

宇宙万物的运行称为“下德”，如果宇宙万物不违背运行之道，先天无极世界都是宇宙万物的收获。

（下德和无德在这里皆非贬义。）

精简地说：“有”不违背“无”的运行之道，“无”就是“有”的收获。

上德无为，而无以为也。

为：运行、造作。

无为：“无”的运行和造作。

无以为：“无”是用来运行和造作的。

先天无极世界化育宇宙万物，这是由“无”造作而成，即“无中生有”，而“无”是用来造作的，也就是用“无”之能量来造作“有”之物质。

上仁为之，而无以为也。

仁：抚育。

上仁："无"抚育宇宙万物。

为之：运行、造作。

先天无极世界抚育宇宙万物的过程就是造作，而"无"是用来运行的。

上义为之，而有以为也。

义：保持正常的状态。

上义："无"保持"有"的正常状态，即"无"不破坏"有"的正常运行状态。

有：物质世界。

以为：用来运行和造作的。

"无"保持宇宙万物正常的生存状态就是造作，而物质世界是用来运行和造作的。

上礼为之，而莫之应也。

礼：尊敬和付出。

上礼："无"对"有"的尊敬和付出。

莫：不用。

应：回报。

先天无极世界尊敬宇宙万物是运行和造作，但并不要宇宙万物有所回报。

先天无极世界之礼，不是简单的礼遇或厚待所能代表的，其中包含了"无"化育"有"；"无"抚育"有"；"无"保护"有"的生存状态。当世人做到如同"无"一样对待宇宙万物，而不索取任何回报的时候，这就是世人有礼了。

则攘臂而乃之，故失道矣而后德，

则：效法。

攘臂：拱手而揖状。

乃之：是。这个"乃"字代指礼。

失道：违背了大自然的规律。

后：降低标准。

世人效法拱手而揖状而以为这是礼了。其实，这些都是流于表面的形式，违背了道的标准和降低了德的标准。因为，世人真正的德是包容宇宙万物和遵循"无"之道，而不是一些表面的形式。

失德而后仁，

失德：违背了德的标准。

后仁：降低了抚育万物的标准。

当世人违背了德的标准，也就是降低了抚育万物的标准。

失仁而后义，

失仁：违背了抚育万物的标准。

后义：降低了大自然的生存状态。

当世人违背了抚育万物标准的时候，就是失去了仁慈之心，这才有了对万物的杀伐行为，同时也降低了自然万物的生存状态。

失义而后礼，

失义：违背了自然万物生存状态的标准。

后礼：降低了尊敬万物的标准。

当世人违背自然万物生存状态的标准的时候，同时也降低了尊敬万物的标准。

夫礼者，忠信之泊也，而乱之首也。

夫礼：特指上句话的“后礼”，而不是指“上礼”。

忠：“无”对待宇宙万物公平公正，没有分别之心。

信：“无”与“有”的运行是按道而行，其规律是永恒不变的，其规律是可以把握的、稳定可靠的，绝对不会欺骗世人与万物，这就是道之信。

泊：薄弱，缺失、减少了。

首：代表开始。

因为，世人这个降低了标准的礼，使得人们失去公平公正的心，人与人之间没有信用可言，承诺的话都不能实现。当世人把欺诈当成了正常现象，这就导致了世界混乱无序的开始。

前识者，道之华也，而愚之首也。

前：裁剪。“前”通“翦”。

识：知识的认识。

华：道的表面。

世人对道的认知是经过剪裁的，是降低了标准的认知，这些都只是道的表面，并不是道的核心。所以，这就是愚昧的开始。

是以大丈夫居其厚而不居其泊；

大丈夫：完全遵守大自然规律的人。

厚：代表道德的完整标准。

泊：代表道德被裁剪后的表面标准。

世人对道认知的标准不同，而大丈夫的行为要处于完整标准的道上，而不能处于标准缺失的道上。

居其实而不居其华，

实：代表道的核心的标准。

华：代表道的表面形式。

大丈夫的行为要处于道的核心标准，而不能停留在道的表面形式。

故去皮取此。

皮：代表肤浅的认知.

此：代表道的核心理论。

所以，世人要摒弃对道的肤浅认知，而要选择道的标准理论。

【感悟】

上下之德本非异，有无同谓道门玄；
上德化育万物有，不德非为收获现；
下德万物运行久，失德背道岂能圆；
无德收获先天厚，德字并非同义言；
无中生有能量透，虚空化物显后天；
抚育苍生仁德够，无极造化在虚田；
护持后天物形秀，上义守得红尘鲜；
仁义德满敬万物，莫之应也礼成虔；
拱手作揖只为表，背道降德非礼全；
失德必致真仁降，仁失世呈劣态连；
背义岂能谓之礼，忠信薄弱人间乱；
道经裁剪余虚华，愚昧从此众心占；
居厚弃泊大丈夫，去皮取核德道贤。

本章是德篇的开始，深度解析了“德”字的概念，“德”字和“道”字皆为《老子》之核心，也是读懂本书的关键。

古圣先贤境界超凡，文字立意喻人通天，但古文妙朴玄通，使得后人理解渐远，以为“道、德、仁、义、礼、智、信”是有层次差别的人生行为，却不知此为宇宙之道各个角度的描述重点，而且这些重点之间存在着连锁反应。老子在此用“道、德、仁、义、礼、智、信”之原理开示了宇宙之道，目的是指导人生之道。

为使读者能有明确的认知，下面进行相对深入说明。

上德不德，是以有德：

“无”生成宇宙万物，但“无”并不索取回报。“无”包容着宇宙万物，宇宙万物皆为“无”之收获，这就是“有”德。

“无”忘我奉献的结果是收获宇宙万物，这就是大自然的规律。此规律言之虽简，对人生的启示却是价值无限。如果世人能够效法“无”之道去行为，让身心皆能包容宇宙万物，则能与“无”同步、沟通、融合，当世人与“无”融为一体之时，也就等同于“无”，此时就拥有了先天无极世界的能量和能力，其结果是可以生化宇宙万物，可以收获宇宙万物。

下德不失德，是以无德：

下德代表宇宙万物之运行和生长，其中包括了世人之行为，但人类乃万物之灵，掌握着万物生长的命脉，所以，下德主要针对者就是人类。那么，人类如何行为才能称之为不失德呢？那就要效法“无”之道，不要对万物进行索取，要做到包容、融合宇宙万物，才能与“无”同步、沟通、融合，如此才能等同“无”，也就是收获“无”，这就是“无德”。

这个“无德”也代表不获取物质世界的利益，但绝对不是没有收获，而是有无限大的收获。

这两句话说明，上德与下德之德性是相同的，上下之分只是针对“无”与“有”的位置相对而言，并没有任何抬高和贬低之意。

上德无为，而无以为也：

“无”化育宇宙万物是由“无”造作而成，而“无”是用来造作的。

例如，“非，恒道也”，是说一切事物不停地旋转、运行、变化，这是永恒的规律。道包含的“无和有”都是玄之又玄的，即“无和有”都是不停地在旋转、运行、变化，而“无”在运行过程中造作了“有”，这即是“上德无为”。

在“无生有”的过程中，是用“无”之能量来造作宇宙万物，这即是“而无以为也”。

上仁为之，而无以为也：

"无"抚育宇宙万物的过程就是运行，而"无"是用来运行的。

例如，"浴神"和"玄牝"等无形能量对宇宙万物的润泽和滋生，都是"无"对宇宙万物的抚育和帮助。

"上仁"对应世人来说：皆须效法"无"之道，来抚育和帮助万物，世人之间要培养和帮助所有的人，爱护所有的人，如果能够做到没有分别心、没有功利心地帮助万物和他人，就可以融合宇宙万物，继而回归先天无极世界。

上义为之，而有以为也：

"无"之状态是不断地运行和变化，而宇宙万物就是"无"不断变化而衍生出来的。

宇宙万物之"有"是道之体，也是"玄之又玄"地不断运行变化，也是在造作，但"有"的运行状态是"无"赋予的。

"有和无"的状态都是在不断运行和变化，即印证了"玄之又玄"的理论，也是在告知世人"无与有"的状态，目的是让世人了解"义"的真意。

懂得大自然之"义"，也就明白人生之"义"，当世人对万物和他人的正常生存状态进行帮助和保持的时候，这就是"义"；相反来说，破坏万物与他人的生存状态就是违背"义"。

上礼为之，而莫之应也：

"无"尊敬宇宙万物是运行和造作，但并不要求宇宙万物有所回报。

"无"之造作，包括化育宇宙万物、抚育宇宙万物、保持宇宙万物的正常运行状态，说明上礼包含上德、上仁、上义。

上德是化育万物不索取回报；上仁是抚育和帮助万物；上义是保护万物的生存状态。这是告诉世人，对待宇宙万物只有做到上德、上仁、上义而不索取任何回报，才能真正称之为有"礼"。

则攘臂而乃之，故失道矣而后德：

世人以为效法拱手而揖状就是礼，但这违背道的标准和降低了德的标准。

老子在此之前讲的都是大自然"道德仁义"，从现在开始讲人生之"道德仁义"。既然懂得自然之道，世人本该明白人生之理，当世人以拱手作揖为礼时，这就是流于表面形式，表面形式的礼摆明不是真礼，即违背了大自然规律，也降低了德的标准。这里并非否定作揖的形式，而是否定世人对礼的错误定义。

失德而后仁：

世人违背了德的标准，同时也降低了仁的标准。

德分上德和下德，上德是“无”对宇宙万物之化育，下德是宇宙万物对“无”之道的遵循。“无”生宇宙万物是奉献而不索取，而世人行为皆为索取。例如，人类不顾地球的安危，不遗余力地开发地球资源，不顾他人死活而进行侵略和杀戮……这些行为都是在违背德的标准。

“仁”的标准是滋养万物、抚育万物。当人类贪婪索取的时候，都是在伤害万物，更谈不上滋养万物和抚育万物。所以说，世人在违背“德”的同时，已经降低了“仁”的标准。

失仁而后义：

世人违背仁的标准，同时降低了万物生存状态的标准。

当世人贪婪地开采地球资源和污染天地万物的时候，万物的生存状态必然严重下降；当霸权主义在侵略和杀戮的时候，人民的生存状态必然严重下降，这就是“失仁”。

世人的“失仁”导致了万物生存状态的降低，比如：气候变暖、冰山融化、沙漠侵袭、空气污浊、水源缺乏、地震、火灾、水灾、战争等天灾人祸的发生，这些灾难的状态就是“后义”。

例如，春秋五霸之一的宋襄公自以为是“仁义之师”，这恰恰是曲解了仁义的定义，真正的仁义就不会去争夺霸权，真正的仁义就不会挥师而战。所以，宋襄公理解的仁是“后仁”，宋襄公理解的义是“后义”，都是降低了标准的仁义，也都违背了仁义之道。而后世有些人用宋襄公本是“失仁、失义”的行为来否定真正的仁义之道，这就纯属是误人误己。

失义而后礼：

世人破坏了万物生存状态的标准，同时也降低了尊敬万物的标准。

例如，当各种天灾人祸发生的时候，万物和百姓就如同刍狗一样，那就是走向死亡、灭亡，这就是“失义”。

“礼”的标准包含化育万物的上德；抚育万物的上仁；保护万物的上义。当天地万物如同刍狗一样的时候，这说明世人已经降低了尊敬宇宙万物的标准。

夫礼者，忠信之泊也，而乱之首也：

世人的这个"后礼"使得忠信缺失，而这就是世界混乱无序的开始。

其实，忠信的概念皆由天道自然而来。例如，世人对天道运行感受最明显的就是太阳，从太阳的运行就完全可以体现出"道、德、仁、义、礼、智、忠、信"：

太阳每天东升西落的轨迹，这就是“道”；

太阳的能量化育万物就是“德”；

太阳的阳光滋养万物就是“仁”；

太阳帮助万物保持正常的运行状态就是“义”；

太阳对万物奉献而不索取就是“礼”；

太阳的运行有规律就是“智”；

阳光遍洒万物，没有偏私、没有分别，这就是“忠”；

日出日落的规律永恒不变，这就是“信”。

我们中国的文字是由象形意组合而成，文字本身就在一定程度上概括了文字的含义，只是随着世人事物的繁增而增加了很多引申的含义。我们先来看“忠”字，直接就可以看出“忠”字是中正的心，是公平公正的心，是可靠的心，这就是真心。我们再来看“信”字，直接就可以看出“信者人之言也”，人说出来的话是真实可靠的，如果说出来的话不是真实可靠的，那就不是人之言也。孔子和老子讲的都是“信”，释迦牟尼佛讲的是“不妄语”，他们都是在教育世人说真话。

我们了解的“忠信”的真实含义，再来看看这个“夫礼者”，这指的是“后礼”，是指降低了标准的礼。“后礼”是世人不尊敬万物而失去了真心，人与人之间也失去了真话，世界充满了斗争和欺诈，这就是世界混乱无序的开始。

前识者，道之华也，而愚之首也：

经过世人裁剪的道，只是道的表面，而且是愚昧的开始。

随着时空的流转，后人思想逐渐蜕变，“道”的真意也随之缩水，如同被进行了裁剪一般，现今流行的解释是：“道如果可以说出来，那就不是永恒不变的道。”当世人如此解释道的时候，说明世人对道的认知越来越陌生。所以，这将是世人愚昧的开始。这个解释已经由来已久，现代人只不过是照猫画虎而已，这就证明了世人的愚昧也是历史悠久的。

是以大丈夫居其厚而不居其泊，居其实而不居其华：

所以，大丈夫的行为是处于标准上，而不是处于降低的标准上，处于道的核心而不是停留在道的表面。

老子在此给“大丈夫”下了标准的定义，“大丈夫”没有男女之分。“大丈夫”指的是，能够完全遵守大自然规律的人。大丈夫的行为就是居其“厚”；世人不遵守大自然的规律的行为，就是居其“泊”。

老子的“无为之道”是本书的核心，世人对这句话的认识就可以分为“华”和“实”。

华：

“无为”这个词流传广泛，几乎是家喻户晓，但很多人都将这句话理解为：“没有作为，不用作为。”如果对“无为”是处在这么肤浅消极的认知，这就是“华”。

实：

“无”代表“先天无极世界”，是“物质世界”的本源。“无”包容了宇宙万物，“无”是道之本体，“无”的运行就是“无为”。“无”的能力可以生发宇宙万物，“无”者无所不能，无所不成，这就是“无不为”。世人学道的目的是为了达到“无不为”，学道的内容就是“无为”。世人的“无为”，就是效法“无”的运行之道。只有如此，才能成就“无为而无不为”，这就是“实”。

故去皮取此：

所以，要摒弃肤浅的认知，选择其标准理论才能获得真正的智慧。

通过以上的举例说明，我们都清楚了“华”就是“皮”；“实”就是“此”。

本章的理论是德篇的核心，也是道篇的呼应，其重要程度可想而知。历史上为《老子》注解者虽多，但大都是取其“皮”者。众多注解者断章取义地来解释《老子》，说：“老子否定了仁义礼智信”，这就误导了众多后学者，即玷污了老子的大智慧，也埋没了中华传统文化！

【注释】

①上：代表先天无极世界。因为“无生宇宙万物”，所以“无”为最上。②德：(一)从“彳”，表示与行走有关。本义：登高，攀登；《广韵》：德，行也；《集韵》：德，行之得也；在本章引申为运行之意。(二)《汉语大字典》：古代特指天地化育万物的功能。本章其核心的概念是“化育”，而这个化育的过程也即是天地之运行。(三)《汉语大字典》：古代五行之说。指一种相生相克循环不息，当运时能主宰天道人事的天然势力。相传为帝王受命之符，帝王或朝代代表一“德”。这个解释的核心概念是循环相生、生生不息，代

表的是人世间与天道相对应的运行。（四）通“得”，取得、获得；这是上升到一种境界的获得，不是“得”字所能涵盖的，故用德。（五）道德，品行。例如：德，德行。——《篇海类编》；德行，内外之称，在心为德，施之为行。——《周礼·地官》。（六）恩惠；恩德。例如：是不敢倍德畔施。——《战国策·秦策》。注：“恩也。”③下：指宇宙万物。④失：违背。⑤无：先天无极世界。⑥为：运行；造作。例如：造作，为也。——《尔雅》。⑦仁：抚育、爱护。指事物中有恩于万物长育者，古代常与五行等相配，亦称之为“仁”——《汉语大字典》解释。例如：养之，长之，假之，仁也。——《礼记》。⑧义：仪容；状态。例如：状貌已之威仪也。——《说文》。在此代表保持宇宙万物的正常状态。⑨礼：礼遇、厚待、对待、尊敬、付出。⑩莫：不用、不要。⑪应：响应、回报。⑫攘：推也。——《说文》。谓推手使前拱揖之容也，字亦作儴。⑬乃：是。⑭后：后面，位置在后。例如：事成而后。——《礼记·乐记》。注：“谓位在下也。”在此为降低的含义。⑮夫：文言指示代词，相当于“这”或“那”。⑯泊：通“薄”。例如：禀气有厚泊，故性有善恶也。——《论衡·率性》。⑰前：通“翦”。剪裁。⑱皮：肤浅。

第2章　昔之得一

【马王堆汉墓帛书资料】

【甲本】

昔之得一者天得一以清地得□以宁神得一霝得一以盈侯□□□而以为正其致之也胃天毋已清将恐□胃地毋□□将恐□胃神毋已霝将恐歇胃浴毋已盈将恐竭胃侯王毋已贵□□□□□故必贵而以贱为本必高矣而以下为空夫是以侯王自胃□孤寡不穀此其贱□□与非□故致数与无与是故不欲□□若玉硌硌□□

【乙本】

昔得一者天得一以清地得一以宁神得一以霝浴得一以盈侯王得一以为天下正其至之也胃天毋已清将恐莲地毋已宁将恐发神毋□□□恐歇谷毋已□将渴侯王毋已贵以高将恐欮故必贵而以贱为本必高矣而以下为圷夫是以侯王自胃孤寡不穀此其贱之本与非也故至数舆无舆是故不欲禄禄若玉硌硌若石

【校订本】

昔之得一者：天得一以清，地得一以宁，神得一以灵，浴得一以盈，侯王得一以为正。其致之也，谓天毋已清将恐裂，地毋已宁将恐发，神毋已灵将恐歇，浴毋已盈将恐渴，侯王毋已贵以高将恐蹶。故必贵而以贱为本，必高矣而以下为基。夫是以侯王自谓孤寡不穀，此其贱之为本与，非也?! 故致数誉无誉，是故不欲琭琭若玉，硌硌若石。

【本书校订本】

昔之得一[1]者：天得一以[2]清[3]；地得一以宁[4]；神[5]得一以灵[6]；浴[7]得一以盈；侯王得一以为正。其致[8]之也：胃天毋已[9]，清将恐裂；胃地毋已，宁将恐发[10]；胃神毋已，灵将恐歇[11]；胃浴毋已，盈将恐竭[12]；胃侯王毋已，贵[13]以高[14]将恐蹶[15]。故必贵而以贱为本，必高矣而以下为基。夫是以侯王自谓孤、寡、不榖[16]，此其贱之为本与[17]？非也！故致数[18]与无与，是故不欲禄[19]禄若玉[20]，硌硌若石。

【原文】**昔之得一[1]者：天得一以[2]清[3]，**

【译文】在久远之前得一之道者：天得一之道而清明；

【原文】**地得一以宁[4]；神[5]得一以灵[6]；**

【译文】地得一之道而安宁；信息等元素得一之道而有灵性，

【原文】**浴[7]得一以盈；侯王得一以为正。**

【译文】空中的能量得一之道而充盈；侯王得一之道可以治理好天下。

【原文】**其致[8]之也：胃天毋已[9]，清将恐裂；**

【译文】这些"得一"者的极限是这样的：如果天不停留在"得一"的状态，清明的天空恐怕将要裂开。

【原文】**胃地毋已，宁将恐发[10]；胃神毋已，灵将恐歇[11]；**

【译文】如果地不停留在"得一"的状态，安宁的大地恐怕将要膨胀崩坏；如果神不能停留在"得一"的状态，信息等元素恐怕将要消失。

【原文】**胃浴毋已，盈将恐竭[12]；胃侯王毋已，贵[13]以高[14]将恐蹶[15]。**

【译文】如果空气等能量不停留在"得一"的状态，充盈的能量恐怕将要枯竭；侯王不停留在"得一"的状态，统治者恐怕将要从高处跌下台。

【原文】**故必贵而以贱为本，必高矣而以下为基。**

【译文】所以，必定是高贵以卑贱为根本，必定是高以下为基础。

【原文】**夫是以侯王自谓孤、寡、不榖[16]，此其贱之为本与[17]？非也！**

【译文】这就是统治者自称孤家、寡人、不榖等称谓的原因，这些称谓就是对"以百姓为本"的赞同吗？不是！

【原文】**故致数[18]与无与，是故不欲禄禄[19]若玉[20]，硌硌若石。**

【译文】所以设置这些谦词来对"无"之道表示赞同，是因为统治者不希望在史册中有不利记录。以此来避免本应载入史册的贤君被说成让人厌恶的绊脚石。

【导读】

昔之得一者：天得一以清；

昔：久远之前。

得一：得一之道。没有分别心。

以清：因此清澈明亮。

在久远之前得一之道者：天得一之道而清澈明亮；

地得一以宁；神得一以灵；

以宁：因而宁静。

神：代表信息等元素。　以灵：因而具有灵性。

地得一之道因而安宁；虚空中存在着一些信息等元素，因得一之道而有灵性。

浴得一以盈；侯王得一以为正。

浴：代表空气等能滋养万物的无形能量。

以为正：把天下治理好。

空气等无形的能量，因得一之道而充盈；如果诸侯能够得一之道，才能把天下治理好。

其致[8]之也：胃天毋已，清将恐裂；

其致之也：这些"得一"者的极限是这样的。"其"字代表那些"得一者"；"致"字代表极限；"之也"代表是这样的。

胃：谓之、认为、如果。

天毋已：天不停留在"得一"的状态。

这些"得一"者的极限是这样的：如果天不停留在"得一"的状态，将来恐怕要裂开。

胃地毋已，宁将恐发；胃神毋已，灵将恐歇；

恐发：恐怕要膨胀。　恐歇：恐怕要泄露。

如果大地不停留在"得一"的状态，将来恐怕要生发不止而至膨胀崩坏。如果信息等元素不停留在"得一"的状态，将来恐怕要泄尽无余。

胃浴毋已，盈将恐竭；胃侯王毋已，贵以高将恐蹶。

贵：崇高的境界。

以高：在高贵的位置。

恐蹶：恐怕要跌倒下台。

如果能量不停留在“得一”的状态，将来恐怕要枯竭；统治者不停留在“得一”的境界，将来恐怕要从高贵的位置上跌下台。

故必贵而以贱为本，必高矣而以下为基。

必贵：必定是地位高的人。

以贱为本：以地位低的人为根本。

因此，必定是地位高的人以地位低的人为根本，必定是处在高处的事物皆以低处为基础。

夫是以侯王自谓孤、寡、不穀，此其贱之为本与？非也！

孤：独。代表没有分别心。因为，“孤”为太极单体之道。

寡：少私欲、节欲。“寡”与“孤”异曲同工。

不穀：不贪婪物质财富。“穀”字为粮食的总称，也代表了物质财富。因为，古代的俸禄就是以粮食为计算单位。

贱之为本：以百姓为本。　与：赞同。

古代帝王对圣贤之道和《易经》之道都很熟悉，帝王门用“孤”来代表宇宙万物本为一体；用“寡”字与“孤”字同理，同时也提醒自身要节制欲望；用“不穀”来提醒自身不要贪婪。但是，随着时间的推移，这些称谓的本意渐渐失传，都以为这是帝王的自谦之词。

这就是统治者自称孤家、寡人、不穀等称谓的原因，这样就是对“以百姓为本”理论的赞同吗？不是！

故致数与无与，是故不欲禄禄若玉，硌硌若石。

故：之所以。　致：设置。

数：称说。这些谦词。

与：给予。　无与：“无”之道的赞同。

是故：是因为。　不欲：不想。

禄禄：记录。　若玉：如同美玉。比喻美德、贤君。

硌硌：不平之路硌人，引申为让人厌恶。

若石：如同石头。在此与玉字相比代表无用之材。

所以设置这些谦词来赞同“无”之道，是因为统治者不希望史册中有对自己不利的记载，本来自己应该被载入史册称为贤君，但却被说成是无用之才。

【感悟】

得一本为道浑圆，天地浴神皆得全；
侯王之治一为正，得者安邦传世贤；
天不止一清明裂，地不止一安宁陷；
神不止一灵将竭，浴不止一能泄完；
王不止一高台落，高贵皆基下贱延；
孤寡不榖王自贱，为称贤君录人间。

老子说宇宙万物皆可“得一”之道，目的是告诫侯王要效法归一之道，然后才能治理好邦国。什么是“得一”呢？本书内容皆在讲“得一”之道，所有圣人也都在讲“得一”之道。宇宙万物皆由一分化而来，使得万物相对分化和弱化，如果能返本归元重归于“一”，那就恢复了无限大的能力和能量。其实，这个“得一”之道是说给统治者来听的，宇宙万物虽分化成为个体，但“天、地、浴、神”皆无分别之心，皆为“得一”者。

天没有分别心，天对万物公平公正，所以清澈明亮。如果天不能停留在“得一”之道上，就会裂开。

地没有分别心，大地厚德载物地对待万物，所以大地宁静。如果地不能停留在“得一”之道上，就会膨胀崩坏。

能够传递信息的一些元素与天地万物融为一体，相互联系和相互感应，也为“得一”之道，所以皆有灵性。如果这些元素不保持“得一”之道，这个“神”就会消失。

虚空中存在着能够滋养和繁育万物的无形能量，因为这些无形能量“得一”之道，所以这些无形能量充满整个世界。如果这些无形的能量不保持“得一”之道，这个“浴”就会枯竭。

自然界中的“天、地、神、浴”都是“得一”之道者，这都是给统治者来做榜样的，侯王们只有效法“得一”之道，才能治理好天下。如果侯王们不能保持“得一”之道的崇高品德，这些统治者必定会跌下台去。因为，地位高的人必定要以地位低的人为根本，处于高处的位置必定要以低处的位置为基础。

孤、寡、不榖等称谓本应是古代君王的自省之词，其内涵都是与“贱之为本”的含义相近，也与“无”之道是相同，后来随着时间的推移，这些称谓的原本意义也就被淡化了。统治者用这些词来表示对“无”之道的赞同，是因为统治者希望史官能把自己写成贤明的君主，而不要把自己说成昏庸之才。

【注释】

①一：惟初太始，道立于一，造分天地，化成万物。——《说文》。在本章一代表的是道。②以：原因、因此。③清：清澈明亮。④宁：平静、宁静。本章用来形容大地。⑤神：代表信息、电波等元素。⑥灵：灵活；有灵性。例如：水不在深，有龙则灵。——唐·刘禹锡《陋室铭》。⑦浴：沐浴。在本章指一些无形的能量。⑧致：极限。通“至”例如：致忠信——《荀子·君道》。⑨已：本义：停止。本章为停留在某种状态。⑩发：繁育；生长；膨胀。古与“废”通，崩坏、停止。⑪歇：《博雅》：歇，泄也。谓气越泄无馀也；《尔雅·释诂》：歇，竭也。在此代表消失。⑫竭：干涸、枯竭、穷尽。⑬贵：崇高。⑭高：高尚的品德。⑮蹶：本义：倒下，跌倒。⑯毂：粮食的总称。⑰与：本义：赐予，施予，给予；也有赞赏、赞同之意——《汉语大字典》。⑱数：诉说，称说。例如：故诵数以贯之，思索以通之…——《荀子·劝学》。⑲禄：通“录”。册籍。例如：皆辨其物而奠其禄。——《周礼·天官下·职币》。“禄禄”在本章为载入史册的含义。⑳玉：比喻美德、贤才。在本章比喻贤君。硌：(gè) 触着凸起的东西觉得不舒服或受到损伤。例如：这条石子路真硌脚；大石。上无草木，而多硌石。——《山海经》；这里引申为让人厌恶的绊脚石。

第3章 上士闻道

【马王堆汉墓帛书资料】

【甲本】	【乙本】	【校订本】
□□□□□□□□□□□□□ □□□□□□□□□□□□□ □□□□□□□□□□□□□ □□□□□□□□□□□□□ □□□□□□□□□□□□□ □□□□□□□□□□□□□	上□□道堇能行之中士闻道若存若亡下士闻道大笑之弗笑□□以为道∠是以建言有之曰明道如费进道如退夷道如类上德如浴大白如辱广德如不足建德如□质□□□大	上士闻道，勤能行之。中士闻道，若存若亡。下士闻道，大笑之，弗笑不足以为道。是以建言有之曰：明道如费，进道如退，夷道如类。上德如谷，大白如辱，

□□□□□□□□□□□□□□□□□□□□道善□□□□	方无禺大器免成大音希声天象无刑道褒无名夫唯道善始且善成	广德如不足，建德如谕，质德如渝，大方无禺，大器晚成，大音希声，大象无刑，道褒无名。夫唯道，善始且善成。

【本书校订本】

上士[①]闻[②]道[③]，堇[④]能行之；中士闻道，若存若亡；下士闻道，大笑之，弗笑不足以为道。是以建[⑤]言有之，曰：明道如费[⑥]，进道如退，夷[⑦]道如类；上德如浴，大白[⑧]如辱[⑨]，广[⑩]德如不足[⑪]，建德如谕[⑫]，质[⑬]德如渝[⑭]，大方[⑮]无禺[⑯]，大器免[⑰]成，大音希[⑱]声，天象[⑲]无刑[⑳]。道褒无名，夫唯道，善始且善成。

【原文】**上士[①]闻[②]道[③]，堇[④]能行之；**

【译文】上等悟性之人闻道，尽力按道而行；

【原文】**中士闻道，若存若亡；**

【译文】中等悟性之人闻道，半信半疑。

【原文】**下士闻道，大笑之，弗笑不足以为道。**

【译文】下等悟性之人闻道，会非常之嘲笑，如不嘲笑不足称道。

【原文】**是以建[⑤]言有之曰：明道如费[⑥]，**

【译文】所以归纳几条规律说：明道者放弃物欲，在世人看来如同有损失。

【原文】**进道如退，夷[⑦]道如类[⑧]；**

【译文】修道者“由有到无”，谓进道如退。平坦大道，相通类似。

【原文】**上德如浴，**

【译文】“无”的运行，如同空气沐浴万物，

【原文】**大白[⑨]如辱[⑩]，**

【译文】“无”最明显，如同看不见而被忽略。

【原文】**广[⑩]德如不足[⑪]，**

【译文】“无”的运行，如同不能穷尽；

【原文】**建德如谕[⑫]，**

【译文】建立运行的规律，如同在建立人生准则。

【原文】**质[⑬]德如渝[⑭]。**

【译文】宇宙万物的运行，如同不断地变化；

【原文】**大方[15]无禺[16]。**

【译文】“无”之面积无限大，没有办法计算和衡量。

【原文】**大器免[17]成。**

【译文】“无”之大器不要成形。

【原文】**大音希[18]声。**

【译文】“无”运行之声称为大音，但我们世人听不到。

【原文】**天象[19]无刑[20]。**

【译文】天地万象是由“无”之能量分割而来。

【原文】**道褒无名，夫唯道，善始且善成。**

【译文】“道”包含“无”之名称，只有遵守无之道，从善开始才能成功得道。

【导读】

上士闻道，堇能行之；

上士：上等悟性者。

闻道：听说道之理论。

上等悟性者听说宇宙人生之真相，尽力遵守大自然的规律。

中士闻道，若存若亡；

中士：中等悟性者。

若亡：好像不存在。

中等悟性者听说宇宙人生之真相，半信半疑。

下士闻道，大笑之，弗笑不足以为道。

下士：下等悟性者。

大笑：大声嘲笑。

下等悟性者听说了宇宙人生之真相，完全不相信，而且会非常之嘲笑。如果下等悟性者对道不嘲笑就不足称为道。

是以建言有之，曰：明道如费，

建言：归纳规律。

有之：有这几种。

如费：如同有所损失。

所以归纳了几条规律说：明白宇宙人生之真相后，能够放下私心杂念，能够舍弃贪婪欲望，在世俗看来如同损失，故称明道如费。

进道如退，夷道如类；

进道：闻道而动，按道而行。

夷道：平坦大道。

进道过程乃由“有”返“无”，返者为退，故称“进道如退”。

平坦的大道包含宇宙人生，宇宙万物本为一体，而且相通类似。

上德如浴，

上：至上者“无”。

德：运行。

如浴：如同空气沐浴万物。

“无”之运行，如同空气沐浴万物，公平公正，没有分别。

大白如辱，

大白：“无”最清楚、明显。

如辱：如同忽略。

“无”最清楚明显，却最易被忽略。

广德如不足，

广：至广者“无”。

德：运行。

不足：不能穷尽。

“无”之运行如同不能穷尽。

建德如谕，

建：建立。　德：运行。

如谕：如同告知。

建立运行的规律，如同在告知人生的行为准则。

质德如渝，

质：宇宙万物。“质”为物质世界。

德：运行。　如渝：如同在变化。

宇宙万物的运行，如同在不断地变化，这就是循环相生、生生不息。

大方无禺，

大：至大者“无”。　方：面积。　无禺：无法衡量。

“无”的面积虚空无限之大，是没有办法计算和衡量的。也可以说，只有“无”可以衡量。

大器免成，

大器：至大之器莫过“无”。

免：不要。

成：成形。有形者为成。

“无”为最大之器，“无”这么大的器是无形的，而成形之器则不能称为大器。所以说，“无”之大器不需要成形。

大音希声，

大音：“无”运行时发出的声音。

希声：听不到声音。

“无”为最大，“无”运行的声音称为大音。但我们世人听不到“无”运行的声音，所以说：“大音希声。”

天象无刑。

天象：天地万象。

无刑：“无”分裂出来的。

天地万象是由“无”分裂出来的，是由“无”的部分能量转化而来。

道褒无名，夫唯道，善始且善成。

道褒：大自然规律包含了。

唯道：遵守大自然的规律。

善始：从善开始。

且：才能。

善成：成功得道。

“道”的称呼包含了一切，也包含了“无”的名称，只有遵守无之道，从善开始才能成功得道。

【感悟】

大道至简满世间，上士闻道勤修炼；
中士疑道路半信，下士大笑背道迁；
明道将有化无类，行至先天进道坛；
周流一身度寰宇，夷道相似万物单；

上德润世公平笃，无本清晰驻眼前；

道广无限路远布，行者现律规世范；

芸生不见物变住，不可以尺度先天；

大器无形何需库，希声岂知大音弦；

无形分出睹有象，先天后世有缘牵；

道褒无名唯道护，起心从善极乐岸。

老子在本章将闻道者之悟性分为三种：

一、上士闻道，堇能行之

学道者先须闻道，即了解学道的目的，感悟道之内涵。道以圆智为宗，满慧为旨，当我们胸怀宇宙，大爱万物之时，才能融会贯通圆满成就。

想要明通道之宗旨并非难事，可成功与否，皆看行动。例如，由沈阳至北京并非难事，就看你是否能按道而行。老子传授的无上智慧，大道至简，学道者所需具备的条件只有三种：1. 信道真存；2. 诚心学道；3. 尽力守道。

闻道之后全凭修行，如能尽力行道，方能称为上士。古往今来，学道者多若牛毛，成道者凤毛麟角，众所周知者，儒、释、道三圣，得道之因，乃尽力行道。

二、中士闻道，若存若亡

闻道者众，信道者寡，半信半疑者乃中等悟性。中等悟性的人感觉道若有若无，这类人对道没有足够的信心，说没有道，听这些圣贤所讲之道又确实在理；说有道，又看不见摸不着。思想上的摇摆导致了行动上的断续，也就是兴之所至按照道的理论来实践几天，短期内没有看到明显的实际效果，就又停止了对道的实践，这就是中士思想的行为轨迹。中士离上士仅一步之遥，随着学习的进步，中士随时会成为上士。

三、下士闻道，大笑之，弗笑不足以为道

众人之心，难以统一，道的境界过高，以至于下等悟性者绝难相信。例如，传道给下士，说宇宙万物皆为一体，大爱万物如同爱己，只有将自身与宇宙万物融会贯通，才能圆满得道。下士闻之，必定会加以嘲笑，下士认为：宇宙万物分门别类，何来一体？草木、石头能与我为一体吗？飞禽走兽能与我为一体吗？伤害我也不反抗吗？圆满智慧的人我怎么没见过呢？……通过下士之提问可以看出，下士不但不笨也不傻，而且下士都是很聪明的人，但下士只能看到事物的表面，而看不到事物的核心，如能解开下士的疑问，下士随时都能成为上士。

老子在开篇说，“无和有”是“二者同出，异名同胃”；在《般若波罗蜜多心经》中曰：“色即是空，空即是色”，这两句话都说明了“无”与“有”本为一体，也就是物质和能量本为一体，物质和能量可以相互的转化，所以物质有不灭的定律。由此可知，生与死没有本质上的区别，如能够勘破生死还有什么看不开的呢？但一些为非作歹的亡命之徒，不但不在乎别人的生死，也不珍惜自己的生命，这样的思想和行为不等于勘破了生死，反而是因为没有勘破生死之道才会铤而走险，其结果绝对不会就此了结，而伤害万物就是对一体之分裂，后果就是能量和能力的削弱，在新的轮回里会变成弱势群体。所以说，不爱护宇宙万物的人是愚昧的。

真正勘破了生死之道就会懂得珍惜生命，别人和自己的生命都要珍惜，伤害自己也是分裂行为。只要死亡不是自己伤害的，自身的能量就不会分裂。所以，懂得生死之道就不会惧怕死亡，也不会惧怕外来的伤害，需要惧怕的是自身伤害宇宙万物的行为。

勘破生死之道就会珍惜所有生命，其结果是融合，融合是能量和能力的增长，当自身能量与宇宙万物融为一体时，即为得道。

具有圆满智慧的人是真实存在的，例如儒、释、道三圣，都是具有圆满智慧的人。当然，世上还有很多这样的人，但想要遇到这样的人需要缘分，而孔子、老子、释迦牟尼佛当时的弟子们都是有缘人；我们虽然没有缘分与之相见，但我们能学习到这些圣人的理论也是一种缘分。当然，有缘闻道也须尽力行道才能得道。

老子划分了闻道者的层次，归纳了几种规律如下：

一、明道如费

明白宇宙人生之道，才能放弃物欲贪婪，物欲享受皆为“阳”，“阳”之物质皆由“阴”之能量转化，“阳”之受用皆为能量之分裂。如不享受此“阳”，能量便如同存入银行了。

如果掠夺他人，自身原有能量转化为物质后并非归为已有，或能量直接先行分裂。与此同时，双方结下恶缘，对方会伺机报复，双方能量也相互排斥而难以融合，这就形成了恶性循环，直至一方明道，不再报复，循环方止。《周易·坤·文言》曰：“积不善之家，必有余殃。”讲的是相同的道理。

如果帮助他人，通过双方物质沟通，能量也会融合，由此而结下善缘。

当下贫者不能久贫，能量转化都是待时而动，受恩惠者必有回报。双方能量融合而阴阳具长，皆可运用双方的物质和能量。《周易·坤·文言》曰："积善之家，必有余庆。"

爱护万物者，阳与阳合，阴与阴合，因此而结善缘，能与万物融合，之后会能量剧增，善缘越多能量越强。善缘缘起，需要付出奉献，非为索取回报，勿用利益去做衡量。只需付出至诚大爱，精诚所至，金石为开，只有符合"上德不德，是以有德"，这才谓之"明道如费"。

二、进道如退

上士闻道后开始进道，进道的过程就是后天返先天，故而谓之退。返回先天之道首先要做到"明道如费"。否则，难返先天之道。儒释道与《易经》所讲之道皆是忘我奉献，只有积德行善才能做到融合，只有融会贯通才能圆满得道。所以，儒、释、道三家所修之道皆为"一"。

三、夷道如类

宇宙人生皆为一体，大道至简法则类似。《易经》曰："观乎天文，以察时变；观乎人文，以化成天下。"《易经》与儒释道之理论相同，皆用宇宙之道来指导人生之道。

例如，《易经》用阴阳八卦来对应宇宙万物与人生百态；儒道皆用"道、德、仁、义、礼、智、信"来表达宇宙人生之道；释家讲"四大皆空"。（"四大"即以"地水火风"代表物质世界，不单指自然界的大地、河流、日光、风力，也同样是对人体的类比。例如：皮肉筋骨属"地大"，汗血津液属"水大"，体温暖气属"火大"，呼吸运动属"风大"，佛典称生病为"四大不调"。）

圣贤之道智慧圆满，大道至简，天人合一，所以老子曰："夷道如类。"

四、上德如浴

"无"之运行如同空气沐浴万物。"无"没有分别心，对待万物公平公正。

"无"之运行乃人之榜样，对喜欢的人与物要广结善缘，对不喜欢的人与物也要广结善缘。"助人乃快乐之本"，助人一臂之力就能结下善缘，一句好话就能结下善缘；一个微笑也能结下善缘；一个念头也可结下善缘……

五、大白如辱

"无"的运行如同空气般清楚、明显，但最清楚、最明显的事物往往最容易被人忽视。这段话的含义简单明了，寓意深刻，玄机虽深，本书已解。我只用两首诗来借花献佛：

“达摩西来一字无，全凭心地用功夫。若在纸上寻妙法，笔尖沾干洞庭湖。”

“菩提本无树，明镜亦非台，本来无一物，何处惹尘埃。”

六、广德如不足，建德如谕，质德如渝

“无”的运行如同没有穷尽，称之为“广德如不足”。

“无”生宇宙万物是有规律的，宇宙有“成住坏空”的规律，万物有“春夏秋冬”的规律，这些规律都是给人生之示范，称之为“建德如谕”。

例如，春生、夏长、秋收、冬藏等四季变化的规律是告知人们：宇宙万物的运行如同在不断地变化，这个规律说明了一切事物都是循环的，宇宙包括人生，生命也必然是轮回的。

七、大方无禺

地球的面积是有限的，而“无”的面积无限大，“无”才是无限自由的。但想要移民到“无”，就要在行为上与“无”同步，然后才能打开先天之门。

与“无”相比，地球实在是微不足道，但世人的智慧和慈悲的天性已经被污染，为了物质利益而不顾及他人的生命；为了争夺地盘而攻城略地。奇怪的是，历史上有些侵略者反倒被后人评价为英雄伟大，其行为到底是英雄伟大呢？还是卑鄙小人呢？称赞这种行为的人是卑鄙呢？还是愚昧呢？

八、大器免成

宇宙不过是虚空无极世界中的一粒沙尘，地球只不过是宇宙中的一粒沙尘，成形的物质世界皆不符合大器之称，只有“无”才是真正的大器。世人习惯用大器来比喻世间的功成名就，但帝王将相也不过是沙尘中的沙尘，根本称不上大器。老子的本意是说，最大之器为“无”，想成就“无”不需要成形，而是要放弃有形的物质成就。

九、大音希声

“无”运行的声音称为大音，但我们世人听不到，所以称为“大音希声”。反过来说：能听到的声音都不属于大声。这句话对世人有什么启示呢？比如，世人争论和争吵的现象是司空见惯的，人们为了表现自己的正确性而提高了自己的声音，但有理不在声高，不论你嘴有多大，地位和嗓门有多高，也都不能把错的说成对的，也不能把黑的说成白的……真理不是争夺来的，真正的智者不会去争辩。

例如：日本有位道行高深、负有盛名的禅师叫白隐。白隐所在禅寺的附近有户人家的女孩怀孕了，女孩在母亲逼问之下，不敢说出自己的情人，因其常去白隐的寺院，情急之下就胡乱地说“是白隐的”，女孩的母亲因此跑到禅寺质问白隐，当白隐明白了事情的缘由后，没做任何辩解，平静地说：“是这样的吗?”等孩子生下来后，女孩的母亲又当众把婴儿送给白隐抚养，白隐平静地接过婴儿后一直悉心抚养。多年以后，女孩难忍良心的折磨，向外界说出了事情的真相，并亲自找到白隐道歉，白隐面色平静，仍是淡然地说了句：“是这样的吗?”就将孩子还给了女孩。

白隐禅师的行为就是老子所说的“明道如费”，白隐禅师与这些人都结了善缘，可谓之“上德如浴”。白隐禅师对待此事没有任何辩驳，但世人感受的声音应该是振聋发聩的，可称为“大音希声”。

十、天象无刑

天地万象是由“无”的能量分裂转化的。这个理论并不难懂，这就是“无”中生“有”。“有”是天地万象，“无”的能量可以转换成天地万象，但转换成天地万象只需要“无”的部分能量，这些能量是由“无”分裂出来的，这就是“天象无刑”。

在“天象无刑”的过程中有一条通道，此道本是由“无”到“有”，但此道的返程必定是由“有”到“无”，此道的两端分别代表了圆满和分裂，想获得圆满还是分裂，由世人自己来选择。

十一、道褒无名，夫唯道，善始且善成

道包含了“无”和“有”，我们所要遵守的是那条道呢？老子在此告诉我们要遵守的是“无”之道！

老子为我们指明了大道，剩下的就看我们遵守与否了，但如何才是遵守道呢？只有“恒无欲也”才能“以观其妙”，“恒无欲也”就是心包太虚与“无”同步。当然，想要做到心包太虚还需要一个过程，我们首先要在生活中的点滴做起，要以美好善良的心来作为开始，先把心量打开，能容人、能容物、能容事，最后才能做到心中容纳宇宙万物和整个虚空，这时候心包太虚，道在心中，如此可谓之得道。

【注释】

①士：古代对士的概念很多，但是在本章不是特指某个阶层的人士，而是代表所有能

"闻道"的人。②闻：听说。③道：宇宙人生的规律。④堇：通"勤"；通"尽"。⑤建：立朝律也。——《说文》；建，立也。——《广雅》。引申为归纳。⑥费：【玉篇】：损也，耗也；费，散财用也。——《说文》。这里引申为舍弃名利。⑦夷：平坦。驰骋夷道。——《淮南子·原道》。⑧白：清楚、明白、明显⑨辱：埋没、忽略。使吾子辱在泥涂久矣。——《左传·襄公三十年》；千里马常有，而伯乐不常有。故虽有名马，只辱于奴隶人之手，骈死于槽枥之间，不以千里称也。——唐·韩愈《杂说四首》。⑩广：至广者"无"。⑪足：《广韵》：满也，止也。《汉语大字典》解释：穷尽。⑫谕：告知。⑬质：本质、物质。引申为物质世界的宇宙万物。⑭渝：违背、改变。本义：水由净变污，引申为改变，变。——《新华字典》详细解释。⑮方：方圆。指土地面积。如：荆之地方五千里，宋之地方五百里。——《墨子·公输》⑯禺：（yú）区域。《管子·侈靡篇》：是为十禺。【注】：每里为一禺。本章为计算和恒量面积的单位。⑰免：不用。⑱希：少、罕有、寂静无声。⑲象：形象。⑳刑：利用刑人。——《易·蒙》。注："兑折为刑。"引申为分裂。褒：（bāo）衣襟宽大。例如：褒，衣博裙。——《说文》。褒字最早是宽大衣服的含义，后来才逐渐引申为赞扬的含义。唯：唯唯（恭逊的应辞）；唯诺（应答；连声应诺而不表异议）。本章引申为遵循、遵守。

第4章　道之用也

【马王堆汉墓帛书资料】

【甲本】	【乙本】	【校订本】
□□□道之动也弱也者道之用也天□□□□□□□□□□□	反也者道之动也□□者道之用也天下之物生于有有□于无	反也者，道之动也。弱也者，道之用也。天下之物生于有，有生于无。

【本书校订本】

反①也②者，道③之动④也；弱也者，道之用也。天下之物生于有，有生于无。

【原文】反①也②者，道③之动④也；

【译文】往返于"有无"的终点，是大自然规律的运行。

【原文】**弱也者，道之用也。**

【译文】弱的终点是“无”，这才是道的作用点。

【原文】**天下之物生于有，有生于无。**

【译文】天下万物生于物质世界，物质世界是由“无”而生。

【导读】

反也者，道之动也；

也：终点。　反也：往返于“有无”的终点。

道之动：道的运行。

往返于“有无”的终点者，这是道的运行。这是指宇宙从“无”到“有”，又从“有”到“无”，这个往返的过程，就是宇宙有规律的运行。

弱也者，道之用也。

弱也者：减少到终点。

道之用：道的作用点、重点。

“无”是圆满之道，只有物欲减少到“无”，这才是世人学道的重点。

天下之物生于有，有生于无。

有：尚未分裂的后天物质世界。

无：先天能量世界。

天下万物生于后天物质世界，而后天物质世界的物质是由先天无极世界的能量转化而来的。

【感悟】

有无相生行两端，凡圣往返大道畔；

弱至无时方为用，无中生有万物全。

老子的文字高度传神，措辞言简意赅，只用一个“反”字就演示了先后天转化的过程，由“无”到“有”为生，从“有”到“无”为返；用一个“也”字来代表了“无”和“有”这两个端点；然后再用一个“动”字表达了宇宙在做有规律的运行。这个运行规律传达给世人什么信息呢？这是说宇宙的生灭是有规律的，人与万物的生灭规律必然和宇宙同命相连，宇宙的“成住坏空”和人的“生老病死”只不过都是在两个端点重复往返。

我们已经知道“弱也者”是“无”，但为什么不直接说“无”是道之用呢？因为，这个“弱”字是老子传授给世人的人生法则，“弱”字不是软弱，而是减少，“弱也”是减少到极限才能返回“无”。那么，老子让世人减少什么呢？在这个物质世界里，世人所能减少的就是物欲，这才是学道之重点。

天下万物生于“有”，“有”生于“无”，这本来是道篇第一章讲过的问题，在本章出现的目的很明显，这是老子怕读者不懂“弱也者”的含义，特意用此来解释“弱也者”。

【注释】

①反：通“返”。返回；回归。②也：《广韵》：语助之终。在本章引申为终点。③道：宇宙运行规律。④动：运行。

第5章　三生万物

【马王堆汉墓帛书资料】

【甲本】

□□□□□□□□□□□□□□□□□□□□中气以为和天下之所恶唯孤寡不穀而王公以为自名也勿或贁之□□□之而贁故人□□教夕议而教人故强良者不得死我□以为学父

【乙本】

道生一一生二二生三三生□□□□□□□□□□□以为和人之所亚唯孤寡不穀而王公以自□□□□□□□云云之而益□□□□□□□□□□□□□□□□吾将以□□父

【校订本】

道生一，一生二，二生三，三生万物。万物负阴而抱阳，冲气以为和。天下之所恶，唯孤、寡、不穀，而王公以为自名也。物或损之而益，益之而损。故人之所教，亦议教人。故强梁者不得其死，吾将以为学父。

【本书校订本】

道[1]生一[2]，一生二[3]，二生三[4]，三生万物。万物负[5]阴而[6]抱阳，中气以为和。天下之所恶，唯孤、寡、不穀，而王公以为自名也。勿或[7]损之而益，益之而损。故[8]人之所教，夕[9]议[10]而教人。故强[11]良[12]者不得死[13]，我将以为学[14]父[15]。

【原文】道[1]生一[2]，一生二[3]，二生三[4]，三生万物。

【译文】道生太极，太极生阴阳，阴阳生三才，三才生万物。

【原文】**万物负[5]阴而[6]抱阳，中气以为和。**

【译文】万物体内所藏之“阴”能够在体外包含着自身，阴阳衍变之中气汇合后衍变成万物。

【原文】**天下之所恶，唯孤、寡、不穀，而王公以为自名也。**

【译文】天下人都讨厌的是“孤、寡、不穀”，而君王却用来称呼自己。

【原文】**勿或[7]损之而益，益之而损。**

【译文】不要疑惑“损之而益，益之而损”的真理。

【原文】**故[8]人之所教，夕[9]议[10]而教人。**

【译文】所以，在人类的教育上，事先要判断教学内容是否合理，然后才能传授给学生。

【原文】**故强[11]良[12]者不得死[13]，我将以为学[14]父[15]。**

【译文】所以，要保持真理的不消失，我将以此为做教学的纲领。

【导读】

道生一，一生二，二生三，三生万物。

道：道包含了“无”和“有”，在此道指“无”。

一：太极，尚未分裂的物质世界。这是老子说的“有”。

二：阴阳，物质世界分裂为天地。（太极分成阴阳两个部分）

三：天、地、人三才。（太极分成了三个部分）

三生万物：三才之气汇合后衍变成万物。

四象：太阴、太阳、少阴、少阳。

老子曰：“道生一，一生二，二生三，三生万物。”《易经》曰：“易有太极，是生两仪，两仪生四象，四象生八卦”。老子和《易经》的话有如下对应关系：

“道生一”，即道生太极；

“一生二”即太极生阴阳；

“二生三”即阴阳生三才。

《易经》曰：“两仪生四象”；而老子曰：“二生三”。这样就可以看出，三才和四象皆为阴阳所生。那么，这也说明“天地人三才”之中包括了“四象”之太阴、太阳、少阴、少阳。

阴阳生四象，四象互变而成八卦，而后由八卦互变才衍生万事万物。

老子在此的表达比《易经》简略，直接由"三"即生万物，其中省略了四象、八卦衍生万物的过程。

万物负阴而抱阳，中气以为和。

“负”字是内藏之意，这是说明万物体内皆有阴的存在。

“而”字代表“能够”之意；

“抱”字代表包含。

中气：阴阳交合衍变而成太阴、太阳、少阴、少阳的四象之气，即为中气。

以：用。 为：造作。 和：汇合而成。

万物为显性之阳，万物体内都以有“阴”的存在，这个体内之“阴”与体外之“阴”是相连的，而且能够承载和包含着万物之阳。

世间一切事物的产生都离不开“阴阳”二字，阴阳二气在交合后衍变成太阴、太阳、少阴、少阳之之四象之气，亦即老子所说之中气，而后这些中气再汇合而衍变成万物。

天下之所恶，唯孤、寡、不穀，而王公以为自名也。

孤、寡、不穀：原本是自省之词，后演变成侯王之谦辞。

天下人都讨厌的是“孤、寡、不穀”，而王公却用这些词来称呼自己。

勿或损之而益，益之而损。

勿：不要。

或：迷惑、疑惑、怀疑。（或通惑）

损：代表《周易》损卦。

益：代表《周易》益卦。

老子告诫世人不要怀疑“损之而益，益之而损”的真理。关于损益之道，孔子曾经做过解释，子曰：“夫自损者益，自益者缺。”

故人之所教，夕议教人。

故：因此；所以。

教：教育。

夕：事先。

议：判断。

所以，在人类的教育方面，事先要判断教学内容是否合理，看其内容是否符合宇宙人生之道，然后才能传授给学生。

故强良者不得死，我将以为学父。

强：坚持、保持。

良者：真理。

不得死：不消失。

学父：教学、学问的纲领。

所以，只有以真理为教学内容，才能保持真理的不消失，我将以此作为教学的纲领。

【感悟】

大道为零无限圆，太极一动阴阳变；
三才之中有四象，合成八卦万物繁；
阴阳相抱玄门牝，中气合和造物衍；
孤寡不穀王自名，损益之道勿疑言；
先贤育人持真理，无为纲领薪火传。

老子智慧圆满，文字洒脱，只用“仨数”就生成宇宙万物，令后学高山仰止，但却存疑千年。本章真意并非难懂，但想从理学上明确，当须有《易经》之功底，老子之所以用如此简洁文字造就了宇宙万物，这与当时的《周易》通行有关，据《史记》记载“文王拘而演周易”，虽《周易》未必是文王亲著，但也一定有着密切的关系，而且《周易》被称为“帝王之学”，历代国家的高层管理者对《周易》都不会陌生，而《老子》为治世之学，书中多处提点君主侯王，老子必知书中“仨数”对各侯王来说必非难懂。

老子只用“仨数”生成万物，亦非妙笔生花所能比拟，但毕竟太过含蓄，以致后人争辩不休，解释者各执一词，至今未有定见。懂《周易》者应知“一、二”之含义，无非太极与两仪，但到了“三”字又成谜团。后人也有人认为“三”者乃为“三才”，但质疑者众，明解者希。“三才”者“天、地、人”，其中之“人”乃核心之意，在《尔雅·义疏》中解释“核者人也，古曰核，今曰人”。由此可知，天为阳，地为阴，“人”乃天地之“中气”，即阴阳交合而成之太阴、少阳、太阳、少阴之“四象”。

想理解“万物负阴而抱阳”这句话有一定难度，如果不能对阴阳概念有深入的了解，确实很难将这句话解释清楚。我们首先来看看“太极阴阳图”：

这个太极图的白色处为阳；黑色处为阴；白色为显性；黑色为隐性。白鱼中有黑鱼眼为阳中阴；白鱼外有黑鱼为阴抱阳。白鱼的腹中有阴，身外有阴，这就是“万物负阴而抱阳”。

其实，“万物负阴而抱阳”是说：万物体内所承载之阴也在身外包含着自身。例如：一个人的身体为显性之阳，人体内部承载的空间为隐性之“阴”，而身体的外部空间之“阴”能包含身体之“阳”。

当然，也有一些物质内部的空间不明显，例如石头、钢铁等。但是，不论一个物质的密度有多大，其内部和外部一定都有空间的存在，这就是“万物负阴”。

“而抱阳”是说万物承载的“阴”能够包含着“阳”，即任何“阴”中都包含着“阳”。例如：现代科学已经证明，空气中包含着各种细微物质的存在，就算是“真空”中也有“量子、粒子”等物质的存在。

老子曰“中气以为和”，说明万物是以“太阴、少阳、太阳、少阴”之“中气”气汇合衍变而成。至此，本书终于把老子说的话解释明白了，可老子所言之意义何在呢？其实，老子讲解宇宙之道的目的还是为了开示人生之理。老子讲解“道”从“一”衍变至“万物”的过程是“分裂之道”，是能力与能量家减弱的过程；但是，如果能由“万物返回一”的时候，是“圆满之道”，是能力与能量融合增加的过程，这就是损益之道。

“孤、寡、不穀”这几个词是天下人所厌恶的，为什么王公们却用来称呼自身呢？其实，“孤、寡”代表了宇宙万物皆为一体，“不穀”为提醒自身去除物质的贪婪。这些本来是贤明的帝王用来自省之词，用“孤寡”来提醒自身与宇宙万物皆为一体，也是用来表现《周易》“损益之道”。《易·序卦》中曰：“损而不已必益，故受之以益。”在《程氏易传》中曰：“盛衰损益如循环，损极必益，理之自然，《益》所以继《损》也。”《说苑·敬慎》中曰：“孔子读《易》，至于《损》、《益》，则喟然而叹。子夏避席而问曰：夫子何为叹？孔子曰：夫自损者益，自益者缺。吾是以叹也！”

《周易》是国学文化之源，历代被称为“帝王之学”，《周易》中的“损益之道”皆是侯王们大都熟知的理论，不论能否做到“损益之道”，但需用“孤、寡、不榖”等称呼来自省，后来随着其本意的淡化和世人对这些称呼的误解，逐渐演变成侯王的自谦之词。

老子说“孤、寡、不榖”这些词代表“损益之道”，也代表宇宙人生的真理。所以，不要对其有所疑惑。

“夫自损者益，自益者缺”，这是宇宙人生之真理，但有些人对此早已经淡漠抑或否定，其原因是其对文化教育的轻视，尤其当今世界的院校教育大都是为竞争打基础，为自益而争，当这些背道而驰的教育思想成为教育主体的同时，还会有多少人懂得“自损者益”呢?

老子居圣人境界，视野宏渊而高瞻远瞩，不但重视文化教育，而且提出了教育的核心思想“夕议而教人”，这是说教育的内容非常重要，一定要事先对教材进行确认才能教给学生。那么，所需确认的重点是什么呢?老子曰：“强良者不得死。”此“强良”代表保持真理也，只有“保持教材中真理不消失”，才能保障教学的质量。所以，这绝非普遍所解释的“欺压善良的人他不得好死”，凡这么解释者，皆因不懂圣人心包太虚之境界。老子能成为千古圣贤和世代宗师，其原因是老子坚持真理，并始终以真理作为教学的纲领。可惜后人误解老子久矣，现代人只知损人，不知损己，只知争先，不知真理。

【注释】

①道：虚空无极之道。②一：太极。③二：阴阳。④三：三才。⑤负：承载。通“伏”，代表潜藏、内藏。⑥而：能够。例如：桀纣幽厉……不而矫其耳目之欲。——《墨子·非命下》。⑦或：通惑。例如：夜半，而城上四面鼓噪，敌人必或。——《墨子·备蛾传》。⑧故：因此。⑨夕：通“昔”，以前。在本章代表事先。⑩议：议，谋也。——《广雅》。按，谓论事之宜。⑪强：坚强、坚定、坚持、保持。⑫良：善。在本章指真理。⑬死：灭亡、消失。⑭学：讲学。例如：学，教也。——《广雅》。⑮父：父，矩也。——《说文》。在此引申为教学纲领。

第6章　无为之益

【马王堆汉墓帛书资料】

【甲本】

天下之至柔□粤于天下之致坚无有入于无间五是以知无为□□益也不□□教无为之益□下希能及之矣

【乙本】

天下之至□驰骋乎天下□□□□□□□□□□无间吾是以□□□□□□□也不□□□□□□□□□□□□□□□矣

【校订本】

天下之至柔，驰骋于天下之致坚。无有入于无间，吾是以知无为之有益也。不言之教，无为之益，天下希能及之矣。

【本书校订本】

天下之至柔①，驰骋②于天下之致③坚④。无有入于无间，吾是以知无为⑤之有益也。不言之教，无为之益，天下希能及之矣。

【原文】**天下之至柔①，驰骋于天下之致②坚③。**

【译文】天下至柔的“无”，在运行时造化了物质。

【原文】**无有入于无间，吾是以知无为④之有益也。**

【译文】“无”和“有”都入于“无”之间，我因此知道“无为”在物质世界的利益。

【原文】**不言之教，无为之益，天下希能及之矣。**

【译文】“无”的不言之教，“无为”所产生的有益作用，这是天下人很少有能做到的。

【导读】

天下之至柔，驰骋于天下之致坚。

至柔：最柔者“无”。

驰骋：运行。

致坚：造化成坚固的物质。

天下之至柔者乃“无”，“无”在运行的过程中导致了坚固物质的产生。

无有入于无间，吾是以知无为之有益也。

无为：“无”的运行。

有益：物质世界的利益。

“无和有”都入于“无”之间，也就是“无”包容了“无和有”，我因此知道在物质世界行“无为”之道的有益作用。

不言之教，无为之益，天下希能及之矣。

及之矣：达到或做到。

“无”的运行过程，就是对世人的不言之教。“无”因运行而产生宇宙万物，其行为和结果天下人很少能做到。

圣人就是“无”之道的效法者，圣人教导世人学道修道，而且以身体力行作为世人的榜样。圣人因行“无为之道”而获得了无限利益，圣人就是世人的榜样，但天下却很少有人能够做到。

【感悟】

天下至柔无为用，运行玄门造物散；
有无皆在无中入，无为有益天机转；
大道运行有天理，不言之教显世间；
圣人循道无限有，天下希能效法全。

本章讲述了天下至柔的“无”是“玄而又玄”的，“无”在运行的过程中导致了坚固物质的产生。美国太空物理学家斯丹·敦沃博士说：“自然界为我们揭示的物理现象，往往同我们一般观察和认为的现象有天渊之别。例如，人在运动中的老化方式完全不同；空间可以变形；物质可以从纯能量中产生；物质可以在真空状态下忽然出现。”只要有足够的能量，物质便会从此产生，所谓“无中生有”。

澳大利亚昆士兰大学的钟茂森博士，根据爱因斯坦的质能守恒定律做出以下推论，在一定条件下，能量可以凝聚成有质量的物质，物质的质量也可以分解为能量。这个守恒公式是：

$E = mc^2$

这里，c 是光的速度，即每秒约 30 万公里；E 是能量；m 是质量。能量等于质量乘以光速的平方。

反过来，质量也可以从纯能量中产生。我们只要将这个公式倒装一下，变成：

$$m = E / c^2$$

也就是，在一定的条件下，能量可以在一无所有的真空中变现出物质。换句话说，可以无中生有。

事实上，在量子的微观世界中，我们常看到物质在虚空中自然出现。无中可生有，有也可归于无。现代物理学认为，物质实质只是“场”而已。爱因斯坦说：“物质是由场强很大的空间组成的。”又说：“并非既有场又有物质，因为场才是唯一的存在。”并认为物质只是人的错觉，这与《心经》中所说的“色即是空”相契合。

通过老子的理论和现代科学的分析，都可以说明物质“有”与“无”的转换过程。而通过爱因斯坦所说：“场才是唯一的存在。”也说明“无”和“有”皆为一体，但“无”包含了“无”和“有”。所以说，“先天之无”才是真正的大道。这样我们才知道，“无为”在物质世界的真正利益。

不言之教是说，“无”在运行中给予我们的启发，在德篇第一章中所讲述的“道、德、仁、义、礼、智、信”，都是“无”在运行中给予人们的“不言之教”。

“无为之益”是说，人们如果达到了“无”的境界，便如同先天无极世界一样可以生成天地万物，自然无所不能，无所不成。所以，这才是人类所追求的最大利益和事业。

但老子最后说：“天下希能及之。”这是说：虽然我把“无为”的利益说的很清楚了，但天下还是很少有人能够做到啊！

【注释】

①至柔：最柔者“无”也。②驰骋：运行。③致：造成、导致。④坚：坚固的物质。⑤无为：虚空无极的运行，是大自然的规律，即是道。人们遵守大自然的规律即是“无为”，也就是有道的行为。

第7章　知止不殆

【马王堆汉墓帛书资料】

【甲本】	【乙本】	【校订本】
名与身孰亲身与货孰多得与亡孰病甚□□□□□□□□□亡故知足不辱知止不殆可以长久	名与□□□	名与身孰亲？身与货孰多？得与亡孰病？甚爱必大费，多藏必厚亡。故知足不辱，知止不殆，可以长久。

【本书校订本】

名[1]与身[2]孰[3]亲[4]？身与货[5]孰多[6]？得与亡[7]孰病？甚爱必大费[8]，多藏[9]必厚亡。故知足不辱，知止不殆，可以长久。

【原文】**名[1]与身[2]孰[3]亲[4]？身与货[5]孰多[6]？得与亡[7]孰病？**

【译文】名称与身体哪个是同类？身体与财物哪个重要？得与失哪个是有危害的？

【原文】**甚爱[8]必大费，多藏[9]必厚亡。**

【译文】过分的贪心必然有大的消耗，过多积累财富必然有大的损失。

【原文】**故知足不辱，知止不殆，可以长久。**

【译文】所以，知道满足的人不会被过多的名利所淹没，知道适可而止的人不会有危险，这样才可以长久。

【导读】

名与身孰亲？身与货孰多？得与亡孰病？

名与身：名称与身体。

孰亲：哪个亲。

身与货：身体与钱财。

孰多：哪个重要。

得与亡：得与失。

孰病：哪个有危害。

甚爱必大费，多藏必厚亡。

甚爱：过分的贪欲。

必大费：必然会有大的消耗。

多藏：过多积累财富。

必厚亡：必然会有大的损失。

故知足不辱，知止不殆，可以长久。

知足：懂得满足。

不辱：不会被淹没。

知止：知道适可而止。

不殆：不会有危险。

【感悟】

身有名虚皆非我，亲疏分别莫真辨；
货实身在物界有，一母所生损益连；
得失自有天机在，甚爱多藏费道缘；
知足明止无限久，顺则为凡逆成仙。

老子在本章对人们提出了以下几个发人深省的问题。

名与身孰亲：名称和身体哪个亲？其实，这是问人的名称与身体哪个与“我”是同类？这句话的关键是隐藏了“我”，每个人都有名称、身体、“我”，老子轻描淡写的一句问话，却隐藏着非常重要的深意。而且，这个问题的答案应该有两个，这样才能作为相对全面的注解。

答案一：如果老子提问，老子的“名称”和“身体”哪个和“我”是同类？我们通过对《老子》的学习，知道这个世界只存在“无”和“有”，也就是能量和物质。这样我们就可以知道，人的名称不是物质，必然就属于能量类；而身体则无疑属于物质类；那名称和身体哪个和“我”是同类？这让我们清醒地认识到，我的名称和我的身体都不是“我”，“我”显然不是物质类，那“我”就应该属于能量类。所以，只能说名称与“我”为同类，答案就是名称与“我”亲。

这个答案的目的是让人们了解什么是“我”，我们普通人大都以为这个身体就是"我"，对自身身体的重视超过了其他的事物。但老子的这句问话让我们有了清醒地认知，"我"不只是身体所能代表的，也不是名称所能代表的，但相对来说，名称与"我"更亲为同类。所以，我们要对名称所带来的名誉有足够的认识，但这个名誉不是依靠沽名钓誉带来的虚假名誉，而是自己行为造作所造成的事实。根据"同声相应，同气相求"的理论，这个事实的名誉会直接影响"我"的生存和发展。

答案二：从更深层的角度来看，形成身体的物质是怎么来的呢？当然身体也是由能量转化而来。我们再来想想这个答案。到底名称与身体哪个亲呢？归根结底来看，"我"的身体、名称和"我"，都是能量"无"转化而来的，原来都是不分亲疏的。因为，宇宙万物也都是由"无"转化而来的。这个答案的目的是告诉人们，"我"和宇宙万物同样都不分亲疏。

身与货孰多：身体与财物哪个重要？老子所说的"货"字，代表了钱财和衣食住行等生活用品。"货"所代表的都属于物质类；而身体也属于物质类。身体和财物的重要性其实相等同，但人们大都只知道爱惜自己的身体而不知道爱惜财物。我们这个后天物质世界，都是先天能量所转化，从世人的贫富差距可以说明，人们的先天能量是有限的，身体和财物都是由自身先天能量所转化。所以，浪费财物和浪费自己的身体没有本质区别，消耗的都是自身的一部分。如果能明白这个道理，就不会浪费任何物质。

得与亡孰病：得与失哪个是有危害的？世人当然认为失去有危害。但事实并非如此，我们先来看"得"字的含义，"得"是获得的意思，但这个"得"和"德"在境界上是有差别的，这个"得"是在事物上的获得，而不是境界上的提高。得到的到底是什么呢？得到的都是物质，但不论获得多少物质，都是由先天能量所分裂，这就是先天的损失，所以谓之"病"。

我们再来看"亡"的概念，无非是丢失或损失，这说明"亡"是在获得后损失的，但这个损失有两方面原因：一种是无奈的损失；另一种是布施的损失。但不论是哪种损失，其原因只有两条：

一、损失的物质不是自身先天能量转化来的，自然也不应该获得，这对本身来讲并没有实质的危害。

二、损失的物质是自身先天能量转化来的，但自身没有用来享用，而是用来帮助别人，这样的损失不但没有危害，反而是有益的。因为，自己的先天能量没有浪费，而所结的善缘又使自身的先天能量有了结盟，在后天物质上可能会随时得到对方的回报。

通过得与失的对比，我们就不难理解老子为什么说：“甚爱必大费，多藏必厚亡。”所以说：懂得满足的人，不会被名利所淹没；懂得对物质获取的适可而止，就不会有危险，这样才可以获得长久的生存和发展。

【注释】

①名：称呼、名字。例如：黄帝正名百物。——《礼记·祭法》。②身：身体、躯壳。③货：财物的总称。在本章“货”字其实包含了所以的物质。④亲：亲近，同类。例如：《易经·乾卦·文言传》子曰：“同声相应，同气相求；水流湿，火就燥；云从龙，风从虎。圣人作，而万物睹，本乎天者亲上，本乎地者亲下，则各从其类也。”⑤孰：谁。例如：吾与徐公孰美？——《战国策·齐策》。⑥多：重要。例如：士亦以此多之。——《汉书·灌夫传》。注：“犹重之。”⑦亡：丧失、损失。⑧爱：贪。例如：文臣不爱钱，武臣不惜死，天下平矣。——《宋史·岳飞传》。⑨藏：储积，收藏。多藏：比喻贪得无厌。

第8章　大成若缺

【马王堆汉墓帛书资料】

【甲本】

大成若缺其用不幣大盈若盅其用不窘大直如诎大巧如拙大赢如炳趮胜寒靓胜炅请靓可以为天下正

【乙本】

□□□□□□□□□盈若冲其□□□□□□□□□□□□巧如拙□□□绌趮朕寒□□□□□□□□□□□□

【校订本】

大成若缺，其用不敝。大盈若盅，其用不窘。大直如诎，大巧如拙，大辩如讷，大赢如绌。趮胜寒，静胜热，清静可以为天下正。

【本书校订本】

大[1]成[2]若[3]缺[4]，其用[5]不敝[6]；大盈[7]若盅[8]，其用不窘；大直如[9]诎[10]；大巧[11]如拙[12]；大赢[13]如绌[14]。趮[15]胜寒，靓[16]胜炅[17]，请[18]靓可以为天下正[19]。

【原文】大[1]成[2]若[3]缺[4]，其用[5]不敝[6]；

【译文】“无”成功回归后而达到了空缺的表象，但使用空虚的“无”却永远不会破旧损坏。

【原文】**大盈[7]若盅[8]，其用不窘[9]；**

【译文】"无"充盈圆满而形成空虚的容器，其用之不能穷尽。

【原文】**大直如诎[10]；**

【译文】"无"是平直的，但却如同圆曲的。

【原文】**大巧如[11]拙[12]；**

【译文】"无"精巧绝伦，但却如同是粗拙的。

【原文】**大赢[13]如绌[14]。**

【译文】"无"广大无垠，但却如同是小而不足。

【原文】**趮[15]胜寒，靓[16]胜炅[17]，**

【译文】阳动可以平衡阴寒；阴静可以平衡燥热。

【原文】**请[18]靓可以为天下正[19]。**

【译文】从心态上保持清净，才能与这个世界保持平衡。

【导读】

大成若缺，其用不敝；

大成："无"的完成。

若缺：达到了物质的空缺。

由后天物质世界的"有"，返回先天无极世界的"无"，此为"大成"。虽然，在物质世界看"无"是空虚、空缺的表象，但使用这个空虚的"无"，却永远不会破旧损坏。

大盈若盅，其用不窘；

大盈："无"充盈圆满。

若盅：形成容器；

"无"充盈圆满，形成了空虚的容器，其容器之大可以用之不穷。

大直如诎；

大直："无"是平直的。

如诎：如同圆曲。

"无"的状态是平直的，但世人以为是弯曲的。

大巧如拙；

大巧："无"之精巧。

如拙：如同粗拙。

“无”的状态精巧绝伦，但世人以为是粗拙的。

大赢如绌。

大赢：广大无垠。　如绌：如同小而不足。

“无”广大无垠，但世人以为是渺小的。

趮胜寒，

躁动能胜阴寒，也可以说运动能够克制寒冷。动为阳，寒为阴，阳动可以平衡阴寒。

靓胜炅，

静止能够克制燥热。静为阴，热为阳，阴静可以平衡燥热。

请靓可以为天下正。

请靓：清净。

天下正：天下平衡。

清净为阴，动态为阳。只有保持阴之清静，才能平衡阳之动，这个清净是指心态。天道非恒止，人也不能静而不动。所以，只有从心态上保持清净，才能与这个世界保持平衡。

【感悟】

成就先天无若缺，其用不敝恒新泛；
大盈可容虚空在，用之不尽衍无边；
厚德载物无形直，精巧绝伦先天颜；
广大无垠非不足，如如不动示眼前；
阴寒须得动来制，燥热当有静阴牵；
平衡阴阳天有道，清净可制躁动掀。

老子在本章讲述了“无”的一些特点，由后天物质世界返回先天无极世界为大成，这个大成之“无”在后天物质世界来看是空虚缺失的，但这个“无”却永远不会破旧、不会损坏。老子讲述先后天世界的运行，目的是来给人们做个示范，让人们效法这个由“有”返“无”的行为，也在说明返回先天无极世界的条件和利益，条件就是需要世人放弃对一切物质的贪恋，只有达到了空无的状态，才能成功地返回先天无极世界；当世人成功返回先天无极世界时，就不会再有损坏，这才是学道的真实利益。

先天无极世界圆满充盈，这个圆满的“无”形成了一个大盅，“无”者其大无外，这个大盅的容量无限、其用不穷。这个圆满的大盅，启发人们来效法“无”的无限包容性。只有做到心包太虚，才能与“无”的信息同步，才能成就先天大道。

“大直如诎”这个词其实是千古之谜。因为，至今未见明解。其实，这是老子对“无”的一种形容，老子的本意是说：“无”之道是平直的，但世人却以为是弯曲的。

在中国古代天文学里有个理论，就是“天圆地方”。（本章在此先破译“天圆地方”的千古之谜。）虽然，这在中国这是个家喻户晓的词，但能真正理解的人已经很少。现代国人对“地”字大都有个误区，以为“地”就是大地和地球。其实，古人都知道“天为阳，为显性；地为阴，为隐性。”《释名》曰：“地，底也，其体底下，载万物也。”由此可知，“地”字代表阴、代表承载。“天圆地方”的本意是说：阳性的天体是圆的，而承载天体的阴性场态是方直的。

我们都知道中国古代铜钱的形状，就是根据“天圆地方”的理论来制造的。通过这个铜钱的形状，可以分析一下古人对“天圆地方”的认知，铜钱的外圆部分为物质的“阳”，中间的方形空间是无形的“阴”，在这个圆形的铜钱之外也为“阴”，而铜钱中间方形的“阴”显然和铜钱之外的“阴”是具有对应的关系。这个铜钱的形状已经说明，“阴”的状态是方直的，而且能够承载和化育出物质；铜钱外圆的形状代表了物质的循环轮回……。现在我们应该懂得，这个铜钱虽小，但却反映了中国古圣先贤对宇宙的认知程度。

在中国古代哲学里“天”为阳，这个“天”代表天体（天体包括星球）；地为阴，这个“地”代表的是阴性的承载。现在已知阳为显性，阴为隐性；对于我们世人来看，天体星球为显性，“无”为隐性。我们都知道天体星球的形态和运行都是圆曲的，这样就可以从老子的话里做出推论：包容天体星球的无形场态是方直的，这种隐性场态是“无”对“有”的承载。有意思的是，现代科学研究的结论是：“宇宙是平直的”。（感兴趣的朋友可以自己查找这个资料）

那么，老子告诉世人“大直如诎”的目的是什么呢？一、当然是开示宇宙的真相；二、是让世人效法自然之道来行为。

例如，《易经》的坤卦为“厚德载物”：（本章就此再破译“厚德载物”的千古之谜）

“厚”字代表增加、积累；

“载”字代表承载和化育。

“德”字代表无形的能量。为什么“德”代表能量？“德”字包含“获得”之意，但坤为地、为阴，在坤卦的环境里获得的一定是能量。而且，“厚德载物”的“德”字是来承载和化育“物”的，我们都知道“物质是由能量转化而来”，所以“德”代表阴性的能量。

“厚德载物”的本意是说：只有积累到一定程度的能量才能转化出相对的物质。

《易经》曰：“坤卦为地、为方、为阴”。《白虎通》曰：“地者，易也。言养万物怀任交易变化也。”《释名》曰：“地，底也，其体底下，载万物也”。我们都知道地球是圆形的，所以“坤地之方”一定是指承载万物的隐性场态，而并非指有形的地球。其实，地球也是天体之一。

《易经》曰：“地势坤，君子以厚德载物”。（“势”代表无形的状态。例如：“形势”这个词代表的是有形和无形的状态。）这是说：承载万物的场态用坤卦来代表；而人们只有达到"君子"的标准，才有足够的能量来转化相对的物质。

老子用“大直如诎”这句话来说明：世人对真理的认知和事实上有很大的差距，修行“无”之道本来是大道至简的平坦大路，世人却以为是复杂的弯路。

毋庸置疑，“无”的世界精巧绝伦，“无”者其大无外。但是，世人的感受却是粗拙的。这个现象给世人的启示是：当世人能效法“无”的规律去思想和行为的时候，就会给不明道者有粗犷笨拙的感觉，也就是“大智若愚”。

“大赢如绌”，是说“无”者“其大无外而又其小无内”，但其广大与不足并无差别，就如同宇航员在太空中看地球是小而不足的，而在地球上看地球却又是广大无垠。这个现象说明，世人的思想和行为没有大小的本质区别，都是“其小无内而又其大无外”，世人小小的一言一行同时都是无限大的。所以，人们不要轻视自己思想和言行的重要性，自己的每一句话都可能就是功德无量，同时也可能是罪业深重。所以，自古以来的圣贤教育都是从人们的思想行为开始。因为，世人的思想和行为都决定着个人、家庭、国家、世界乃至宇宙的兴亡。

躁动能胜寒冷，清净能胜燥热，这是老子教导世人控制自身情绪的方法，当然这也是修道的方法，这个方法非常高明而且有效。因为，我们已经了解这个世界是玄之又玄的，即不停地旋转和变化。这说明，物质世界是躁动的。那如何才能与之保持平衡呢？只有保持一颗清净的心，才可以平衡这个躁动的世界。这是老子对宇宙人生的客观认识和辩证思维，只有圣人才能有如此睿智的思想。所以，世人最重要的事情就是学习圣贤之道。只有如此，才能从根本上解决人生的所有问题。

【注释】

①大：至大者虚空无极。②成：完成。③若：及；到。如：病未若死。——《国语》。④缺：缺，器破也。——《说文》。在本章代表太极的分裂。⑤用：施行。⑥敝：破旧、损坏。⑦盈：充满、圆满。⑧盅：容器。⑨窘：穷尽；匮乏。⑩诎：（qū）卷曲；弯曲。⑪巧：华丽精致。⑫拙：质朴无华。例如：巧诈不如拙诚。——《韩非子》。⑬赢：超过、多余。引申为广大无垠。⑭绌：（chù）不足。引申为小而不足。⑮趮：通“躁”。处必掩身毋躁。——《礼记·月令》。注：“动也。”⑯靓：（jìng）通“静”。⑰炅：热。⑱请：通“清”。⑲正：本义：不偏斜，平正。平衡。

第9章　天下有道

【马王堆汉墓帛书资料】

【甲本】	【乙本】	【校订本】
天下有道□走马以粪天下无道戎马生于郊罪莫大于可欲祸莫大于不知足咎莫憯于欲得□□□□□□恒足矣	□□□道却走马□粪无道戎马生于郊罪莫大于可欲祸□□□□□□□□□□□□□□□□□□□□□足矣	天下有道，却走马以粪。天下无道，戎马生于郊。罪莫大于可欲，祸莫大于不知足，咎莫憯于欲得。故知足之足，恒足矣。

【本书校订本】

天下有道，却[①]走[②]马以粪[③]。天下无道，戎[④]马生于郊[⑤]。罪莫大于可[⑥]欲，祸莫大于不知足，咎[⑦]莫憯[⑧]于欲得。故知足之足，恒足矣。

【原文】天下有道，却①走②马以粪③。

【译文】天下都遵守物质世界的规律，就要避免把善于奔跑的马用来耕田施肥。

【原文】天下无道，戎④马生于郊⑤。

【译文】天下都遵守大自然的规律，战马都生存在野外的大自然。（而不是死于战场）

【原文】罪莫大于可⑥欲，祸莫大于不知足，咎⑦莫憯⑧于欲得。

【译文】罪过没有比放纵贪欲还大的；祸患没有比不知足还大的；灾难没有比贪得无厌还惨痛的。

【原文】故知足之足，恒足矣。

【译文】所以，懂得知足的圆满，就是永恒的圆满了。

【导读】

天下有道，却走马以粪。

有道：物质世界的规律。

走马：能够奔跑的马。（不是拉车施肥的马）

如果天下人都遵守物质世界的规律，就要避免把善于奔跑的马用来耕田施肥。

天下无道，戎马生于郊。

无道：先天之道的规律。

戎马：战马。

生：代表生存而非死亡。

天下都遵守先天之道的规律了，这个物质世界就不会有战争产生。所以，战争所用的战马都应该生存在野外的大自然，而不是死于战场。

罪莫大于可欲，

可欲；放纵贪婪的欲望。

世人的罪过没有比放纵贪婪的欲望还大的。这说明，贪婪是有很大罪过的。

祸莫大于不知足，

知足：懂得满足。

世人的祸患没有比不懂得满足还大的。这说明，不知足者会遇到很大的灾难。

咎莫憯于欲得。

憯于：惨痛于。

欲得：贪得无厌。

世人的灾难没有比贪得无厌还惨痛的。这说明，贪得无厌的结局非常悲惨。

故知足之足，恒足矣。

恒足矣：永恒的圆满了。

所以，懂得知足的圆满，就是永恒的圆满了。这说明，知足者才能有真正的收获和最大的成功。

【感悟】

天下有道物尽用，走马得位离耕辖；

无为之道施天下，自由戎马避征杀；

贪婪放纵罪至大，不知足者灾祸发；

咎至惨者莫过贪，圆满自有知足达。

老子在本章所讲的重点是“有道”和“无道”，这句话本来没有什么疑问，但随着历史的推移而导致文化的演变，这个“无”字被定位成“没有”的含义，这就使得后人对《老子》的理解出现了重大的误区。老子在本书已经明确说明：“无”为先天，“有”为后天。在道篇第一章曰：“二者同出，异名同谓”，也说明了“无和有”同谓之道。而在本章更是直接讲“有道”，这摆明是讲述“后天之道”，即物质世界的规律；“无道”则是讲述“先天之道”，即虚空无极的演变。先天无极世界包容了“有”的物质世界，所以，“无道”讲述的是整个大自然的规律。

当天下都能遵守物质世界规律的时候，就会避免把善于奔跑的马用来耕田施肥，这句话显然是一个比喻，是用马来比喻人尽其才、物尽其用。

当世人都懂得遵守大自然规律的时候，就会把那些军马都放归野外大自然，让其自然生存而不是死于战争。这是用来比喻万事万物都回归自然，归于平和，没有争斗，没有战争。

老子说，世人的祸患没有比不知足还大的，灾难没有比贪得无厌更惨烈的。例如，我们地球人的生存，所需要的不过是简单的衣食住行，但随着贪欲的增长，已经不满足于生活的现状，人们想要穿得更好，吃得更好，住得更好，行得更快。但是，吃的已经没有安全感，都是化肥药物催生的粮食蔬菜，人们都在饮苦食毒；穿的不过是能裹体而已，再贵的衣服也不会增加人们的舒适感，只不过能满足虚荣心而已；住的房子是相对狭窄的楼房，同时导致了人与人之间的陌生和封闭；剩下的只有交通工具的发达了，但其代价是地球资源的枯竭、地球环境的污染。工业化革命确实使得世界的经济前所未有地高速发展，但推动世界资源枯竭和环境污染的速度也是前所未有的，在工业革命以前，地球还是山清水秀、空气清新的环境；而现在的地球，已经是动植物大规模灭绝，空气和水多数被污染，地球已经是濒临灭亡的边缘了。现代科学家警告："地球上生物的灭绝速度超过了以往任何时候"。《自然》杂志称："50 年后，100 多万种陆地生物将从地球上消失。"当下，如果还不及时有效地对地球进行综合治理，地球就将不再适合人类生存了，这就是不知足和贪得无厌所带来的真正后果。

通过以上的说明，我们就可以懂得：知足的圆满，就是永恒的圆满。其实，释迦牟尼放弃王位的享受，而去苦行悟道，最后大彻大悟，这是他给人类的一种启示，告知世人人生的短暂和虚幻，世间的享受并非是真正的人生目标。想得到究竟圆满的幸福和快乐，就要了解宇宙人生的真相，只有返回先天之道的圆满，才能获得无限的能量和能力。所以，我们需要明确的是，知足不等于懒惰和不思进取，知足是没有索取的奉献，知足是放弃狭隘的私欲。只有知足，才是最积极的真正人生。

【注释】

①却：避免。例如：却老（避免衰老）；却死（避死）。②走：走本义：跑。例如：来朝走马。——《诗·大雅·緜》。③粪：施肥。④戎：兵，军队。⑤郊：野外。在此代表大自然。⑥可：可，许可也。——《广韵》。引申为不禁止、放纵。⑦咎：咎，灾也。——《说文》。⑧憯：（cǎn）惨痛。

第10章　弗为而成

【马王堆汉墓帛书资料】

【甲本】	【乙本】	【校订本】
不出于户以知天下不规于牖以知天道其出也弥远其□□□□□□□□□□□□□□□□□弗为而□	不出于户以知天下不规于□□知天道其出也弥远其知弥□□□□□□□□□□□□而名弗为而成	不出于户，以知天下。不窥于牖，以知天道。其出弥远，其知弥少。是以圣人不行而知，不见而名，弗为而成。

【本书校订本】

不出于户，以知天下；不规①于牖②，以知天道。其出也弥③远，其知弥少。是以圣人，不行而知，不见而名④，弗为而成。

【原文】**不出于户，以知天下；**

【译文】不用出家门，就可以知道天下的兴衰；

【原文】**不规①于牖②，以知天道。**

【译文】不用看窗外，就可以知道宇宙自然的运行规律。

【原文】**其出也弥③远，其知弥少。**

【译文】经历红尘越远，而懂得的真理越少。

【原文】**是以圣人，不行而知，不见而名④，弗为而成。**

【译文】所以，圣人是不用出行而知天下之事，不用眼见而明天道运行之理，不必有所为而自然有成。

德篇

【导读】

不出于户，以知天下；

不用出家门，就可以知道天下的兴衰。只从字面上的解释是很难让世人认同，但如果完整地看完本章全文就可以理解。因为，能达到如此境界的是圣人而不是普通人。

不规于牖，以知天道。

不规：不观看。

天道：大自然运行的规律。

不用看窗外，就可以知道宇宙自然的运行规律。这句话所指的也是圣人，而不是普通人。

其出也弥远，其知弥少。

其出：代表人心为外界红尘所迷惑。

弥远：越来越远。

弥少：越来越少。

这句话从字面上来解释是说：“世人其外出越远，而知道的却是越少。”很多人很难理解这句话，世人认为外出的阅历和见识是增加知识的方法和原则。但世人对思想行为的见识和理解都有局限性，人们太容易被自己的眼睛所欺骗。

其实老子的本意是说：人如果经历红尘越多，就会离真理越来越远。

是以圣人，不行而知，不见而名，弗为而成。

弗为：在本章不是单纯“不为”的含义，因前两句皆用“不”字，到此而用“弗”字，这说明了两者的差异。在此，“弗为”是不用、不需要刻意而为之。

天地万物乃顺其自然由虚空无极而生成，圣人效法先天“无”之道，身心皆远离红尘，一尘不染，心内清净，以“无为”之修证来感通虚空无极的先天世界。因此，圣人可以达到：不用出行，可知天下之事；不用眼见，可明天道运行之理；不需要刻意为之，可自然有成。

【感悟】

足不出户知天下，目不窥牖明道崖；
其出弥远红尘惑，知者俞少离真大；
圣人遵循无为道，感而遂通先天纳；
人定知天微尘透，何须刻意攀宇察。

圣人能做到：不出家门而知天下兴衰。因为，圣人了解宇宙真相。如果世人的思想行为符合天道，就会兴旺发达；如果天下人的思想行为违背了天道，就会衰败乃至灭亡。其实，这并非要完全达到圣人境界才能做到，例如：我们家喻户晓的三国人物诸葛亮，他当然还谈不上是圣人，但在历史上也可算是比较聪明的人，以诸葛亮的能力就可以达到“未出茅庐已知三分天下”，何况是圣人了。所以说，“不出于户，以知天下”是完全合情合理的。

在《老子》书中，多次提到老子观察宇宙的记载，老子的这种观察不是用天文望远镜来看的，也不是透过窗户所能看到的，更不是走出户外去看的。虽然，这些超越人们思想常识的事情很难让世人所理解，但老子仅凭着对宇宙的体察而描绘出“有无世界”的各种现象，现在已经得到现代科学的多方验证。因此，又只能承认老子所描绘和表达事理的真实可靠性。

《老子》一书是大慈大悲的老子留给后人的传世经典，目的是警醒后人不要在红尘的迷途中越走越远。“其出也弥远，其知也弥少”，这句话在现代人看来可能会有些迷惑，但如能够静下心来分析，这句话的道理还是能够理解的。世人随着交通的便捷，所行越来越远，随之展现在人们眼前的世界也五彩缤纷起来，这就导致了世人贪婪的欲望更加强烈和开阔。随着欲望的增加，就要加速地提高自身的经济能力，而人们所能想到的方法，无非就是经济掠夺、武力掠夺、资源掠夺。

虽然，现代的交通能力是前所未有的发达，但现代人对宇宙人生的认知与几千年前的老祖宗相比却相差越来越远。例如：现代有些国家的远行都达到了登月的程度，但却没有认识到宇宙万物皆为一体的简单道理，这就是老子所说：“其出也弥远，其知弥少”！

圣人懂得宇宙人生的真相，不用身体的行动致远，而是用心灵的宁静致远。所以，古圣先贤的修行都是从修正自身的思想和行为开始，当圣人的思想和行为都与宇宙万物融为一体时，就与先天“无”的能量世界有了圆满融合，这即为“无所从来，也无所从去”，自然是不行而知、不见而明，这就是“无为则无不为”。

【注释】

①规：通“窥”。②牖：（yǒu）牖，穿壁以木为交窗也。——《说文》。段注：“交窗者，以木横直为之，即今之窗也。在墙曰牖，在屋曰窗。”③弥：更加、越发。④名：通“明”。

第 11 章　闻道日损

【马王堆汉墓帛书资料】

【甲本】	【乙本】	【校订本】
为□□□□□□□□□□□□□□□□□□□□□□□□□□□□取天下也恒□□□□□□□□□□□□□□□□□□	为学者日益闻道者日云云之有云以至于无□□□□□□□□□□取天下也恒无事及其有事也□□足以取天□□	为学者日益，闻道者日损，损之又损，以至于无为，无为则无不为。将欲取天下也，恒无事。及其有事也，又不足以取天下矣。

【本书校订本】

为学者日益[①]，闻道者日云[②]，云之有云，以至于无为，无为则无不为。将[③]欲取[④]天下也，恒无事[⑤]；及其有事也，又不足以取天下矣。

【原文】为学者日益[①]，

【译文】学习知识者会日积月累地增益。

【原文】闻道者日云[②]，云之有云，以至于无为，

【译文】闻道者不断地回归，回归又回归，直到清净无为。

【原文】无为则无不为。

【译文】道的运行是不用运行而运行。

【原文】将[③]欲取[④]天下也，恒无事[⑤]；

【译文】如果想要汇聚融合天下万物，只有保持“无”的状态。

【原文】及其有事也，又不足以取天下矣。

【译文】达到了“有”分裂状态的时候，就不能融合天下万物。

【导读】

为学者日益，

益：增加、增益。

人们在学习知识的过程中，会得到日积月累地增益。

闻道者日云，云之有云，以至于无为，

日云：不断地回归。“云”字为回归。

闻道而修行的内容是回归，这首先要净化自己的心灵，减少自己的私欲，减少又减少直到清净无为。

无为则无不为。

这句话是有双重含义的：

一、“无”是道，“为”是运行，“无为”是道的运行；“不为”是不用运行，也就是说：道的运行是不用运行而运行的，道是自然运行的，道是不可改变的，规律是不可改变的，道是随时都在的。

二、“无为而无不为”是说，达到了“无为”的境界，就是返回了先天之道，自然无所不能、无所不成。

将欲取天下也，恒无事；

取天下：这不是说要夺取天下政权，而是要汇聚融合天下万物，即取得与天下万物的融合统一。

恒无事：保持“无”的状态。

世人如果想要汇聚融合天下万物，只有保持“无”的状态才能融合天下万物。

及其有事也，又不足以取天下矣。

及：达到。

有事：后天物质世界的分裂状态。

达到了后天物质世界分裂状态的时候，就不能取得与天下万物的融合统一。

【感悟】

为学日益智见达，闻道减欲归无家；

道至无为无不为，汇聚万物融天下。

学道的效果是“为学者日益”；学道的内容是“闻道者日云”，“云”就是逐渐减少，但减少的不是知识的积累，而是要减少自己的私欲，要将自己的私欲减少到“无”，要把自己的物质财富减少到“无”。把欲望减少到“无”是思想，把物质财富减少到“无”是行为，只有言行一致，才能真正回归至先天大道。

如果一个学道者，真的能够把自己的私欲和物质减少到“无”的境界，这就会与“无”的信息同步，就可以回归到先天“无”的能量世界，融入“无”的运行，这就是“无为”。当学道者达到了“无为”境界的时候，就可以做到“无为而无不为”。“无为”这个境界与释家所说的“如来”境界不谋而合，“如来”即如如不动，无所从来，也无所从去……如来即是成佛，成佛即是得道。也可以说，真正的“无为”即是得道，也就是无所不能。

“将欲取天下也”，老子这句话并没有要夺取天下的意思，老子其实是说，如果想要汇聚融合天下万物为一体，就要保持“恒无事”。但是，这并不是消极的状态，而是说要保持“无”的状态，也就是要保持时刻修正自己的思想和行为，要保持“仁义礼智信”的状态。其实，这才是更加积极地生活。

懂得了“无事”的概念，就可以懂得“有事”的概念了。“有事”代表了后天物质世界的状态，这个后天的状态是由太极分化而成万物。世人所能达到的都是“有”的分裂状态，不能汇聚融合天下万物为一体。因为，世人不懂“大我”才是真我，所以才有圣人出世来对我们进行教化。

【注释】

①益：增益、增加、增长。②云：《左传·襄二十九年》：晋不邻矣，其谁云之。【注】云：犹旋。旋归之也。在本章指闻道者不断地回归，一直至“无”。③将：如果；假若。例如：将听吾计，用之必胜，留之；将不听吾计，用之必败，去之。——《孙子》。④取：通“聚”。会合，集合。郑国多盗，取人于萑苻泽。——《左传·昭公二十年》。⑤事：情况，情形。例如：论战斗之事，则缩颈而股栗。——宋·苏轼《教战守》。本章引申为状态。

第12章　圣人咳之

【马王堆汉墓帛书资料】

【甲本】	【乙本】	【校订本】
□□□□□□以百□之心为□善者善之不善者亦善□□□□□□□□□□□□□□□	□人恒无心以百省之心为心善□□□□□□□□□□□善也信者信之不信者亦信之德	圣人恒无心，以百姓之心为心。善者善之，不善者亦善之，得善也，信者信之，不

□信也□□之在天下翕翕焉为天下浑心百姓皆属其耳目焉圣人皆咳之	信也职人之在天下欱欱焉□□□□□□□生皆注其□□□□□□□□□	信者亦信之，得信也。圣人之在天下也，歙歙焉，为天下浑心。百姓皆注其耳目焉，圣人皆阂之。

【本书校订本】

圣人恒无心，以百姓之心为心。善①者善②之；不善者亦善之，德善也。信③者信④之；不信者亦信之，德信也。圣人之在，天下翕⑤翕焉，为天下浑⑥心。百姓皆属其耳目焉，圣人皆咳⑦之。

【原文】圣人恒无心，以百姓之心为心。

【译文】圣人保持无限广大之胸怀，以百姓之心愿为自己的心愿。

【原文】善①者善②之；不善者亦善之，德善也。

【译文】对喜爱圣人之道的人，要善待之；对不喜欢圣人之道的人，也要善待之，此为德善也。

【原文】信③者信④之；不信者亦信之，德信也。

【译文】对相信圣人之道的人，要诚心实意地对待之；对不相信圣人之道的人，也要诚心实意地对待之，此为德信也。

【原文】圣人之在，天下翕⑤翕焉，为天下浑⑥心。

【译文】有圣人存在，天下才能和谐共存，使得天下百姓万众一心。

【原文】百姓皆属其耳目焉，圣人皆咳⑦之。

【译文】百姓如同圣人的耳目，圣人对待百姓是感同身受，就如同天真无邪的婴儿欢笑。

【导读】

圣人恒无心，以百姓之心为心。

无心：遵守大自然规律的思想，也即是无限宽广的心胸。

百姓之心：百姓的心愿。

圣人保持着无限宽广之心胸，以百姓之心愿为自己的心愿。百姓的心愿就是安居乐业、幸福快乐地生活。圣人就是为了百姓的幸福生活，来为百姓指引光明的道路。

善者善之；不善者亦善之，德善也。

第一个“善”字代表喜爱。

第二个“善”字代表善待。

德善：“无”化育天地万物而善待天地万物。（“德”字代表“无”化育“有”）

圣人没有分别心，对喜爱圣人之道的人善待之，对不喜爱圣人之道的人也善待之。这就如同先天无极世界，虽化育了天地万物，但并不期望万物之回报，这样的善待天地万物谓之德善。

信者信之；不信者亦信之，德信也。

第一个“信”字代表相信。

第二个“信”字代表以诚待之。

德信：天道的运行乃以诚待之。

圣人对相信圣人之道的人以诚待之，对不相信圣人之道的人也以诚待之，这就如同天道运行的规律是永恒的，对待天地万物都是以诚待之的，不会因为天地万物的相信与否而有所改变。

圣人之在，天下翕翕焉，为天下浑心。

翕翕：团结一致。

为：代表治理。

浑心：万众一心。

有了圣人的存在，天下才能团结一致和谐共存。有了圣人的教化，才使得天下百姓万众一心。

百姓皆属其耳目焉，圣人皆咳之。

耳目：在此比喻百姓的感受。

咳：代表婴儿笑，在此比喻圣人对世人纯真的喜爱。

圣人以百姓为自己的耳目，也就是当成自己身体的组成部分，自然对百姓是感同身受。圣人对待百姓就如同天真无邪的婴儿欢笑，是发自内心没有私心杂念的喜爱。

【感悟】

圣人恒有无心容，百姓心愿在其中；

接引善恶皆待善，相信与否诚相融；

天下和谐苍生愿，万众一心因圣通；

感同身受有大爱，心无杂念喜相送。

圣人遵守先天之道，保持“无为”的思想，这称之为“恒无心”。

我们知道先天之道的“无”为圆满，是融合宇宙万物为一体的，而圣人懂得这个真相，对待万物一视同仁，爱护万物如同爱护己身，自然爱护百姓也如同爱护己身，以百姓的心愿为自己的心愿。百姓的心愿都是过上幸福快乐的生活，圣人的心愿就是帮助百姓安居乐业。但前提是，百姓要有文化，文化不是文凭，而是宇宙人生的真理。为使百姓懂得宇宙人生的真理，圣人以教化众生为使命。世人对于圣人之道有喜欢接受的；也有不喜欢接受的；有相信圣人之道的；也有不相信圣人之道的。但是，圣人没有分别心，圣人对喜欢和不喜欢接受圣人之道的人，皆善待之；对相信和不相信圣人之道的人，都以诚相待。这就如同大自然运行的规律，不会因为世人的相信与否而改变。

例如：老子所讲的道德，就是用宇宙之道来对应人生之道；孔子所讲的“仁义礼智信”，就是用大自然的运行规律来对应人生的行为规律；释迦牟尼佛所讲的佛理，就是用宇宙真相来启迪人生。圣人们都懂得宇宙人生的规律，对待宇宙万物如同对待己身。圣人对待百姓，绝不会因为百姓的好恶而有所不同。

圣人的使命就是教化，让人们都懂得宇宙万物皆为一体的真相，圣人的教化使得天下百姓万众一心。所以，有圣人存在，天下才能团结一致和谐共存。如果没有圣人之道的教育普及，天下人只知自我而不懂大我，这个世界将会很快灭亡。

圣人以百姓为自己身体的组成部分，圣人把百姓当成自己的眼睛和耳朵。所以，圣人对待百姓是感同身受，是发自内心的喜爱。圣人大慈大悲，绝不会眼见世人如刍狗般灭亡而不顾，但圣人能够救助世人的唯一手段就是教育。因为，圣人也不能改变大自然的规律，只有世人都遵守大自然的规律的时候，人类世界才能继续的生存和发展。

【注释】

①善：喜爱。例：其所善者，吾则行之；其所恶者，吾则改之。——《左传》②善：善待。③信：相信，信任。④信：本义：真心诚意。⑤翕：（xī）和好；一致。兄弟既翕，和乐且湛。——《诗·小雅·常棣》⑥浑：混合、混同、统一。⑦咳：通“孩”，小儿。例如：曾不可以告咳婴之貌。——《史记·扁鹊列传》

第13章　出生入死

【马王堆汉墓帛书资料】

【甲本】

□生□□□□□□□有□□□徒十有三而民生生动皆之死地之十有三夫何故也以其生生也盖□□执生者陵行不□矢虎入军不被甲兵矢无所椯其角虎无所昔其蚤兵无所容□□□何故也以其无死地焉

【乙本】

□生入死生之□□□□□□之徒十又三而民生生僮皆之死地之十有三□何故也以其生生盖闻善执生者陵行不辟兕虎入军不被兵革兕无□□□□□□□□□其蚤兵□□□□□□□□□也以其无□□□

【校订本】

出生，入死。生之徒十有三，死之徒十有三，而民生生，动皆之死地之十有三。夫何故也？以其生生也。盖闻善执生者，陵行不辟兕虎，入军不被甲兵；兕无所椯其角，虎无所昔其蚤，兵无所容其刃。夫何故也？以其无死地焉。

【本书校订本】

出生入死，生之徒[①]十有三；死之徒十有三；而民生生动，皆之死地之十有三。夫何故也？以其生生也。盖[②]闻善执生者，陵[③]行不辟[④]矢[⑤]虎，入军[⑥]不被[⑦]甲[⑧]兵[⑨]；矢无所椯[⑩]其角，虎无所昔[⑪]其蚤[⑫]，兵无所容其刃。夫何故也？以其无死地[⑬]焉。

【原文】**出生入死，生之徒[①]十有三，死之徒十有三，**

【译文】生命的过程就是出生入死，在出生途中的有十分之三，在死亡途中的有十分之三。

【原文】**而民生生动，皆之死地之十有三。**

【译文】人们在生命生长活动中，也都将走向死亡，这个途径也是十分之三。

【原文】**夫何故也？以其生生也。**

【译文】这是什么原因呢？因为，生命有生长，必定有死亡。

【原文】**盖[②]闻善执生者，陵[③]行不辟[④]矢[⑤]虎，入军[⑥]不被[⑦]甲[⑧]兵[⑨]；**

【译文】听说擅长把握自己生命的人，在山中行走不躲避猛兽、老虎，在战场不遭遇武器攻击。

【原文】**矢无所椯[10]其角，虎无所昔[11]其蚤[12]，兵无所容其刃。**

【译文】猛兽没有目标用角刺，老虎没有目标用爪子抓，兵器没有目标用兵刃砍。

【原文】**夫何故也？以其无死地[13]焉。**

【译文】这是为什么呢？因为，得“无”之道者，不在“有”的死亡范围。

【导读】

出生入死，生之徒十有三；

徒：代表途中。

生命的出生所面临的就是进入死亡，在出生途中的十中有三，这就相当于十分之三。

死之徒十有三；

生命正在死亡途中，即面临死亡者有十分之三。

而民生生动，皆之死地之十有三。

民生生：人们的生命生长。

动：活动过程中。

皆之：都走向……。

人们在生命生长活动中，都将走向死亡，这个途径也是十中有三。这部分人已经走过初生期，还没有进入死亡期，但其结果也必然是面临死亡。

夫何故也？以其生生也。

这是什么原因呢？因为，物质世界是有生有灭的，其生命有生长，必定有死亡。

盖闻善执生者，陵行不辟矢虎，入军不被甲兵；

盖闻：听说。

执生：把握生命。

陵行：山中行走。

不辟：不躲避。

矢：戴角的猛兽。

虎：老虎。

不被：不遭遇。

甲兵：武器攻击。

听说擅长把握自己生命的人，在山中行走不躲避猛兽、老虎，在战场不遭遇武器攻击。

什么样的人能够把握自己生命呢？这样的人一定是回归到先天无极之道者，也就是得道的人。

矢无所槁其角，虎无所昔其蚤，兵无所容其刃。

无所：没有目标；

槁其角：刺其角。

昔其蚤：用它的爪子。

兵：武器。

遇到擅长把握自己生命的人，猛兽没有目标用角刺，老虎没有目标用爪子抓，兵器没有目标用兵刃砍。

夫何故也？以其无死地焉。

这是为什么呢？因为，“无”者不在“有”的死亡的范围。

得“无”之道的人，可以把物质的身体转化为能量“无”。所以，使得猛兽和兵器没有攻击的目标。

【感悟】

九死一生芸众旅，皆因后天有循环；
善执生者循无道，何来死地截生缘。

老子所说的“出生入死”是中国经典的成语之一，但后人在运用的时候，已经失去原有的内涵。这句话的本意是说：生命在出生的时候，就要走向死亡了，而不是什么“冒着生命的危险，而不顾个人安危”。老子把生死的途径用十份来分配，在生命走向死亡的途径中，出生途中者有3/10；面临死亡者有3/10；在生命生长活动途中，也都将必然走向死亡，这个途径也有3/10。

物质世界有着阴阳相对的自然规律，生命有出生就必定有死亡，在各种途径中的生命，走向死亡的占据十之有九。老子在此只说了三三之九，显然还有一条途径是不死之路。那么，这条不死之路到底是什么途径呢？这显然就是“道”的核心，即回归先天之道。为什么回归先天之道就可以不死呢？这个说法对于现代人是不可思议的事情，但理论上却是可行的。因为，我们知道整个世界无非是能量和物质的循环转化，如果能够突破后天返先天的途径，就可以自在转化，也可以说是自在变化，也就是“无为而无不为”。圣人皆可以做到“无为”，也必然能够突破先后天的转化。但是，具备这种能力者毕竟是极为少见，世人中有相信的，也有不相信的，也有半信半疑的。所以，老子将世人分为三类，即上士、中士和下士。

老子介绍了“善执生者”的事迹，这样的人可以入山不避野兽袭击，入战场不会遭到武器的伤害。因为，野兽没有目标攻击，武器没有目标砍杀。这是什么原因呢？因为，善于把握生命的人都是已得道者，他们可以自在转换“有无”，即随时可以把后天之“有形”转换成先天之“无形”。因为，先天之“无形”不在后天“有形”的死亡范围，所以，野兽和武器都不能伤害这些得道者。

老子在本章是告诉世人：生死虽难以逾越，但并非不可逾越。只要能突破先后天的转换途径，就可以形成不死之躯。而修炼成这种境界有个先决条件，就是要明白宇宙人生的真相。然后，才能自觉地遵守大自然的规律。如果人们真的能遵守大自然的规律，就都能成为“善执生者”。

这段话在现代人看来可能是个神话，但神话未必就是虚假的事情。中国乃至世界，从古至今都不缺乏神话的传说，但谁能证明神话的内容不存在呢？

【注释】

①徒：通“途”。途径。②盖：表示推测，相当于“大约”、“大概”。例如：盖余所至，比好游者尚不能十一。——宋·王安石《游褒禅山记》。③陵：山，山头。例如：故用兵之法，高陵勿向。——《孙子·军争》。④辟：通“避”。⑤矢：戴角的猛兽。本章原文曰：“矢无所椯其角。”这已经明确说明“矢”为戴角的猛兽。⑥军：攻杀。例如：凡盗贼军，乡邑及家人，杀之无罪。——《周礼》。引申为战场。⑦被：蒙受，遭受。例如：秦王复击轲，被八创。——《战国策·燕策》。⑧甲：披甲的人，即甲士、军队。例如：晋侯饮赵盾酒，伏甲将攻之。——《左传·宣公二年》。⑨兵：兵，械也。——《说文》。⑩椯：(duǒ)。通“剟”。——《说文》。在本章为刺、戳的含义。⑪昔：通“措”。犹用。⑫蚤：古同“爪”。⑬地：范围。

第14章　尊道贵德

【马王堆汉墓帛书资料】

【甲本】

道生之而德畜之物刑之而器成之是以万物尊道而贵□□之尊德之贵也夫莫之时而恒自然也道生之畜之长之遂之亭之□之□□□□□□□弗有也为而弗寺也长而弗宰也此之胃玄德

【乙本】

道生之德畜之物刑之而器成之是以万物尊道而贵德道之尊德之贵也夫莫之爵也而恒自然也道生之畜□□□□之亭之毒之养之复□□□□□□□□□□□□□弗宰是胃玄德

【校订本】

道生之，德畜之，物刑之，而器成之。是以万物尊道而贵德。道之尊也，德之贵也，夫莫之爵而恒自然也。道生之，畜之，长之，遂之，亭之，毒之，养之，覆之。生而弗有也，为而弗恃也，长而弗宰也，此之谓玄德。

【本书校订本】

道生之，而德畜①之，物刑之，而器成之，是以万物尊道而贵德。道之尊，德之贵也，夫莫之爵②而恒自然也。道生之，畜之，长之，遂③之，亭④之，毒⑤之，养⑥之，复⑦之。生而弗有也，为而弗寺⑧也，长而弗宰也，此之谓玄德。

【原文】**道生之，而德畜①之，**

【译文】道生万物，天道的运行来培育万物。

【原文】**物刑之，而器成之，是以万物尊道而贵德。**

【译文】太极分裂，而万物形成。所以，万物要尊重大自然的规律，要崇尚守道的行为。

【原文】**道之尊，德之贵也，夫莫之爵而恒自然也。**

【译文】道德的尊贵不是谁给授予的，而是永恒自然存在的。

【原文】**道生之，畜之，长之，遂③之，亭④之，毒⑤之，养⑥之，复⑦之。**

【译文】道生万物，要经过培育，生长，成形，成熟，生育，这是个反复循环的过程。

【原文】**生而弗有也，为而弗寺[8]也，长而弗宰也，此之谓玄德。**

【译文】道生宇宙万物而不占有，造化而不依赖，长成而不奴役、不杀戮。这就是道之大德。

【导读】

道生之，而德畜之，

道生之：道生一，即“无”生一。

德畜：大自然的运行培育万物。

先天之道乃虚空无极，由无极而生太极，后生宇宙万物，大自然之运行为德，如日月之往复，四季之轮回，空气之滋养，雨露之滋润，皆为大道之德来培育万物。

物刑之，而器成之，是以万物尊道而贵德。

物刑之：太极分裂后。此“物”为道生之“一”即太极。

器成之：万物形成。

太极分裂后，而使得万物形成。道者大自然运行之规律，德者为按道而行之行为。所以，万物要尊重大自然规律，要崇尚遵守大自然规律的行为。

道之尊，德之贵也，夫莫之爵而恒自然也。

莫之爵：不是谁授予的。

对大自然规律的尊重，对遵守大自然规律行为的崇尚。这个道德的尊贵不是谁给授予的，而是永恒自然存在的。

道生之，畜之，长之，遂之，亭之，毒之，养之，复之。

畜之：培育。

遂之：生长。

亭之：成形。

毒之：成熟。

养之：生育。

复之：反复。

道生万物，要经过培育，生长，成形，成熟，生育，这是个反复循环的过程。

生而弗有也，为而弗寺也，长而弗宰也，此之谓玄德。

弗有：不占有。

为：造化。

弗寺：字通“恃”，代表依赖。

弗宰：不奴役、不杀戮。

玄德：智慧深远之大德。

道生宇宙万物而不占有，造化而不依赖，长成而不奴役、不杀戮。这就是道之大德。道之德都是对世人的示范，如果世人想要得道，就必须按照道的规范来行为。

【感悟】

无极之道生寰宇，德畜万物润周全；
太极裂分器后成，尊道贵德存自然；
畜长遂亭毒养复，物质生灭有循环；
道生众物非为占，长而弗宰大德玄。

老子在本章讲解了道生宇宙万物的过程，宇宙万物为道所生，这个过程既是“无，名天地之始”。宇宙生成后的天地自然运行，在运行的过程中，用阳光、雨露、空气等滋润培育万物的生长。道生之太极原本浑圆一体，后经裂变而化成天地万物，这是大自然运行的规律；德是按道而行之行为，万物都要尊重大自然规律，都要崇尚遵守大自然规律的行为。老子在此重申了道德的内涵，明确说明了道不是谁授予的，而是大自然永恒存在的规律。所以，当世上出现各种以道德冠名为规定的时候，如果符合大自然运行的规律就是真道德，否则就是假道德。

为了让世人能都够明辨是非，老子在下面重点讲述了道德的核心内涵：道的行为就是生发宇宙万物，宇宙万物要经过道的培育，生长，成熟，成质，生育，这是个反复循环的过程。道生宇宙万物而不占有，造化而不依赖，长成后不对其进行奴役和杀戮，这就是道之大德。老子在此用道的行为来告诉世人，如果世人的行为是对万物不占有、不依赖、不奴役的，这就是遵守道的行为；对万物想要占为己有的、依赖万物而不能自主的、奴役杀戮万物等行为，皆属于背道而驰的行为。

那么，世人的什么行为是占为己有呢？举例如下：

从宇宙来看，例如：对宇宙空间占为己有，比如某些国家已经开始登上月球，但首先登上月球者并不代表月球属于某个个体的国家，如果将月球占为己有，这就是违反道的行为。

从国家来看，例如：掠夺其他国家的财富和资源；垄断世界的财富和资源；浪费财富和资源等，这些都是违反道的行为。

从个人来看，例如：掠夺别人的财富和资源；垄断国有的财富和资源；浪费财富和资源等，都是违反道的行为。

不论从生活的各个角度来说，世人对万物都是有依赖性的。尤其是现代人，由于机械化的发展，使得世人对地球能源的开采过于依赖。但资源是有限的，能耗是无限的，结果必然是导致资源的枯竭。

世人对万物的奴役和杀戮是严重的，不但对人和动物的奴役和杀戮，就是对能源的开采也是一种奴役和杀戮，对森林植物的破坏和砍伐也是一种奴役和杀戮。

综上所述，可以看出世人的行为大都是违反道的。背道而驰的结果，必然如刍狗般走向灭亡。世人只有深刻的理解老子所说的道德，才能正确指导自身的思想和行为，如此，才能保持我们这个世界的生存和发展。

【注释】

①畜：培养；培植。例如：君子以多识前言往行，以畜其德。——《易·大畜》。②爵：授爵或授官。③遂：生长。例如：禾稼春生，人必加功焉，故五谷得遂长。——《淮南子·修务》④亭：通“停”。《注》：亭以品其形。⑤毒：通“熟”，成熟。⑥养：生育。例如：家家养男当门户。——唐·张籍《筑城词》。⑦复：反复其道。——《易·复》。⑧寺：古通“恃”。本义：依赖，依靠。恃，赖也。——《说文》。

第15章 天下有始

【马王堆汉墓帛书资料】

【甲本】	【乙本】	【校订本】
天下有始以为天下母既得其母以知其□复守其母没身不	天下有始以为天下母既得其母以知其子既○知其子复守	天下有始，以为天下母。既得其母，以知其子，既知其

殆·塞其閲闭其门终身不堇启其閲济其事终身□□□小曰□守柔曰强用其光复归其明毋道身央是胃袭常

其母没身不佁塞其垗闭其门冬身不堇启其垗齐其□□□不棘见小曰明守□□强用□□□□□□□遗身央是胃□常

子，复守其母。没身不殆。塞其兑，闭其门，终身不勤。启其兑，济其事，终身不救。见小曰明，守柔曰强。用其光，复归其明，毋遗身殃，是谓袭常。

【本书校订本】

天下有始，以为天下母。既得其母，以知其子，复守其母，没[1]身不殆。塞[2]其闷[3]，闭其门[4]，终身不堇[5]。启[6]其闷，济[7]其事，终身不棘[8]。见小曰明，守柔曰强。用其光[9]，复归其明。毋[10]道身央[11]，是胃袭[12]常[13]。

【原文】**天下有始，以为天下母。**

【译文】天下万物皆以“有”为开始，以“有”为天下万物之母。

【原文】**既得其母，以知其子，**

【译文】既知其母为“有”，故能知其子为天下万物。

【原文】**复守其母，没[1]身不殆。**

【译文】天下万物要返回其母“有”的太极状态，直到生命终止也不要懈怠。

【原文】**塞[2]其闷[3]，闭其门[4]，终身不堇[5]。**

【译文】阻隔烦躁的思想，关闭烦恼之门，终身不会感觉到缺少些什么。

【原文】**启[6]其闷，济[7]其事，终身不棘[8]。**

【译文】开始世俗的旅程，去做众多的事务，终身也不会感受到艰难。

【原文】**见小曰明，守柔曰强。**

【译文】看清事物的本质，才能称为明；保持柔顺来遵守大自然的规律，才能称为强。

【原文】**用其光[9]，复归其明。**

【译文】将广大纷杂的万物，返本归元到简明。

【原文】**毋[10]道身央[11]，是胃袭[12]常[13]。**

【译文】不遵守大自然规律的人会遭殃，这个法则会持续到永恒。

【导读】

天下有始，以为天下母。

天下：指天下万物。

有始：从太极开始。（“有”为太极）

天下万物皆以太极为开始，以太极为天下万物之母。在道篇第一章曰：“有，名万物之母。”

既得其母，以知其子，

得其母：有了太极。

既然有了万物之母的太极，就可以了解太极所生的是天下万物。

复守其母，没身不殆。

复守其母：返本归元到其母的状态。

没身：生命终止。

天下万物返本归元到其母的状态，其母即是有、即是太极、即是道生之一。

还原到其母的状态，也就是恢复太极的守一状态。保持守一的状态，一直到生命终止也不要懈怠。

塞其闷，闭其门，终身不堇。

塞其闷：阻隔世间的烦恼。

闭其门：关闭与外界联系的通道。

不堇：不会缺少。

如果能够保持这样守一的状态，就可以阻隔世间的烦恼。关闭这个烦恼之门，终身也不会感觉到缺少些什么。

启其闷，济其事，终身不棘。

启其闷：开始烦恼的红尘。

济其事：做世间的事物。

不棘：不会感到艰难。

保持这样守一的状态，就可以去经历世间烦恼的红尘之路。虽然，在世间去做众多事务，但终身也不会感受到艰难。

见小曰明，守柔曰强。

见小：看清事物的本质。

守柔：保持柔顺。

看清楚事物的本质，才能称为明。此明，为了解天地万物的生成过程。天下纷杂的万物由一而来，其数为小，其理则明。

保持柔顺状态来遵守大自然的规律，才能称之为强。

用其光，复归其明。

用其光：用世间广大繁杂的万物。（光：通“广”，代表广大的物质世界。）

怎样才能做到见微知著呢？要用其“光”。这是什么“光”？这个“光”代表了物质世界众多繁杂的事物。“复归其明”，既是将世间纷杂的万物化繁为简，万物归一。因为，只有明了大道至简，方能称之为明。

毋道身央，是胃袭常。

毋道：不遵守道。

身央：自身遭殃。

袭常：持续永恒。

不遵守大自然规律的人一定会遭殃的，这个法则会持续到永恒。这个法则就是“天人合一”。因此，破坏自然者一定会对应到自身的损害。

【感悟】

太极有始天下母，可知其子万物驻；
抱元守一归为径，没身不殆得道路；
阻隔世间烦恼起，闭门守道循无入；
从此可启红尘旅，济事终身不棘途；
大道至简一清楚，守柔曰强苍天度；
化繁为简明真有，毋道身央谓恒数。

天下万物皆由太极开始，太极为万物之母。既知其母，必然能知万物乃为太极之子。作为太极之子，天下万物要回归到其母的一体状态，到生命终止也不能懈怠。老子为什么要求天下万物要恢复到其母的太极状态呢？因为，万物是处在分裂状态，所以，能量和能力是缺失和弱小的状态。万物只有返本归元到太极状态，才能恢复其圆满的能量和能力。

保持着抱元守一的状态，就会隔绝其烦恼的生发，就会关闭世俗的烦恼之门。因为，抱元守一的时候，就会得到真正圆满，终身也不会有任何的缺少。

保持抱元守一状态的的时候，如果开始红尘之旅，虽要做世俗的众多事务，但终身不会感到有什么艰难。因为，保持抱元守一的状态，就会关闭烦恼之门，所以不会感觉到世俗的艰难。

世人学道修道后，能懂得抱元守一的真理，不论在出世的状态，还是入世的状态，都会是圆满顺利的。学道者懂得世人与万物皆为一体，自然就不存在得与失，当然也就不存在任何艰难。

能看清事物的本质，才能称为明。宇宙万物本为一体，一数为小，最为简明。《易经》之名乃因大道至简，老子之道与《易经》之道别无二致。因为，老子崇尚的大道也是“天人合一”。

道是最圆满的，能量和能力是最大的。道为至柔，学道者要保持守道至柔，才能圆满得道。

把广大繁杂的宇宙万物化繁为简，恢复到“一”。这时候，道是最清晰明显的。只有尊崇道德者，才能获得最强大的能力；如果不尊崇道德，其结果必然是分裂成弱小而遭殃。老子所述说的这些道理，就是大自然永恒不变的规律。

【注释】

①没：通“殁”，死。庖牺氏没，神农氏作。——《易·系辞下》。②塞：塞，隔也。——《说文》。③闷：内心烦躁的思想。④门：联系外界的通道。⑤堇：少。⑥启：出发；起程。正月启蛰。——《仪礼·夏小正》。传：“言始发蛰也。”⑦济：贯通。⑧棘：困难。⑨广：广大，宽阔。昔武王克商，光有天下。——《左传·昭公二十八年》。在此代表众多繁杂。⑩毋：没有。⑪央：通“殃”。灾祸。⑫袭：继承；沿袭。⑬常：永远。

第16章 行于大道

【马王堆汉墓帛书资料】

【甲本】

使我㩜有知也□□大道唯□□□□□甚夷∠民甚好解朝甚除田甚芜仓甚虚服文采

【乙本】

使我介有知也行于大道唯他是畏大道甚夷民甚好僻朝甚除田甚芜仓甚虚服文采带利

【校订本】

使我絜有知也，行于大道，唯施是畏。大道甚夷，民甚好𡾰。朝甚除，田甚芜，仓

带利□□食货□□□□□□□□□□□□□	剑猒食而赍财□□□□盗□□□非□也	甚虚，服文彩，带利剑，厌食而资财有余，是谓盗夸。盗夸，非道也。

【本书校订本】

使我介①，有知也。行于大道，唯他是畏②。大道甚夷③，民甚好解。朝④甚⑤除⑥，田甚芜，仓甚虚；服文采，带利剑，厌⑦食而赍⑧财有馀，是谓盗夸⑨。盗夸，非道也！

【原文】**使我介①，有知也，**

【译文】使得世人与无极世界隔离，是因为世人只知道物质世界。

【原文】**行于大道，唯他是畏②。**

【译文】生存在自然界当中，只对物质世界有认知是有罪的。

【原文】**大道甚夷③，民甚好解。**

【译文】大自然的规律非常简单，民众非常容易理解。

【原文】**朝④甚⑤除⑥，田甚芜，仓甚虚；**

【译文】统治系统过多的等级划分，会导致农田极端荒芜，仓库极端空虚。

【原文】**服文采，带利剑，厌⑦食而赍⑧财有馀，是谓盗夸⑨。**

【译文】身穿华丽服装的贵族阶级，佩戴利剑的强权阶级，丰衣足食而钱财有余，这都是窃取的奢华。

【原文】**盗夸，非道也！**

【译文】窃取的奢华，这是不遵守道啊！

【导读】

使我介，有知也。

我：代表世人。

介：隔离。代表与先天无极世界的隔离。

有知：对物质世界的认知。

使得世人与先天无极世界隔离，这是因为世人只对后天物质世界有认知。这也是说，世人对“先天无极世界”没有认知。

行于大道，唯他是畏。

唯他：只对物质世界有认知。

是畏：是有罪的。

生活在大自然当中，只对物质世界有所认知，而对先天无极世界没有认知，这是不圆满的认知。老子说：这种有缺陷的认知是有罪的。

大道甚夷，民甚好解。

甚夷：非常平坦。

好解：容易理解。

大道其实非常平坦好走，民众也非常容易理解。因为，“大道至简”。

朝甚除，田甚芜，仓甚虚；

朝：代表朝廷、政府、统治阶层。

除：代表大殿的台阶，引申为等级的划分。

芜：荒芜。

仓：代表粮库和百姓的生活储备。

统治系统过多的等级划分，会导致贫富差距扩大，农田极端荒芜，百姓的粮仓和生活储备极端空虚，这代表黎民百姓生活艰难。

服文采，带利剑，厌食而赍财有馀，是谓盗夸。

服：代表服装。

文：代表服装的花纹。

采：代表服装色彩鲜艳华丽。

带利剑：代表强权阶级。

厌食：足食。

赍：拥有。

盗夸：代表窃取的奢华。

有些人身穿绣着花纹的华丽服装，这是代表贵族阶级；有些人佩戴利剑，这是代表强权阶级。他们丰衣足食、财产丰厚，但他们的富贵都是窃取的。所以，这称之为“盗夸”。

盗夸，非道也！

盗夸：窃取的奢华。

这些富贵是窃取的奢华，这不是正道啊！这说明，阶级划分过大是背道而驰的错误管理！

【感悟】

使我隔离先天路，皆因只知寻后天；

回归大道途须明，唯知物界是罪源；
大道甚夷民可解，阶级多大田仓闲；
锦衣玉食奢华足，盗夸非道背道远。

老子在本章说，世人已经与无极世界隔离了。因为，世人只对物质世界有认知。生活在自然界当中，世人只对物质世界有认知，而对“先天无极世界”没有认知，这是错误的。

既然违反道的行为是错误的，世人首要的任务就是要了解大道。有人会问，道难不难学呀，道能学会吗？老子曰：“大道甚夷，民甚好解。”这是老子所做的明确回答，说明大道非常简单，人民非常容易理解。老子在本书中处处都在讲大道，前面的文章已经做出了详细的解释。

在国家治理当中，如果社会出现阶级划分过多的现象，这就属于违背道。因为，社会等级划分过多，会导致田地荒芜、仓库空虚。等级划分过多，必然会导致社会贫富差距拉大，而这是财富分配不公平所导致。社会底层的人们的付出和收获不成正比，劳动人民付出再多辛苦也不能丰衣足食；而贵族阶级不用付出劳动，却能丰衣足食和奢侈浪费。这种财富分配不公平的模式，必然会导致贫苦百姓的思想和行为失衡，如果农民辛辛苦苦地种地而赚不到钱，而且还不能维持生计，那谁还愿意种地呢？这就是“田甚芜，仓甚虚”的原因。

老子讲述贫苦百姓的情况后，又介绍了有权有势的贵族阶级，用穿着华丽服装者来代表有钱阶级；用佩戴宝剑者来代表有势力的阶级。这些有钱有势的人们丰衣足食、财富多多，老子给这些人的定位是“盗夸”，说明其享受的奢华都是窃取而来的。富贵者窃取的是谁的财富呢？窃取的是基层百姓的财富。因为，这些贵族阶级都是窃取的行为，所以，老子说他们的行为是“非道也”。“非道”在法律上没有罪，但在道德上是有罪的！

从本章的学习，我们可以懂得一个道理，为什么自古以来的圣人们都不是富贵之人，就算是拥有富贵的身份也会舍弃，这是因为他懂得：“盗夸，非道也！”

【注释】

①介：间隔，隔开。例如：前乡崧高，后介大河。——《汉书·翼奉传》。②畏：畏，罪也。——《广雅》。③夷：平坦。引申为平常、简易。④朝：朝廷。引申为统治管理系

统。⑤甚：非常、过多、过分、极端。⑥除：除，殿阶也。——《说文》。按：阶级如山石之高下，故从阜。⑦厌：满足；本义：吃饱。⑧赍：（jī）携带；持。引申为拥有。⑨夸：夸，奢也。——《说文》。

第17章　修之天下

【马王堆汉墓帛书资料】

【甲本】

善建□□拔□□□□□□子孙以祭祀□□□□□□□□□□□□□□□□□余修之□□□□□□□□□□□□□□□□□□□□其以身□身以家观家以乡观乡以邦观邦以天□观□□□□□□□□□□□□□□□

【乙本】

善建者□□□□□□□□子孙以祭祀不绝脩之身其德乃真脩之家其德有馀脩之乡其德乃长脩之邦其德乃夆脩之天下其德乃博以身观身以家观□□□□国以天下观天下吾何□知天下然兹以□

【校订本】

善建者不拔，善抱者不脱，子孙以祭祀不绝。修之身，其德乃真。修之家，其德有余。修之乡，其德乃长。修之邦，其德乃丰。修之天下，其德乃博。以身观身，以家观家，以乡观乡，以邦观邦，以天下观天下。吾何以知天下然兹？以此。

【本书校订本】

善建者不拔，善抱者不脱，子孙以祭祀不绝。修①之身，其德②乃真；修之家，其德有馀；修之乡，其德乃长；修之邦，其德乃丰；修之天下，其德乃博。以身观身，以家观家，以乡观乡，以邦观邦，以天下观天下。吾何以知天下然③兹④？以此。

【原文】善建者不拔，善抱者不脱，子孙以祭祀不绝。

【译文】善于开创者，所建立的事业根基牢固，不会轻易毁坏和失败；善于守江山者，保持着已有的成果不失去。只有这样，才能得到子孙后代的敬仰和不断的祭祀。

【原文】修①之身，其德②乃真；

【译文】以道为标准不断完善和修正自身的人，其品德和收获是真实的。

【原文】**修之家，其德有馀；**

【译文】以道为标准不断完善和修正的家庭，其品德和收获皆有余。

【原文】**修之乡，其德乃长；**

【译文】以道为标准不断完善和修正的城乡，结果是民风的提升和真实利益的增长。

【原文】**修之邦，其德乃丰；**

【译文】以道为标准不断完善和修正的国家，结果就是民风的提升和收获的丰厚。

【原文】**修之天下，其德乃博。**

【译文】以道为标准不断完善和修正的天下，结果是世风的完善和收获的博大。

【原文】**以身观身，以家观家，**

【译文】以其身之德可显示其身之道，以其家之德可显示其家之道。

【原文】**以乡观乡，以邦观邦，**

【译文】以其乡之德可显示其乡之道，以其国之德可显示其国之道。

【原文】**以天下观天下。**

【译文】以天下之德可显示天下之道。

【原文】**吾何以知天下然[3]兹[4]？以此。**

【译文】我们如何知道天下之发展呢？以此。（以其德显示其道。）

【导读】

善建者不拔，善抱者不脱，子孙以祭祀不绝。

善建：善于建设。

不拔：不会毁坏。

善抱：善于抱持。引申为善于保持。

不脱：不会脱手。引申为不会失败。

善于建立、建树、建设的人，所做出的建设成果不会毁坏，这是比喻开创事业的人认真负责，只有把开创事业的根基做的牢固，才能使得事业发展稳定不至于毁坏和失败。

善于抱东西的人不会脱手，这是用来比喻对于事业的管理，建者为打江山，抱者为守江山，只有做任何事物都是扎扎实实、稳步前进的时候，才能够守持着已有的成果不失去。

做任何事业的人都需要善建和善抱，这才能长久留善名于世，才能得到子孙后代的敬仰和不断的祭祀。

修之身，其德乃真；

修之身：以道为标准来修正自己的行为和完善自己品质的人。

其德：这里代表遵守道的行为和收获。

道是大自然的规律，德是能遵守大自然规律的行为。“修之身”就是能以道为标准来修正和完善自身品质的人。这个修身的结果，就是品德的提升和真实利益的收获，这个利益不是世间的金钱利益，而是获得真正的幸福快乐。

修之家，其德有馀；

“修之家”是以道为标准来修正和完善自己的家庭，结果是使得家庭和睦，后代吉祥。家庭是世界的基本细胞，家庭的完善就是世界社会和谐的基础，“修之家”不但对家庭自身的利益大，而且对国家乃至世界都是有意义的行为，其结果就是品德的提升和真实利益的收获。

修之乡，其德乃长；

这里的“乡”既是城镇和乡村，是指比家庭更大范围的单位。“修之乡”是以道为标准不断修正和完善的城乡风气，而使得当地城乡的民风淳朴而高尚，其结果就是使得乡镇民风的提升和百姓真实利益的增长。

修之邦，其德乃丰；

“邦”是以邦国为单位，“修之邦”就是以道为标准不断修正和完善的国家，修邦的重点就是文化教育，是对宇宙人生真相的正确认识。当国家把文化教育提到最重要位置上的时候，才是“修之邦”。“修之邦”会使得国民素质真正的提高，人民生活真正的幸福，这就是“德之丰”。

修之天下，其德乃博。

天下的概念很大，不单指我们的地球，而是指整个物质世界。我们地球人连自身所处的地球都没有认识清楚，更不用说去真正地认识整个宇宙了。但是，不是所有的人都不了解宇宙的真相，我们的古圣先贤是了解宇宙真相的人，圣人们的使命就是教育，教育的目的就是让我们学习和了解宇宙的真相。当人们通过圣人的教育，了解了宇宙人生的真相以后，就会以道为标准来不断修正和完善自己。当天下人都能学习到圣人之道，才能称为“修之天下”，其结果就是天下众生的品德共同提高，天下人都过上幸福快乐的生活，这就是德之博。

以身观身，以家观家，

通过对《老子》的学习，我们应该懂得修身之道即为“无”之道，修行的具体内容既是效法“无”之道，从而完善自己的思想和行为，因而获得真正的利益称之为德。其“修之德”为“有”之获得，也可以直观地说：“无”为道，“有”为德。

“观”字代表显示。

我们能以其身之德来显示其身之道；以其家之德来显示其家之道。

以乡观乡，以邦观邦，

世界各地都各有各自的风土人情，每个城乡的风土人情都可以显示当地的行为标准；从每个邦国人民生活的状态和国家的整体状态，就可以知道其邦国之道如何。

以天下观天下。

天下代表的是整个物质世界，世界大环境的状态代表了整体世界的发展之道。

吾何以知天下然兹？以此。

天下然：天下的状态。

这里的“吾”不单是指老子本人，而是代表所有的世人，这是说，我们世人如何才能知道天下之发展状态呢？

“以此”，就是以自身的、城乡的、邦国的、天下世人的品德、民风、素质和生活品质，来显示其个人、城乡、邦国、天下是否守道，这就是以其德观其道，也可以其道观其德。

【感悟】

善建不拔创业牢，抱者不脱守业妙；
修身德真福乐有，家修余德有后孝；
端正城乡民收长，道治邦国百姓饶；
天下有道苍生福，何须圣贤再传教；
欲知天下生灵态，道可观德德观道。

老子在本章是说，善于开创各种事业的人，所开创的事业不容易毁坏和失败。例如：儒、释、道三教圣人所开创的事业恒古常新，历经千秋也没有灭亡，所以，三教圣人可以称之为善建者。因为其基础打的牢固，儒、释、道的传人们才能将儒、释、道的事业继承和发扬，这些人可以称为善抱者。只有如同这样的善建者和后来的善抱者，才能使得子孙后代对其祭祀不断。

谈到这里，很多人会有的疑问，祭祀到底有什么用呢？祭祀是否是迷信活动呢？如果不把祭祀这个疑问解开，那就等于整篇文章没有解开。祭祀是中国传统文化的一个重要组成部分，从古至今，上至国家政府、帝王将相，下至黎民百姓，每逢年节都要祭祀祖宗，帝王有宗庙，百姓有祠堂。祭祀是中国孝道的基础，如果人们能够怀念敬仰千百年前的圣贤和祖先，这样的人对于父母师长自然会是孝行为先、尊师重道。所以说，祭祀是道德教育的重要手段。老子所说的子孙祭祀，是因为善建者和善抱者成为了后人学习的榜样，而得到子孙祭祀不绝，这说明其事业的发展有了传承和弘扬。

“修之身”是以道德为标准来修正自己的思想和行为，所有古圣先贤的成功都是通过修行而来的。我们所有的后学者想要得道，都必然要经过修行的过程。那么，修行的内容有哪些呢？以传统文化的修行标准来说，就是要遵守“仁义礼智信”，只要按照这个标准来修行，自然能得到品德的提升和真实利益的收获。

“修之家”是以道德为标准来修正家庭的关系和观念。老子、孔子提出了“仁义礼智信”等伦理道德观念，孟子进而具体提出“父子有亲，君臣有义，夫妇有别，长幼有序，朋友有信”的“五伦”道德规范。

“修之乡”是以道为标准不断完善和修正的城乡风气，这能使得当地城乡的民风淳朴而高尚。无论世界如何改变，每个人的内心里都希望找到一个世外桃源，人们都奉公守法，官员爱民如子，父母慈爱，子女孝顺，尊师重道，夫妻和睦，朋友忠信，人人皆有仁爱之心，人人尊道守德，整个城乡路不拾遗，夜不闭户……如果对于每个城乡的治理能够达到这样的程度，那人间处处都是世外桃源，遍地都是人间净土。

一个国家发展和兴衰的重点就是文化教育，在我国也是世界上最早的一部教育专著《礼记·学记》中曰：“建国君民，教学为先。”这是说，建设国家，上至君王，下至百姓，都是以教育为最优先、最重要的事情，只有重视文化教育，才是我们中华民族几千年来生生不息的根本原因。一个有文化的国家才是“修之邦”，只有“修之邦”才是百姓安居乐业的根本。

文化不单是某一个国家发展的重点，而是全天下人们生存发展的核心内容。文化教育是所有圣贤的共同使命，所以，儒、释、道三家的使命都是教育，三教的目标都是世界大同。三教圣人都很清楚，想要获得世界和平、社会安定、世人幸福的唯一方法就是文化教育。

道是规律，德是守道的行为。看人们自身的行为，就可以显示其人是否守道；看家庭关系的和睦与否，就可以显示其家是否守道；看城乡的民风，就可以显示其乡是否守道；看其邦国的国策，就可以显示其邦国是否守道；看天下人民安居乐业与否，就可以显示天下人是否守道。所以，我们只要看个人、家庭、城乡、邦国的表现，就可以知道天下发展的状态。

【注释】

①修：以道为标准而不断完善和改进为修。②德：道为规律，德为按规律而行之行为。③然：代词。如此；这样。在此代表一种状态和发展。④兹：语气词。哉，呀。

第18章　比于赤子

【马王堆汉墓帛书资料】

【甲本】

□□之厚□比于赤子逢㓷螺地弗螫擭鸟猛兽弗搏骨弱筋柔而握固未知牝牡□□而朘□精□至也终曰号而不嗄和之至也和曰常知和曰明益生曰祥心使气曰强□□即老胃之不道不□□□

【乙本】

含德之厚者比于赤子蠭疠虫蛇弗赫据鸟孟兽弗捕骨弱筋柔而握固∠未知牝牡之会而朘怒精之至也冬日号而不嗄和□□□□□□常知常曰明益生□祥心使气曰强物□则老胃之不道不道蚤已

【校订本】

含德之厚者，比于赤子。蜂虿虺蛇弗螫，攫鸟猛兽弗搏，骨弱筋柔而握固，未知牝牡之会而朘怒，精之至也。终日号而不嗄，和之至也。知和曰常，知和曰明，益生曰祥，心使气曰强。物壮则老，谓之不道，不道蚤已。

【本书校订本】

含德之厚者，比于赤子①。逢②厉虫蛇弗螫③，攫④鸟猛兽弗搏⑤。骨弱筋柔而握固⑥，未知牝牡之合而朘⑦怒，精之至⑧也。终日号⑨而不嗄⑩，和⑪之至也。和曰常；知和曰明；益生曰祥[12]；心使气曰强。物壮即老，胃之不道，不道蚤[13]已[14]。

【原文】**含德之厚者，比于赤子[1]。**

【译文】具备德行非常深厚的人，如婴儿般真诚无邪。

【原文】**逢[2]厉虫蛇弗螫[3]，攫[4]鸟猛兽弗搏[5]。**

【译文】遭遇虫毒蛇而不被螫咬，利爪猛禽不来袭击。

【原文】**骨弱筋柔而握固[6]，未知牝牡之合而朘[7]怒，精之至[8]也。**

【译文】筋骨柔弱而手握坚固，还不懂雌雄交合之事而生殖器勃起，这是元精充满的缘故。

【原文】**终日号[9]而不嗄[10]，和[11]之至也。**

【译文】终日哭叫而不嘶哑，身体非常健康。

【原文】**和曰常；知和曰明；**

【译文】健康才是正常的状态，智慧的健康才是真正的明白人。

【原文】**益生曰祥[12]；心使气曰强。**

【译文】做有益于生命的事物是吉祥的；意念能驱使气脉行走是强健的。

【原文】**物壮即老，胃之不道，不道蚤[13]已[14]。**

【译文】事物发展才到壮大的时候，就面临了衰亡，这是不符合发展规律的，不符合规律的事物要及早停止。

【导读】

含德之厚者，比于赤子。

含德：具备德行。

赤子：婴儿，比喻真诚无邪。

真正遵守大道的修行者，必然是具有深厚德行的人，这样人的心态和境界非常的纯净，就有如婴儿般真诚无邪。这是对于修行者的一种形容。

逢厉虫蛇弗螫，攫鸟猛兽弗搏。

弗螫：虫蛇不刺咬。

攫鸟：具有利爪的猛禽。

心地真诚无邪而有德行的人，在遭遇厉虫毒蛇的时候，不会被螫咬；具有利爪的猛禽也不会来袭击。

骨弱筋柔而握固，未知牝牡之合而朘怒，精之至也。

握固：初生婴儿握手的姿势，后来被许多修丹练气之士用来借鉴养生，以此来辅助保养先天之元气；

牝牡：雌雄。

朘怒：男婴的生殖器的挺立。

婴儿筋骨柔弱而手握坚固，这样的动作是对先天元气的一种保养和固守。虽然，男婴儿还不懂雌雄交合之事，但却能使得生殖器勃起，这就是因为男婴元精充满的缘故。

终日号而不嗄，和之至也。

不嗄：嗓音不嘶哑。

和之至：非常的健康舒适。

很多婴儿有时终日哭叫而嗓音不会嘶哑，这说明婴儿的身体非常健康。

和曰常；知和曰明；

知和：智慧的健康。

人们在婴儿时期所表现的健康是正常的状态，只有净化了思想的心灵才是智慧的健康，这才是对健康的真正的了解。

益生曰祥；心使气曰强。

人生的行为分为两种，一种是对人生生命有益的事情，另一种是对人生生命有害的事情。所以，人们只有做有益于生命的事情，才能有吉祥的结果。

人的身体健康强健有多种表现，有的人可以用意念驱使自身的气脉行走，这样的身体才是强健的。

物壮即老，胃之不道，不道蚤已。

不论世间任何事物的发展都是有规律的，但在其壮大的时候就面临了衰亡，这是不符合事物客观发展规律的。所以，只有及早停止背道而驰的行为，才能恢复事物的正常发展。

【感悟】

德厚可比赤子深，能避禽虫厉兽侵；

筋骨柔弱握固稳，朘怒非为牝牡因；

终日号而声不哑，和之至也健精神；

婴儿心净智康见，使气行者益生存；

物壮即老非为道，停止背道德乃真。

老子在本章介绍了具有深厚道德的人，说他们有如婴儿般真诚无邪。为什么用婴儿来比喻有德行的人呢？因为，初生的婴儿纯真自然，没有私心杂念，正所谓“人之初，性本善”，婴儿的状态符合了大自然的规律，完全顺应自然，没有丝毫的做作，如果修道人能够达到婴儿的状态，就是返璞归真的高深境界。

如果修行者能达到婴儿的状态，就会出现很多难以理解的现象，比如遭遇厉虫毒蛇而不会被螫咬，凶禽猛兽也不会来袭击。例如：世界上已知由狼哺育的幼童就有很多，狼孩和被其他野兽抚育的幼童又统称为野孩。这些婴儿被野兽抚育而没有被伤害，也就从侧面印证了老子的理论和预言。这在世人的思想观念中，本是不符合常理的事情，而这恰恰是事实的真相。因为，世俗之人所了解到的事物，大都不是事物的本质和真相。所以，导致世俗的行为大都是背道而驰的。世间一切事物都是有因果规律的，例如：杀戮和斗争本来是不符合大自然规律的事情，有杀戮之因，必然有仇恨之果；有斗争必然之因，必然有失败之果。所以，世界上如果没有杀戮，就没有仇恨；没有斗争，就没有失败。

“握固”是用大拇指掐住无名指的指根处，另外四指握住大拇指。大拇指所掐无名指的指根处相当于肝魂的关窍。手能握住这里，就说明肝经之气充足和元气充足。老子说婴儿虽然骨弱筋柔，但手能握固，说明了婴儿的元气充足，肝经之气充足；男婴还不知道雌雄交合之事，但其生殖器一般都是挺立的，这说明婴儿的元气充沛；婴儿终日哭号而嗓音不嘶哑，说明婴儿非常的健康。

老子介绍婴儿的几种状态，都是元气充沛的健康表现。当修行人达到健康婴儿这些状态的时候，才能称得上是健康的人；老子同时也说明，只有思想智慧健康者，才是真正的明白人。智慧的健康，会指导人们去做有益于生命的事情，这样行为的结果才会是吉祥的。再有，真正的身体健康者，可以用意念驱使自身气脉运行，这也是个衡量健康的标准。

世间一切事物的发展都是有规律的，当事物的发展在正当壮大的时候，就面临的衰亡，这说明其违背了自然发展的规律。这时候，就要及时纠正自身的错误思想和行为，正所谓“亡羊补牢，犹未晚矣”。

例如：《黄帝内经》曰：余闻上古之人，春秋皆度百岁，而动作不衰；今时之人，年半百而动作皆衰者，时世异耶？人将失之耶？岐伯对曰：上古之人，其知道者，法于阴阳，和于术数，食饮有节，起居有常，不妄作劳，故能形与神俱，而尽终其天年，度百岁乃去。

今时之人不然也，以酒为浆，以妄为常，醉以入房，以欲竭其精，以耗散其真，不知持满，不时御神，务快其心，逆于生乐，起居无节，故半百而衰也。

《黄帝内经》的这段话，可以为本章作一个很好注解。“上古之人百岁而动作不衰，而今时之人年逾半百则动作皆衰”，说明了后人的思想和行为已经背离了自然之道。这时候，需要把背道而驰的事情及时停止和改正。当世人都能遵守大自然规律的时候，人们才能获得真正的健康和智慧。

【注释】

①赤子：裸落身体的婴儿。比喻纯真、至诚、无邪。②逢：通遭遇。③螫：（shì）毒虫或毒蛇咬刺。④攫：（jué）攫噬（抓取而吞噬）。在此代表厉爪之猛禽。⑤搏：搏，击也。——《广雅》。在此代表袭击。⑥握固：初生婴儿是拇指在内，四指握之，此手型称为握固。⑦朘：（zuī）男婴的生殖器。⑧至：充分，充足。⑨号：婴儿哭叫。⑩嗄：（shà）嗓音嘶哑。⑪和：指身体健康舒适。例如：和于身也。——《战国策·赵策》。⑫祥：祥，福也。——《说文》；祥，善也。——《尔雅》。李注：“福之善也。”⑬蚤：通“早”。⑭已：止。

第19章　知者弗言

【马王堆汉墓帛书资料】

【甲本】	【乙本】	【校订本】
□□弗言言者弗知∠塞其闷闭其□□其光同其墼坐其阅解其纷是胃玄同∠故不可得而亲亦不可得而疏∠不可得而利亦不可得而害不可□而	知者弗言言者弗知塞其𡊄闭其门和其光同其麈銼其兑解其纷是胃玄同故不可得而亲亦□□得而□□□得而○利□□□得而害不可得而贵亦	知者弗言，言者弗知。塞其兑，闭其门，和其光，同其尘，挫其锐，解其纷，是谓玄同。故不可得而亲，亦不可得而疏；不可得而利，亦

贵亦不可得而浅故为天下贵	不可得而贱故为天下贵	不可得而害；不可得而贵，亦不可得而贱，故为天下贵。

【本书校订本】

知者弗言[①]，言者弗知。塞其闷，闭其门，和其光[②]，同其尘，锉其兑，解其纷，是胃玄同。故不可得而亲，亦不可得而疏；不可得而利，亦不可得而害；不可得而贵，亦不可得而浅[③]，故为天下贵。

【原文】**知者弗言[①]，言者弗知。**

【译文】懂得道的人不用去询问，去询问道的人是因为不懂道。

【原文】**塞其闷，闭其门，**

【译文】阻隔烦恼的发生，关闭烦恼的生发源头。

【原文】**和其光[②]，同其尘，**

【译文】用意念混合广大的物质世界，如同尘土一样化为灰烬。

【原文】**锉其兑，解其纷，是胃玄同。**

【译文】摧毁天地万物，放下纷乱的事物，（这种对意念的统一控制的方法）称为“玄同”。

【原文】**故不可得而亲，亦不可得而疏；**

【译文】不可因获得了“玄同”之法而使用频繁，也不可放松懈怠。

【原文】**不可得而利，亦不可得而害；**

【译文】不可因获得了“玄同”之法而去做利己之事，也不可用此法去做害人之事。

【原文】**不可得而贵，亦不可得而浅[③]，故为天下贵。**

【译文】不可因获得此法而产生傲慢之心；也不可因获得此法而有所轻视。因为，此法是天下人都应该尊崇的。

【导读】

知者弗言，言者弗知。

知者：有智慧者。

弗言：不用询问。

言者：询问者。

后人把“知者弗言”解释成智者不说话、不多言，这就导致此言成为千古误传之一。智者不但要说话，而且还要多说话才能完成圣人的教育使命。因为，所有的圣人都是用其一生来说教的。

这里不是说智者不说话，而是说：真正得道的智者不用再去询问道了。因为，道是圣人通过观察宇宙运行而了解的，而不是去询问得来的。普通人没有观察宇宙的能力，只有向得道的圣人们去问道。因此老子说，去询问道者都是不懂道的人。

塞其闷，闭其门，

这是老子教导世人对付烦恼的方法，普通问道者想要获得观察宇宙的能力和方法，首先要阻隔烦躁的思想，封闭烦躁的来源。

和其光，同其尘，

当做好了准备工作以后，要用意念来将广大的物质世界，如同尘土一样化为灰烬。

锉其兑，解其纷，是胃玄同。

玄同：把纷杂的思想和意念进行统一，这个方法，称之为玄同。

在意念上摧毁天地万物，融解、放下世间纷乱的万事。这种控制意念的方法，老子称其为玄同。

故不可得而亲，亦不可得而疏；

获得这个“玄同”的方法虽然简单，但事实上并非如此，这个能力是长期的修行而获得的。此法来之不易，不可因此而使用过度，也不可因已得此法而放松懈怠。

不可得而利，亦不可得而害；

不可用这个玄同定力来获取利益，也不可用此能力去做有损害德行的事。

不可得而贵，亦不可得而浅，故为天下贵。

不可因为获得玄同之法而产生傲慢之心，也不可因为获得此法而轻视这个方法。因为，玄同之法是天下人都应该崇尚和珍惜的。

【感悟】

智者明道何须问，询道未开大智缘；
欲观宇宙真妙有，起心动念修真传；
阻隔烦恼毋启动，闭门封断乱心源；

混合大千归一体，化为灰烬意非凡；
锉锐解纷摧物念，获取玄同得定禅；
成就来之皆不易，亲疏但须有节管；
损人利己非真道，谦心重道得众宣。

老子在本章所讲述的重点在“玄同”二字上，“玄同”就是通过修行而获得定力的一种方法，如佛家曰：“戒能生定，定能生慧。”老子曰：“塞其闷，闭其门。”就是戒的总纲领。在世间，影响世人产生智慧的最大障碍，就是烦恼。只有阻隔烦恼的发生和关闭烦恼的来源，才能有效地避免烦恼的干扰。这个排除烦恼干扰的过程，就是遵守戒律的一种修行。当然，这其中所修行的过程和所遇到的困难是巨大而复杂的。老子的语言是高度提炼和高度概括的，在学习《老子》的过程中需要深思熟虑。因为，老子给了我们后人悟道的空间，后人在学习的过程中只有经过悟道的过程，加上真实的付出，才能有真实的收获和至高的喜悦。如此，才能真正懂得对道的尊重和珍惜。

对于烦恼的认识，在《金刚经》曰：“一切有为法，如梦幻泡影，如露亦如电，应作如是观。”这和老子所说的是：“塞其闷，闭其门，和其光，同其尘，锉其兑而解其纷。”如出一辙，虽异曲而同工。

世人中不论富贵贫贱，都有痛苦和烦恼，其原因都是不能放下世俗物质的享受和欲望。事实上，世间的一切物欲享受皆如梦幻泡影转瞬即逝，如果世人都能够看破此事，便不会受到烦恼的干扰，然后才能获得定力。这个获得定力的方法，就是老子所说的“玄同”。老子告诫我们后人，在获得此法后不要使用的太过频繁。因为，这也是一种贪婪的表现，也是烦恼的源头。而且，烦恼的产生会导致失去定力。但也不要因为获得了这种能力就此懈怠，凡事都需要适度，关于“玄同”的运用，过紧与过松都是不符合道的。

不可因获得“玄同”之法而用其获取利益，也不可去做有损害德行的行为。因为，损人利己是背道而驰的行为。

不可因获得了“玄同”之法而产生傲慢之心，也不可因此而轻视这种方法。“玄同”之法可以恢复人们原本具有的先天能力，这是天下人都应该崇尚和珍惜的。

按照老子所传之道修行，会恢复先天的定力，会生发出智慧。因此，才能了解宇宙人生的真相。当修道人获得智慧后，就不用再去询问道了，这就是“知者弗言”。

【注释】

①言：问。臣意言王曰："才人女子竖何能？"——《史记》。王引之述闻："言王，问王也。"②光：广大。详见道篇第四章。③浅：通"贱"。

第20章　以正之邦

【马王堆汉墓帛书资料】

【甲本】

以正之邦以畸用兵以无事取天下吾何□□□□也哉夫天下□□讳而民弥贫∠民多利器而邦家兹昏人多知而何物兹□□□□盗贼□□□□□□□□□□我无为也而民自化我好静而民自正我无事民□□□□□□□□□□□□

【乙本】

以正之国以畸用兵以无事取天下吾何以知其然也才夫天下多忌讳而民弥贫民多利器□□□□昏□□□□□□□□□□□物兹章而盗贼□□是以□人之言曰我无为而民自化我好静而民自正我无事而民自富我欲不欲而民自朴

【校订本】

以正之邦，以奇用兵，以无事取天下。吾何以知其然也哉？夫天下多忌讳，而民弥贫。民多利器，而邦家滋昏。人多智慧，而奇物滋起。法物滋章，而盗贼多有。是以圣人之言曰："我无为而民自化，我好静而民自正，我无事而民自富。我欲不欲而民自朴。"

【本书校订本】

以正①之邦，以畸②用兵。以无事③取天下，吾何以知其然也哉？夫天下多忌讳，而民弥贫；民多利器，而邦家兹昏；人多知，而何④物兹起；法⑤物兹彰，而盗贼多有。是以圣人之言曰：我无为也，而民自化；我好静，而民自正；我无事，民自富；我欲不欲，而民自朴。

【原文】以正①之邦，以畸②用兵。

【译文】以公平公正为标准治理国家，以国力的零头来用兵。

【原文】以无事③取天下，吾何以知其然也哉？

【译文】以遵守大道法则治理天下，我们世人如何才能知道天下事物的发展状态呢？

【原文】**夫天下多忌讳，而民弥贫；**

【译文】这天下如果过多限制了人民的自由活动，而人民就会越来越贫困。

【原文】**民多利器，而邦家兹昏；**

【译文】民间拥有太多重要贵重的器物，会让国家滋生混乱。

【原文】**人多知，而何④物兹起；**

【译文】人们智巧过多，而使得一些未知的反常之物滋生。

【原文】**法物⑤兹彰，而盗贼多有。**

【译文】刑罚事物的增长，会引起犯罪的事物增加。

【原文】**是以圣人之言曰：**

【译文】所以，圣人们皆教导说：

【原文】**我无为也，而民自化；**

【译文】如果国家按"无为"之道治理，人民自会形成良好的习惯和风气。

【原文】**我好静，而民自正；**

【译文】国家的治理遵循自然，而民众行为也自然端正。

【原文】**我无事，民自富；**

【译文】国家以"无为"之道为标准进行治理，民众自会富足。

【原文】**我欲不欲，而民自朴。**

【译文】治理国家的核心思想是去除贪欲，而民众自会返璞归真。

【导读】

以正之邦，以畸用兵。

之邦：治理国家。

以畸：用零头，即用很小的一部分。

以公平公正为标准治理的国家，用兵只是用来辅助国家的，而不是穷兵黩武，强取豪夺。所以，用兵只需国力的零头即可，这是针对全世界的标准，不是针对某一个国家的标准，否则就不能称之为公平公正了。用兵的目的不是为了战争，而是为了辅助国家的治理，因为，以国家的零头来用兵，说明不是为了战争而准备的。

以无事取天下，吾何以知其然也哉？

无事：以"无为"之道治理。

吾；不是单指老子自身，而是代指世人。

然：事物的状态。

治理国家需要用“无为”之道来治理，要遵循大自然规律才能治理好国家。只有这样，才能取得天下的和谐统一。世人如何才能知道天下事物的发展呢？老子问话的目的，是教导世人判断世界发展的状态。

夫天下多忌讳，而民弥贫；

夫天下：特指某个国家。

忌讳：某些国家颁布了过多限制人们的言论和行为的禁令，但这个禁令是在公平公正的标准之外的。

某些国家颁布过多限制人民自由活动的禁令，这违背了自然之道，如果国家出现背道而驰的政策，就会导致人民越来越贫困。

民多利器，而邦家兹昏；

利器：重要的器物和贵重的器物。

兹昏：滋生混乱。

如果一个国家的民间拥有太多贵重的器物，会让国家滋生混乱。这个利器之说，也是千年以来人们误解很深的一句话。老子在道经的第三章讲过：“不贵难得之货，使民不争。”所谓的利器，就是贵重的难得之货，如果民间存在太多难得的贵重之货，必然会引起争夺，这就是国家滋生混乱的原因。

人多知，而何物兹起；

知：这里的“知”字代表智巧，而非智慧，因古人多用通假字，这就使后人在学习的过程中产生了多种误解。

何物：一些未知的奇怪器物。

当人们的智巧过多的时候，就会去发明一些奇怪的物体，但这些奇物不是大自然产生的物体，这些器物的产生是违背自然之道的。

法物兹彰，而盗贼多有。

法物：刑罚的事物。　兹彰：增长繁盛。引申为过多。

一个国家如果刑罚的事物增长的过多，就会导致盗贼多有，这代表着国家的混乱。

是以圣人之言曰：我无为也，而民自化；

我：在这里不是指圣人本身，而是指国家的政策。

无为：按道的规律治理。

自化：“化”是融化、教化、习俗、风气。

所以，圣人们的教导都是这么说的，如果国家都能遵循“无为”之道来治理，人民就会把“无为”之道融入生活中形成习惯和风气。

我好静，而民自正；

静：道篇第十六章曰：“静，是胃复命。”“静”代表生命的循环。

国家政策遵循自然之道，让百姓按自然之道生活，人民的行为也将自然端正。

我无事，民自富；

无事：以道的标准来治理国家。

民自富：百姓自然安居乐业。

如果国家以道的标准来治理，人民自然会安居乐业。

我欲不欲，而民自朴。

我欲：国家治理的核心思想。

不欲：没有贪欲。

如果治理国家的核心思想是去除贪欲，而民众自然会返璞归真。如果民众皆有淳朴善良的思想和行为，说明这个国家的治理是成功的。

【感悟】

以正治邦非豪取，畸兵本是少数军；
无为治得天下和，世事发展明察真；
忌讳多使民弥贫，民拥贵重邦家昏；
人多智巧生奇物，刑律增致盗多屯；
圣言可齐家国身，循道用德民化均；
邦静守道循常路，民将自正如圣纯；
安邦有道百姓富，弃欲返璞德鸿运。

本章也是千古以来被误解很深的一章，很多人以此章来判定老子是个军事家，而本书也被说成了军事著作。当然，有这种看法的人显然是断章取义的，也是看低了老子的思想境界。以老子崇高的思想境界来看，他老人家绝对不会把真正的大智慧用在军事上。因为，老子讲的是宇宙和谐统一，而军事则是导致世界分裂的行为。

本章的“以畸用兵”被误传了千年，在通行本里被改成“以奇用兵”，然后被普遍解释成“以诡道用兵作战”，这显然违背了圣人所讲的“无为不争”之道，那什么是“畸兵”呢？“畸兵”代表的是零头，就是用极少数的人力物力来维持秩序。人们可能会有疑问，极少数的人力和物力如何能够维持秩序的呢？其实，“以畸用兵”是果，“以正之邦”才是因，如果是以公平公正为标准治理的国家，只需用极少的人力和物力就足以维持秩序了。

以老子的思想来说，“以无事取天下”也绝对不会是夺取天下的政权，更不会是霸权主义的体现。“无事”代表了以“无为”之道来治理天下，这是教导后人要以无为之道来治理天下。如此，才能取得天下的和谐统一。“取天下”绝对不是某个国家霸占世界的主权，而是让世人和谐相处，让世间不再有矛盾和战争，消除杀戮与分裂。“取天下”的前提是“以正之邦”，这才是老子真实的意愿和理想。老子是真正的圣人，他不单是站在全人类的角度来看问题，而是站在包含了宇宙万物的整体世界来看问题的，如果后人都能够了解老子的境界高度，就不会把老子的文章进行歪曲的解释了。

说到此地，我们懂得了“以正之邦”可以取得天下和谐统一的状态，但世人如何分辨什么是“以正之邦”呢？老子料到世人会有此疑问，在此给出其对应的规律让给后人进行参考。

一、“夫天下多忌讳，而民弥贫”：如果国家的政策在公平公正的原则之外对百姓有太多的限制，就是违背了“无为”之道的原则，而这样治理的后果是导致人民越来越贫困。

大家可以回顾历史，看看任何国家的贫困时期，必然都是因为当权者对百姓的横征暴敛、诸多限制，甚至是大兴文字狱。凡是欺压百姓和限制百姓的条例过多的时候，都将是人民遭遇贫困苦难的时期。

二、“民多利器，而邦家兹昏”：这是从另一个角度来看问题。虽然，开放的治理会使人民有一定的发展空间，人民的生活也会随之富裕起来，但这样的环境也同样存在导致国家混乱的危险。其中重要的原因，就是富人拥有大量的财富，将引起贫民的心里不平衡，人们为了获取财富而导致了竞争的加剧，这必将导致有些人会采取极端的手段，甚至铤而走险走上犯罪的道路。

三、“人多知，而何物兹起”：这是老子的一个预言，老子预料到随着社会的发展，人们的智巧也会随之发展，人们会用这些智巧来发明各种奇怪的事物，例如：随着工业革命的开始，各种机械的产生，从表面上看来好像是对人们劳动力的减轻和解放，但实际上却是以地球的污染和资源枯竭为代价的。所以说，工业革命开始的同时，奏响了地球毁灭的序曲。现代各种奇物的产生，都不是大自然本身所产生的，而是违背大自然规律的事物。因此老子说，应该禁止这些器物的滋生。由此而知，现代科技的智巧不但不属于智慧，而且都是集愚昧之大成者。

四、“法物兹彰，而盗贼多有”：刑罚事物的增长过多，会导致盗贼多有。这句话也会引起很多人的疑义，难道刑罚不是限制盗贼生发的有效手段吗？的确如此！刑罚绝对不是限制盗贼的有效有段，例如：现代一些所谓法制健全的发达国家，大都是世界上犯罪率居高不下的国家。其实，犯罪不是刑罚的增加所能控制的问题，犯罪是人们的思想不健全造成的。想要有效地控制犯罪的滋生，最好的办法就是加强文化教育，而不是文凭教育。

五、“是以圣人之言曰：我无为也，而民自化”：老子讲述了社会负面发展定律后，又对社会正面发展的判断做出了讲解。老子说，圣人的教导都是在讲“无为”之道，国家的治理如果都遵循“无为”之道，人民自然会形成正确的思想观念和行为方式。当世界各国都能将“无为”之道落实到教育体系当中，让人民都能懂得“天人合一”真正意义，这才能使得世界实现真正的和谐统一。

六、“我好静，而民自正”：如果国家的治理能够遵循自然之道，百姓自然上行下效而成为思想和行为都端正的人。如果各国的管理机构都能够懂得这个道理，都能将这种理论进行真正的实施，那将是全天下百姓之福。

七、“我无事，民自富”：这本来是句非常简单的表达，但却被后人理解的千奇百怪。“无为”和“无事”绝对不是不作为，而是要在遵守大自然规律的基础上大力推行文化教育，只有将“无为”的治理贯彻始终，才能使人民过上安居乐业的正常生活。

八、“我欲不欲，而民自朴”：“我欲”代表国家的治理方针，“不欲”是代表去除贪欲、没有贪欲。例如：一些国家的治理方针，就是掠夺和压榨其他国家的财富，以此来满足自己国家的物质享受，这就是建立在贪欲的基础上来实施的，这种国策带给人民的都是贪欲和自私的增长，这样国家的发展也必然是自食恶果。

当一个国家的治理是以“无为之道以”为基础，则必然是站在“天人合一”的高度上来制定的国策方针，这就不会存在贪欲的思想和行为。当处在“无为”而治的国家，人民经过耳濡目染之后，必然都是以遵守“无为之道”

为己任，也必将返璞归真而幸福生活。

【注释】

①正：公平公正；正当合适。例如：名不正，则言不顺。——《论语·子路》。②畸：数的零头；余数。例如：畸零；畸羡（剩余。多指剩余之物）；古称军队阵形的一翼。例如：左畸（军队左部）。③无事："无"是道的本体，事：治理。无事既是道的治理，是遵循大自然规律的治理。④何：何，与"诃"通。——《正字通》。呵斥、阻止、禁止。例如：又下令不何止夜行；使民自便，境内以安。——《新唐书》。⑤法：法者，刑罚也。例如：所以禁强暴也。——《盐铁论·诏圣》。⑥物：事；事情。例如：有物有则。——《诗·大雅·烝民》。传："事也。"

第21章　光而不眺

【马王堆汉墓帛书资料】

【甲本】

□□□□□□□□其正察察其邦夬夬∠福之所倚∠福祸之所伏□□□

【乙本】

其正阔阔其民屯屯其正察察其□□□福□之所伏孰知其极□无正也正□□□善复为□□之悉也其日固久矣是以方而不割兼而不刺直而不绁光而不眺

【校订本】

其正阔阔，其民屯屯。其政察察，其民缺缺。祸，福之所倚；福，祸之所伏。孰知其极？其无正也。正复为奇，善复为妖。人之迷也，其日固久矣。是以圣人方而不割，兼而不刺，直而不绁，光而不耀。

【本书校订本】

其正[1]阔[2]阔，其民屯[3]屯；其正察[4]察，其邦夬[5]夬。祸，福之所倚；福，祸之所伏。孰知其极[6]？其无，正也。正复[7]为奇，善复为妖[8]。人之迷也，其日固久矣。是以方[9]而不割，兼[10]而不刺[11]，直[12]而不绁[13]，光[14]而不眺[15]。

【原文】其正[1]阔[2]阔，其民屯[3]屯；

【译文】为政受谏纳言，其民方能团结一致；

【原文】其正察[④]察，其邦夬[⑤]夬。

【译文】为政者对百姓过于苛刻的监察，会导致其邦国面临分裂。

【原文】祸，福之所倚；福，祸之所伏。

【译文】祸中隐藏着福；福中潜伏着祸。

【原文】孰知其极[⑥]？其无，正也。

【译文】谁能知道哪个才是世间事物发展的最高标准？其“无为之道”才是最高标准的大道，也是标准的为政之道。

【原文】正复[⑦]为奇，善复为妖[⑧]。

【译文】正道的对立面是反常的事物，善的对立面为邪恶的事物。

【原文】人之迷也，其日固久矣。

【译文】这人心的迷惑啊，其持续的时间已经太久远啦。

【原文】是以方[⑨]而不割，兼[⑩]而不刺[⑪]，

【译文】所以，遵循大道的规矩不能割舍，要完整而不能有缺点毛病，

【原文】直[⑫]而不绁[⑬]，光[⑭]而不眺[⑮]。

【译文】正确的思想方向不要矫枉过正，大道明显昭著就在眼前，世人不需要去远寻。

【导读】

其正阔阔，其民屯屯；

其正：国家的行政管理。

阔：受谏纳言。

屯屯：引申为团结一致。

国家在国策方针的制定上要广开言路、受谏纳言，听取大众的意见，了解人民的意愿。只有这样，才能使国家的人民团结一致，万众一心。

其正察察，其邦夬夬。

察察：国家政策相对百姓来说过于苛刻。

夬夬：决裂。引申为国家的灭亡。

如果国家政策法规相对于百姓过于苛刻，则会导致其邦国面临分裂和灭亡。这对于国家的当政者来说相当于长鸣之警钟，对于国家的管理有着极其关键的重要性。

祸，福之所倚；福，祸之所伏。

世上的事物都是阴阳相对的，当人们看一个事物角度不同的时候，就会出现分歧。当有人遭遇灾难的时候，会有人从另一个角度看到灾难背后的利益，这就是“祸，福之所倚”；当有人遇到吉利的事情，也可从另一个角度看到福报背后的灾难，这就是“福，祸之所伏”。

孰知其极？其无，正也。

其极：世间事物发展的最高准则。

其无：“无为”之道。

正也：代表整体、主体、正道。

世上的阴阳辩证性是客观存在的，但谁能知道哪个才是世间事物发展的最高标准呢？老子的回答说，只有以“无为”为主体，才是最高标准的正道。

正复为奇，善复为妖。

正复：正的对立面。

奇：反常奇怪。

妖：邪恶。

我们都知道“无为”才是正道，那“无为”的对立面则是反常的事物；我们知道“无为之道”以善为本，而善的对立面就是邪恶的事物。

人之迷也，其日固久矣。

人之迷：人心的迷惑。是非颠倒，谓之迷。

其日：这个时间。

固久：已经太久了。这是老子的感叹之说，现代的人心都已经迷惑，已经是个黑白颠倒、是非不分的世界，世人迷惑的时间已经太久了啊。

是以方而不割，兼而不刺，

方：代表规律、规矩。

割：割舍抛弃。

兼：代表完整的事物。

不刺：不去遵守有缺点和毛病的规律。

如果世人离脱了“无为”之道，就会导致是非颠倒的后果。所以，“无为”之道的规矩必然不能割舍，但一定要保持遵守完整的道，而不是去遵守有缺点的道。

直而不绁，光而不眺。

直：代表正确的思想。

绁：代表矫正。

光：引申为明显、昭著。

“无为”是世人所要遵循的正道，其正确性已经毫无疑问，如果对“无为之道”再进行矫正，就会导致思想的偏差。所以，千万不要偏离“无为之道”。

世人大都对“无为”的认知存在着疑问和误区，大道虽然至简，但不明道者还在苦苦求索。因此，老子慈悲为怀，直接对世人进行了明确的开示，老子说：“无为”之大道明显昭著就在眼前，世人根本不需要去远处寻找。

【感悟】

安邦定国应民愿，众志成城心连天；
治国苛刻民生苦，必致邦家裂至涣；
福祸互倚有因果，阴阳辩证唯无简；
背道违反天真理，不善使得妖孽绽；
人之迷也日见久，守道全者有正念；
正道何须过矫枉，无为莫去寻天边。

老子在本章对国家管理提出了最高标准，这就是“无为之道”。其实，不论世间任何事物的最高标准，都应该以“无为之道”为标准。

老子在本章首先提出：国家制定国策时应该听取人民大众的意愿，才能使得人民团结一致，万众一心。因为，独断专行的思想和行为一定是局限和片面的，而所有朴素善良大众的综合意愿才是全面的。相反来说：如果一个国家针对百姓的政策过于苛刻，则必然会导致邦国的分裂和灭亡。老子的预言是经过验证的，两千多年来灭亡的朝代多因苛政而导致衰灭，历史用事实证明了老子所言非虚。

老子在本章对福祸的真实内涵给予了深刻的揭示，福与祸是相互倚伏的，当人们看问题角度不同时，得出的结论也是截然相反的。例如：塞翁失马是大家都耳熟能详的故事，这个故事可以作为福祸概念的很好例解。

对世间一切事物的看法，都存在着阴阳辩证的深刻哲理，《易经》曰：“一阴一阳之谓道”，从宏观上来说：宇宙间任何事物都具有既对立又统一的阴阳两面，阴阳之间不断地运动和相互作用，便是一切事物运动变化的根源。既然世上的阴阳辩证性客观存在，但如何才能知道世间事物发展的最高准则呢？老子回答说，只有以“无为”之道为主体才是最高标准的正道。老子的回答，对宇宙人生的奥秘做出了明确的开示，其内容不离“有之道”和“无之道”，所谓阴阳之道就是“有之道”。“有之道”代表的是物质世界的规律，物质世界里离不开阴阳，这个世界上没有绝对的有福，也没有绝对的祸，都是福尽祸来，祸消福至。所以，在这个世界不论你如何努力，也摆脱不了福祸的轮回。因此，我们可以得知“有之道”不能从根本上解决生死轮回的苦难历程。老子曰：“其无，正也。”这是说：只有“无”才是真正摆脱生死轮回的大道，“无”没有阴阳之分，没有福祸之轮回，只有得“无”才能消除福祸之分，同时也消除了轮回之苦难。然而，想要获得“无”之道，首先要遵守“无”之道，只有以“无为”来作为世人的思想和行为标准，才能和“无”获得同步，由此回归先天无极世界，从而获得“无为而无不为”。“无为”是人们思想行为的正道，如果世人与“无为”之道相反则为怪异，与“无”相反者就是“有”，“有”存在着阴阳，有阴阳就会有分裂，而且这个裂变会无限地发展，万事万物的形成就是裂变的结果。世人不懂得万物一体的道理，只知道看重自身的利益，其行为是以竞争为手段，其结果不是获得更大的利益，而是获得了更多的分裂，这只能使人们的心胸和收获都越来越狭小。

“无”是圆满之道，就是要放弃争斗、放弃私欲，要爱宇宙万物。爱可以使已经分裂的个体相互融合，大爱就是融合宇宙万物为一体，“一”才是返回先天无极世界的必经之路。所以，“无为”就是“以大爱为本”，只有大爱才是真善。当世人时刻保持着大爱之心的时候，就是走向得道之路，也是获得无上幸福快乐的开始。

“有”是分裂之道，就是斗争和掠夺，这是引发仇恨之道；有仇恨就有报复，所以斗争是个恶性的循环，斗争在实质上损失和伤害的都是自身之一体。所以，只要有了仇恨和斗争之心，就是走向痛苦深渊的开始。

老子在当时对世人下了定语，老子说：现代人都已经迷惑了，已经是个黑白颠倒、是非不分的世界了，世人迷惑的时间已经太久了。

老子的开示使我们懂得，如果脱离“无为之道”，就会产生迷惑颠倒的思想和行为。因此，作为大自然最高标准的“无为之道”绝对不能割舍。我们世俗之人的行为标准都是有缺陷的，都已经从根本背离了“无为之道”，当世人遵守错误标准的时候，我们这个世界将会面临衰灭。

当前，摆在世人眼前的问题还有很多，就算是认识到“无为之道”的重要性，但却不能了解“无为”的真实内容。从古至今，不远万里去苦苦寻道者不在少数，但世人对道的理解却始终莫衷一是或背道而驰，太过古远的暂且不说，就现代人对道的注解和认知都是迷惑颠倒的，一直以来对“道”的注解都是“不可说的、玄妙难解的”，在这种水平教育下的世人，如何才能对道产生真正的认知呢？如果世人在这种偏离了轨道的伪道上行走，其目标也必然是偏离的。作为圣人的老子对后人的认知程度早有预料，所以，直接对世人进行了明确的开示，老子曰：“光而不眺”，这是说：“无为”之大道明显昭著就在眼前，世人根本不需要去远处寻找。正所谓“道不远人，而人自远之”。在此可以确定的是：“大道至简，大道至近，”我们每个人都可以鉴别道之真伪，如果说：“道不可说”者，绝非正道；如果说：“道深奥难解”者，也绝非正道。

【注释】

①正：通“政”。②阕：（qì）《字汇补》音契，门也。有广开言路、受谏纳言、允许自由出入等义。③屯：屯，聚也。——《广雅·释诂三》。④察：察，复审也。——《说文》。纤微皆审谓之察。——贾谊《道术》。⑤夬：【说文】：分决也。【前汉·苏武传】：李陵与苏武决去。【注】：决，别也。引申指决裂。⑥极：最高准则、标准。例如：立名者，行之极也。——司马迁《报任安书》。⑦复：反复；对立面。例如：反复其道。——《易·复》。⑧妖：古称一切反常怪异的事物或现象。例如：人无衅焉，妖不自作。——《左传·庄公十四年》。心和而出，且为声为名，为妖为孽。——《庄子·人间世》。⑨方：规律；道理；学问；规矩。例：吾长见笑于大方之家。（方：指学问。）——《庄子·秋水》。学道立方，离法之民也，而世尊之曰文学之士。——《韩非子·六反》。⑩兼：全部；整个。兼天下之众，莫敢不为其所好，而辟其所恶。——《商君书》。⑪刺：君杀大夫曰刺。刺，直伤也。——《说文》。引申为缺点、毛病。⑫直：直，正见也。——《说文》。⑬绁：（xiè）【玉篇】：马缰也。凡絷缧牛马皆曰绁。⑭光：光，明也。——《说文》。⑮眺：远望。

第22章　长生久视

【马王堆汉墓帛书资料】

【甲本】

□□□可以有国有国之母可以长久是胃深槿固氐长□□□□道也

【乙本】

治人事天莫若啬夫唯啬是以蚤服蚤服是胃重积□重□□□□□□□□□□□莫知其□莫知其□□□有国有国之母可□□久是胃□根固氐长生久视之道也

【校订本】

治人事天，莫若啬。夫唯啬，是以早服。早服是谓重积德。重积德则无不克，无不克则莫知其极。莫知其极，可以有国。有国之母，可以长久，是谓深根固柢，长生久视之道也。

【本书校订本】

治人事①天，莫若啬②。夫唯啬，是以蚤服③。蚤服胃之重④积德，重积德则无不克⑤。无不克则莫知其极，莫知其极，可以有国⑥。有国之母，可以长久。是胃深槿⑦固氐⑧，长生久视之道也。

【原文】**治人事①天，莫若啬②。**

【译文】治理世人需要顺应天时，没有什么比节俭和爱惜的德行更重要。

【原文】**夫唯啬，是以蚤服③。**

【译文】要奉行节俭的美德，所以，要尽早循道而行。

【原文】**蚤服胃之重④积德，重积德则无不克⑤。**

【译文】尽早奉行节俭的美德是不断地积累功德，不断地积累功德就是效法“无为”之道，不要伤害世间任何事物。

【原文】**无不克则莫知其极，莫知其极，可以有国⑥；**

【译文】“无”不伤害任何事物，但谁都不知其功德的极限和尽头，不知其功德之大是可以产生物质世界的。

【原文】**有国之母，可以长久。**

【译文】“有”之母为“无”，只有“无”才可以长久。

【原文】**是胃深槿[⑦]固氐[⑧]，长生久视之道也。**

【译文】可称为根深蒂固，长生不灭之道。

【导读】

治人事天，莫若啬。

事天：顺应天时。

莫若啬：没有什么能比得上节俭和爱惜。

不论是治理家庭还是邦国，都属于对于人的治理，其最重要的原则就是顺应天时。在“治人事天”的过程中，没有比爱惜和节俭更重要的。

夫唯啬，是以蚤服。

夫：指的是“治人事天”这件事。

唯啬：只有奉行某种原则。

蚤服：尽早服从、遵循大自然的规律。

在“治人事天”的事情上，只有奉行爱惜、节俭的美德才能成功。所以，要尽早循道而行。

蚤服胃之重积德，重积德则无不克。

重积德：不断地积德。

则无不克：效法“无为”之道的不受伤害。

人们遵守这个爱惜、节俭的美德，是需要有一个不断的积累功德的过程。不断地积累的功德，就是效法“无为之道”，不要去伤害世间任何事物。

无不克则莫知其极，莫知其极，可以有国；

其极：极限，在这里代表“德”的极限。

有国：产生物质世界。

奉行“无为”之道，就是不伤害任何事物。如此，世人都不能知道其功德的极限和尽头，不知其功德之大是可以产生物质世界的。

有国之母，可以长久。

有国之母：物质世界之母。

物质世界是“有”，“有”之母为“无”，只有“无”才可以保持长久。

是胃深槿固氐，长生久视之道也。

深槿固氐：根深蒂固。

长生久视：长久存在。

只有“无为之道”，才能称之为根深蒂固；只有遵循“无为之道”，才能保持长生不灭。

【感悟】

治人事天唯节俭，融和万物爱众赞；
美德行须当尽早，则无不克积功还；
不害万物无限德，莫知此能生大千；
无为有母可长生，根深蒂固驻世远。

老子在本章所讲述的重点是“啬”，这个“啬”字代表了爱惜和节俭。世上的家庭和国家都是由人来组成的，不论治国还是齐家，都是对世人的治理和教化。这个爱惜和节俭的德行，就是世人所要遵循的行为准则，这就是“治人事天”之道，也是人生之道。所以，世人需要尽早遵循此道。此“啬”之爱惜，就是不要伤害世间万物；此“啬”之节俭就是不要浪费世间万物。其实，“啬”之道是中国人保持了几千年的文化传统。

老子站在圣人的高度，指明了世人的人生之道。老子指出，爱惜节俭之道要尽早遵循，只有不断地遵循这个“啬”之原则，才能积功累德。积累功德的内容，就是效法“无为之道”，不要伤害世间任何事物。老子在此把“啬”与“无为之道”进行了对应，使我们懂得了爱惜和节俭，就是“无为之道”。“啬”的爱惜万物，就是“无为”的不伤害万物。

如果世人都能奉行“无为之道”的不伤害原则，其功德的极限是世人所不能了解的。所以，作为圣人的老子来告知我们说：“无为”的功德之大，可以产生物质世界。我们在道篇第一章，就学习过“无，名天地之始”。“无可以产生有”，“无为”也可产生“有国”。“有国”之母即是“无为”，只有遵循“无为之道”，才可以长久地生存和发展；只有遵循“无为之道”，才是根深蒂固的长生不灭之道。老子在此给出了“无为之道”的核心作用和结果，那就是长生不灭、永恒存在。

【注释】

①事：奉行。例如：今管仲不务尊主明法，而事增宠益爵。——《韩非子》。②啬：（sè）节俭、爱惜。③服：顺从，遵守。④重：重复、不断。⑤克：古人讲究五行相克。

【公羊传】：克之者何，杀之也。在此引申为伤害。⑥国：代表范围，而在此是代表物质世界的范围。⑦槿：（jǐn）木名。⑧氐：氐，本也。——《说文》。按，柢之古文。蔓根曰根，直根曰氐。

第23章 若亨小鲜

【马王堆汉墓帛书资料】

【甲本】

□□□□□□□□□□□天下其鬼不神非其鬼不神也其神不伤人也非其申不伤人也圣人亦弗伤□□□不相□□德交归焉

【乙本】

治大国若亨小鲜以道立天下其鬼不神非其鬼不神也其神不伤人也非其神不伤人也□□□弗伤也夫两□相伤故德交归焉

【校订本】

治大国若烹小鲜。以道莅天下，其鬼不神。非其鬼不神也，其神不伤人也。非其神不伤人也，圣人亦弗伤人也。夫两不相伤，故德交归焉。

【本书校订本】

治大国若亨[①]小鲜[②]。以道立天下，其鬼[③]不神[④]。非其鬼不神也，其神不伤人也；非其神不伤人也，圣人亦弗伤也。夫两不相伤，故德交[⑤]归焉。

【原文】**治大国若亨[①]小鲜[②]。**

【译文】治理大国如同养小鱼，要给百姓以通达良好的环境。

【原文】**以道立天下，其鬼[③]不神[④]。**

【译文】以道德标准来规范天下，使得恶势力不能发挥其败坏社会的能力。

【原文】**非其鬼不神也，其神不伤人也；**

【译文】不是这些社会恶势力没有败坏社会的能力，是他们败坏社会的能力发挥不出来而不能伤人了。

【原文】**非其神不伤人也，圣人亦弗伤也。**

【译文】不是这些社会恶势力不伤人了，而是圣人的思想风气还没有被破坏。

【原文】**夫两不相伤，故德交[⑤]归焉。**

【译文】败坏社会的势力不能出来伤人了；圣人的思想风气没有被损坏，这谓之两不相伤。因此，社会风气回归到“无为”的最佳状态。

【导读】

治大国若亨小鲜。

亨小鲜：用通达良好的环境来养活小鱼。在此比喻要用良好的生活环境来滋养百姓。

治理大国对待百姓要如同养小鱼、呵护小生命一样，要给予百姓一个通达良好的生存环境，才能使得百姓安居乐业。

以道立天下，其鬼不神。

其鬼不神：代表恶势力没有发挥的能力。

治理大国要以道德标准来规范天下人的行为，才能使得恶势力不能发挥败坏社会的能力。

非其鬼不神也，其神不伤人也；

其神：这里指恶势力的能力。

不是这些恶势力没有了败坏社会的能力，而是他们败坏社会的能力发挥不出来，因而不能伤人。

非其神不伤人也，圣人亦弗伤也。

亦弗伤：圣人的思想还没有被破坏。

“马王堆汉墓帛书资料”的版本是说“圣人亦弗伤”，而通行本所说的是：“圣人亦弗伤人”，虽然只差一个字，但其概念却完全不同。“圣人亦弗伤”是说圣人的思想还没有被破坏。因为，圣人只会救人而不会伤人。

不是这些恶势力不能伤人了，而是圣人的思想风气还没有被破坏。只要有圣人思想的存在和普及，阴暗恶势力是没有机会来出来伤人的。

夫两不相伤，故德交归焉。

两不相伤：一、代表圣人的思想没有被伤害即破坏；二、代表恶势力不能出来伤人了。

那些败坏社会的恶势力不能出来伤人了，是因为圣人的思想风气没有被损坏，圣人思想的强大影响力使得社会风气良好，使得恶势力没有作恶的环境。因为这两不相伤，才能使得社会风气回归到“无为”的最佳状态。

【感悟】

治大国若亨小鲜，百姓小鱼皆安然；

规范天下法道卷，阴暗恶势避地蜷；
非鬼已除害人力，皆因其能被圣淹；
鬼力被制难伤人，未损圣贤正道传；
两不相伤大道驻，风正德行民乐安。

老子在本章讲治理大国并非难事，只要能遵守其核心的治理原则，就能治理好大国。这个治理大国的核心思想，就是给予百姓一个良好的生存环境，就如同让小鱼在水中自由自在地遨游。相对来说：如果过于苛刻地限制百姓的自由和压榨百姓生活，那就相当于让鱼儿离开了水。

在"马王堆的版本"出来之前，在市面上的"通行本"一直都是以"烹"字来代替"亨"字，就算"马王堆版本"出来以后，也没有人敢逾越"烹"字一直所代表的含义，都是讲治理大国如同烹调小鱼。这个谬传千年之误，终于在本书得到了修正。在此我也衷心地祝愿所有的小鱼，都能自由自在地在水中遨游，而不是在油锅里煎熬；也衷心地祝愿天下百姓，都能幸福快乐地自由生活，而不是被当成鱼肉。因为，后人的一字之谬，使得老子蒙受了千古奇冤，使得老子的圣人思想变成了鱼肉百姓的刽子手，其罪大焉！如果作为国家的管理者以鱼肉百姓的思想治理国家，则罪莫大焉！如果国家的管理者都能够按照老子的真实思想来治理国家，给人民以良好的生活环境和生存空间，则善莫大焉！

中国自古就有"鬼神"之说，虽然在现代并没有得到真正的认可，但也没有足够的证据予以否认。可老子在本书中的"鬼神"之说，只是用来比喻社会的现象，并不是在讲述真正的"鬼神"。在古代，人们对"鬼"的看法是阴暗恐怖的一种认识，老子只是用"鬼"来比喻社会上存在的阴暗面和恶势力。"神"在古代代表了一种超强的能力，老子在此借用"神"这个词来比喻恶势力的强大能力。因为，老子治理国家的方针是以道来规范天下。所以，当道的思想得到普及和认同的时候，社会上如同"鬼"般阴暗恐怖的恶势力，就不能发挥其强大的危害能力了。

我们这个世界是阴阳共存的，阴暗的恶势力是必然存在的；属阴的社会恶势力非常强大，足以和属阳的正派势力相抗衡。所以老子说，不是阴暗的恶势力不能危害社会，而是在国家以道来规范天下的时候，阴暗恶势力的能力就发挥不出来了。

以道德规范治理国家，可使得恶势力的危害难以发挥出来，但并非其危害能力不存在，也不是其危害不能伤人，而是因为圣人的思想没有被损坏。相反来说：如果圣人的思想受到了损坏，也就是社会上流传的圣人的思想不完整或者不流通的时候，社会阴暗面的恶势力就会出来伤人了！

中国自古以来都是以圣贤思想为教育核心，但社会的阴暗面一直还都或多或少地存在着。所以老子说，不是阴暗的恶势力没有能力伤人了，而是圣人思想得到了普及和认可，这才使得恶势力的危害发挥不出来了。当恶势力不能出来伤人时，当圣人的思想没有受到伤害时，在这两不相伤的情况下，社会风气回归到“无为”的最佳状态，世人都以“无为”当做思想和行为规范的时候，百姓才能安居乐业。

【注释】

①亨：本义：献。引申义：通达。【易·乾·文言】：亨者，嘉之会也；又如：亨达（通达顺利）；例如：夫修道者，度其时而动。动而不时，焉得亨乎？——《后汉书》。本章引申为通达的、美好的生活环境。②鲜：（会意。从鱼，从羊。“鱼”表类属，“羊”表味美。本义：鱼名。）鲜鱼：活鱼。泛指活的禽畜鸟兽。本文用来比喻弱小生命、弱势群体。③鬼：本章开宗明义讲的是治国之道，所讲述内容必然是对国家民众的治理，自然和鬼神无关。在这里鬼只是一种比喻，古人对鬼的概念是阴暗、可怖的，鬼在社会上比喻为社会阴暗面，例如贪官污吏，杀盗淫妄等恶势力。④神：会意。从示申。“申”是天空中闪电形，古人以为闪电变化莫测，威力无穷，故称之为神。本义：神灵。古人用神来比喻人的能力强大，在本章用来比喻社会恶势力的能力。⑤交：交汇；到了；

第24章　大邦下流

【马王堆汉墓帛书资料】

【甲本】

大邦者下流也天下之牝∠天下之郊也牝恒以靓胜牡为其靓□□宜为下∠大邦□下小□则取小邦小邦以下大邦则取于大邦故或下以取∠或下

【乙本】

大国□□□□□□□□牝也天下之交也牝恒以静朕牡为其静也故宜为下大邦以下□国则取小国小国以下大国则取于大国故或下□□□下而取

【校订本】

大邦者，下流也，天下之牝也，天下之交也。牝恒以静胜牡，为其静也，故宜为下也。故大邦以下小邦，则取小邦。小邦以下大邦，则取

而取□大邦者不过欲兼畜人小邦者不过欲入事人∠夫皆得其欲∠□□□□□□为下	故大国者不□欲并畜人小国不□欲入事人夫□□其欲则大者宜为下	于大邦。故或下以取，或下而取。大邦者不过欲兼畜人，小邦者不过欲入事人。夫皆得其欲，则大者宜为下。

【本书校订本】

大邦者，下流也，天下之牝也，天下之交也。牝恒以靓①胜②牡，为其靓也，故宜为下。大邦以下小邦，则取小邦；小邦以下大邦，则取于大邦。故或下以取，或下而取。故大邦者，不过欲，兼畜③人；小邦者，不过欲，入④事⑤人。夫皆得其欲，则⑥大⑦者宜为下。

【原文】**大邦者，下流也，天下之牝也，天下之交也。**

【译文】大的邦国，要谦虚低调，这就是天下之母的“无为之道”，如此才能使得天下百姓和谐相处。

【原文】**牝恒以靓①胜②牡，为其靓也，故宜为下。**

【译文】牝永恒以雌静来相称牡之雄动。因为雌之性为静，所以应该谦虚低调。

【原文】**大邦以下小邦，则取小邦；**

【译文】大邦以谦虚低调的姿态帮助小国，就会融聚小邦与本邦国合作。

【原文】**小邦以下大邦，则取于大邦。**

【译文】小邦以谦虚低调的姿态对待大邦，就会聚于大邦而取得大邦的帮助。

【原文】**故或下以取，或下而取。**

【译文】因此，有些邦国以谦虚低调的姿态来对待对方邦国，以取得对方合作；有些邦国以谦虚低调的姿态来对待对方邦国，而取得对方帮助。

【原文】**故大邦者，不过欲，兼畜③人；**

【译文】所以，大邦不要过多贪欲，而要兼顾小邦的生存。

【原文】**小邦者，不过欲，入④事⑤人。**

【译文】小邦不要过多贪欲，而要顺应大邦之道。

【原文】**夫皆得其欲，则⑥大⑦者宜为下。**

【译文】这样大小邦国皆得其利益，效法“无”之大者，应该以谦虚低调为原则。

【导读】

大邦者，下流也，天下之牝也，天下之交也。

下流：这是水的特性，下流润物。

天下之牝：天下万物之母亲。

天下之交：天下万物融会贯通。

“下流”代表水的特性，水的特性最为接近道，水往低处流为谦虚低调，下而流之为泽润天下，处下能容而海纳百川。

天下之牝即天下之母，亦即是“无”，而“无为”就是化育和滋养天下万物。

大邦效法水的特性，便可接近大道的“无为”境界，这才能使得天下万物融会贯通、天下百姓和谐相处。

牝恒以靓胜牡，为其静也，故宜为下。

以靓胜牡：以静来相称雄性的什么？当然是雄之动。这里的静与动是以雌雄相对而言的。

下：代表水之下流，在此用来比喻谦虚低调。

牝永恒以雌静来对称牡之雄动。因为，牝为天下之母，是万物生长之本，宇宙万物要学习牝之性才能生存发展。牝以静为本性，所以，世人都要学习牝之静，而静所代表的是谦虚低调，故大小邦国皆应以谦虚低调为行为之本。

大邦以下小邦，则取小邦；

则取小邦：以聚小邦。

在邦国的国际交往当中，大邦应以谦虚低调的姿态来帮助小邦，这样才能融聚小邦来合作。

小邦以下大邦，则取于大邦。

以下大邦：小邦以谦虚低调姿态对待大国。

取于大邦：聚于大邦。

不论是大邦还是小邦，所采取的措施都应该是谦虚低调。小国也应以谦虚低调姿态对待大国，这样就会取得大邦的帮助。

故或下以取，或下而取。

或：有些。

或下以取：有些邦国以谦虚低调的姿态来对待对方邦国，以取得对方合作。

或下而取：有些邦国以谦虚低调的姿态来对待对方邦国，而取得对方帮助。

故大邦者，不过欲，兼畜人；

不过欲：不要过多贪欲。

兼畜人：兼顾小国的生存和生活。

不论大邦或是小邦，其共同目的都是取得对方的信任和合作，大邦不要过多贪欲，而要兼顾小国的生存和生活。

在自然界中，大水皆因吸纳小水而成为大水，大邦就如同大水，小邦如同小水，只有相互兼顾，才能成为邦之大者。

小邦者，不过欲，入事人。

入事人：这里指小邦与大邦的交往，要奉行大邦之道。

小邦同样不应该有过多的贪欲，与大邦交往要顺应大邦之道。

在自然界中都是大水带动小水，小邦就如同小水，小邦需要顺应大邦之趋势，才是符合自然规律的。

夫皆得其欲，则大者宜为下。

其欲：各自需要的利益。

则大者：效法“无”之道者。

通过对大小邦国的分析使我们懂得，只有真正遵循大自然的法则，才能各得其利。所以，效法“无为”之道者，都应该做到谦虚低调。

【感悟】

大邦下流天下牝，融会贯通万物存；
雌静对应雄乃动，唯有静者衍物孕；
大邦以下聚小邦，小邦下得大邦润；
兼畜小者大邦德，顺应大者小邦稳；
天下万物皆得利，效法无为大道竣。

老子所说的邦交关系与现在的邦交关系有些区别。“当时的邦国制，是在西周到春秋战国时期所实行的一种特殊的国家制度，是我们国家民族形态的初级阶段。当时，在中华大地上划分了大小不一的诸侯各国，他们各自独立，相互交往，又共同拥戴一个天下共主的天子，组成号称天下的邦联。这就是当时的邦国制度。”当时的邦国是在中华大地之内所划分的，而且隶属于一个君主；现在的国家划分是以地球划分的，而且各个国家都有各自的主权，并非隶属于某一个共同的君主。古今之邦国关系虽然有如此差异，但在古今邦交关系的处理上，必然还存在着异曲同工之处。所以，老子的邦交理论对现代的邦交关系同样具有重要的指导意义。

老子在本章讲述的重点是国际交往的大原则，不论大小邦国皆需效法水之特性，下而流之以润泽万物，即谦虚低调，和谐相处。

“牝”为天下之母，乃宇宙万物生成之本。“牝之静”代表谦虚低调，宇宙万物皆应以“牝静”为学习之楷模，而后才能立身天下得到生存和发展。同样道理，不论大小邦国皆在宇宙之内，邦国的治理和交往也应以“牝之静”为本，才能与各个邦国和谐共存。

在国际的邦交关系中，都需要以谦虚低调的姿态来行事。但是，其中一种是水的融聚，即取得对方的合作；一种是水的顺应，即取得对方的帮助。如果大小邦国皆来效法水之特性，就都应该懂得，不论海有多大，都是由众多河流小溪交汇而成，如果没有众多小河流的汇集也难成大海。所以，在邦国交往的过程中，大邦不要过多贪欲，而要兼顾小国的生存和生活，只有这样才能使得大家共同获得利益。但有些大国确实是仗势欺人，只考虑自己国家的利益而不管其他小国的死活，对其他小国进行掠夺和垄断，表面上好像使得自己的国家获得了巨大的利益，但事实上是无异于自绝手足。因为，不论大小国家皆是地球的一部分。地球皆为一体的道理虽然如此之简单，但一些帝国主义却是视而不见，这就绝对是地球的悲哀了。

小的邦国如同小溪，大的国家如同大海，当小溪汇入大海的时候，必然是小溪之水要顺应大水之流向，大江大海绝不会去顺应小溪河流之流向。所以，当大小邦国交往的时候，作为小的邦国需要顺应大的邦国之道，只有遵循这样的交往规律才符合自然之道。如果小的邦国想要去侵占大的国家来据为己有，这就是不自量力的行为，大海绝对不会被小溪所掩盖和逆转。

虽然，邦国的概念古今有所不同，但老子的国际邦交理论绝对可以指导现今的国家邦交。如果世界各国都能学习老子，都能按照老子的理论行事，那么，不论大小邦国必定皆可共同获得利益，皆能更好地生存和发展。

大道本来易懂易行，但世人偏偏对道是难懂难行。老子的理论已经存在两千多年了，但世人却少有能够按道而行的。而且，连真正能看懂道之内涵者都少之又少，其个中原因确实耐人寻味。其实，并非道有多难，只因世人目光短浅，皆不能跳出自身之利欲之外。

【注释】

①靓：幽静。通“静”。例如：澹虖若深渊之靓。——《汉书·贾谊传》。②胜：一说通“称”。相当；相称。例如：为礼而不终，耻也；中不胜貌，耻也。——《国语·晋语四》。③畜：养育。在本章指母生养子为大畜养小。④入：加入；交往。⑤事：奉行。在本章指子侍奉老母为小事大。⑥则：效法。⑦大：虚空无极为大。

第25章　万物之注

【马王堆汉墓帛书资料】

【甲本】

□者万物之注也善人之葆也不善人之所葆也美言可以市∠尊行可以贺人人之不善也何弃□有∠故立天子置三卿∠虽有共之璧以先四马不善坐而进此古之所以贵此者何也不胃□□得有罪以免舆故为天下贵

【乙本】

道者万物之注也善人之葆也不善人之所保也美言可以市尊行可以贺人人之不善何□□□□立天子置三卿虽有□□璧以先四马不善坐而进此古□□□□□□□□□□不胃求以得有罪以免与故为天下贵

【校订本】

道者，万物之注也，善人之葆也，不善人之所葆也。美言可以市，尊行可以加人。人之不善，何弃之有？故立天子，置三卿。虽有共之璧以先四马，不若坐而进此。古之所以贵此者何也？不谓求以得，有罪以免与?! 故为天下贵。

德篇

【本书校订本】

道者，万物之注[①]也，善人[②]之葆[③]也，不善人之所葆也。美[④]言可以市[⑤]，尊[⑥]行可以贺。人人之不善，何弃之有？故立天子，置三卿，虽有共[⑦]之璧以先四马，不善坐[⑧]而进此。古之所以贵此者何也？不胃求以得，有罪以免与，故为天下贵。

【原文】道者，万物之注[①]也，

【译文】道者，万物皆所贯通。

【原文】**善人[2]之葆[3]也，不善人之所葆也。**

【译文】道在明道者身心之中；道在不明道者身心之外。

【原文】**美[4]言可以市[5]，尊[6]行可以贺。**

【译文】美好的思想可以保持，节制的行为可以祝贺。

【原文】**人人之不善，何弃之有？**

【译文】人们都不明无为之道，如何能放弃贪婪的物欲呢？

【原文】**故立天子，置三卿，**

【译文】过去设立天子之位，安置三卿之职。

【原文】**虽有共[7]之璧以先四马，不善坐[8]而进此。**

【译文】虽拥有珍贵的宝物，但却不懂停止对物欲的贪婪，而去进入“无为”之道。

【原文】**古之所以贵此者何也？**

【译文】古时所以崇尚“无为”之道的原因是什么呢？

【原文】**不胃求以得，有罪以免与，故为天下贵。**

【译文】不是用此道用来获取利益，而是把对物欲追求的错误思想用“无为”之道来清除、隔离。所以，“无为”才是天下最崇高的大道。

【导读】

道者，万物之注也，

万物之注：万物皆贯通。

道者，能将万物皆所贯通。不论是否相信道的存在，不论是否明白道的内涵，世间万事万物皆不能脱离道的规范。

善人之葆也，不善人之所葆也。

善人：不是单纯地指善良者，而是指明道的人。

葆：包括、包容、包含、隐含。

本句话的两个“葆”字代表两个概念，

一、善人心中包容着道，即道在明道者身心之中。如果人能明道，大自然规律了然于心，自然能够顺道而行。

二、道在不明道者身心之外，即谓道葆不善人。

不论世人明道与否，道乃自然存在，世人皆在道中，谁都不可能摆脱大自然的规律。不明道者不了解道的规律，便不能按道而行，其结果自然会因为违反道的规律，而遭受灾难和困苦。

美言可以市，尊行可以贺。

美言：美好的思想。

可以市：可以保持。

尊行：节制的行为。

美好的思想可以保持，节制的行为值得庆贺。

人人之不善，何弃之有？

不善：不明无为之道。

何弃之有：如何才能放弃利欲的诱惑？

学道者需要保持“无为”才能成就大道，当人们都不明白什么是“无为”的时候，如何才能放弃利欲的诱惑呢？

故立天子，置三卿，

故：代表古代、从前、过去。

天子：天子是对封建社会最高统治者的称呼，古人认为其权力出于神授，是秉承天意治理天下，故称天子。

三卿：古代高级官员的名称。西周、春秋时天子、诸侯都有卿，分上、中、下三等。

这句话是说：从前的国家管理制度是立天子之位，设置三卿之职。

虽有共之璧，以先四马，不善坐而进此。

共之璧：当时的拱璧，比喻贵重的物品；

以先四马：当时贵族所乘坐之车为四马所拉，逸礼《王度记》曰：“天子驾六，诸侯驾五，卿驾四，大夫三，士二，庶人一。”

不善坐：不懂得停止对物欲的贪婪。“坐”为停止。

进此：进入“无为之道”。因为，开篇讲的是“道者，万物之注也”。

权贵们虽然拥有珍贵的宝物，驾驭着象征权贵的四马之车，但却不懂停止贪婪的欲望，而去进入“无为之道”。

古之所以贵此者何也？

贵：尊崇。

此：代表道。

何也：代表对原因的疑问。

古人所以崇尚“无为”之道的原因是什么呢？

不胃求以得，有罪以免与，故为天下贵。

有罪：对物欲追求的错误思想。“有”字代表物质追求；“罪”字代表错误思想。

免与：清除、隔离，避免与之接触。

天下贵：天下最崇高的。

古人崇尚“无为之道”的原因：不是用此道用来获取利益的，而是把对物欲追求的错误思想用“无为”来清除、隔离。所以，“无为”才是天下最崇高的思想。

【感悟】

道通寰宇万物注，善人心中包慧福；
不善之人乏明见，亦在困途难逸出，
美好思想须保持，节谦有度当贺祝；
世人不善少仁义，不明无为欲难除；
达官拥权富贵显，不善止贪寻道入；
古来皆崇无为法，涤除罪污先天路。

世人对道的认知有所差别，老子在本章对此进行了言简意赅地描述。老子说，道与万物是融会贯通的，道是客观存在的。老子把明道者称之为善人，把不明道者称之为不善人。老子在此没有褒贬的意思，而是对世人明道与否的客观划分。

明道之善人对于道了然于心，谓之善人包道，因为心中有道，所以明道者就会循道而行。真正的明道者都懂得，物质世界的利益是有限的，人的生命也是有限的，物质之“有”可以转换成能量之“无”，不论有多少物质利益的收获都是虚幻的、有限的。明道者懂得“有无”之道的真实内涵，能够放下物欲的贪婪，其结果并没有任何损失，而是得到圆满的收获。

不明道者不懂得道的真谛，所以心中没有道，但道不会因此而消失。因为，道无所不在，道包不善人。不明道者心中不明道，难免会产生错误的思想和行为，其结果则必然是遭遇灾难和困苦，老子所说的“刍狗”，就是不明道者最终的结果。所以说，世人都需要保持美好的思想，节制的行为，这才是值得祝贺的。

古时候，天下皆立天子之位为天下之尊，设置三卿之职以为邦国之贵。

这些达官显贵拥有众多贵重的财物，驾驭显示身份的四马之车，但他们却不懂停止贪欲，不懂“无为”之道，就算有再大的富贵也皆为不善人。

既然富贵的获取并非是道的追求，那古人崇尚“无为之道”的原因是什么呢？“无为”可以清除贪欲的错误思想，避免错误思想的产生。

【注释】

①注：注，灌也。——《说文》。引申为贯通。②善人：善于道的人，即明道者。不善人即不明道者。③葆：通“包”。包裹；包括。这个葆字有隐藏之意，以比喻大道虽然包含了天地万物，但是并非显而易见。④美：指美好的品德或表现、美好的人或事物。⑤市：通“持”。⑥尊：撙。节制；谦抑。例如：谦尊而光。——《易·谦》。大者不难卑身尊位以下之。——《韩非子·说疑》。又如：尊节（克制；遵守法度）；尊让（克制谦让）。⑦共：拱璧。特大的璧，所以才被用来比喻珍贵之物。⑧坐：坐，止也——《说文》。

第26章　大小多少

【马王堆汉墓帛书资料】

【甲本】	【乙本】	【校订本】
为无为∠事无事∠味无未大小多少报怨以德∠图难乎□□□□□□□□□□天下之难作于易天下之大作于细∠是以圣人冬不为大故能□□□□□□□□□□□□□□必多难∠是□□人猷难之∠故终于无难	为无为□□□□□□□□□□□□□□□□□□□□□□□□□乎其细也天下之□□□易天下之大□□□□□□□□□□□□□□□□□□□□夫轻诺□□信多易必多难是以耶人□□之故□□□□□	为无为，事无事，味无未。大小多少，报怨以德。图难乎其易也，为大乎其细也。天下之难作于易，天下之大作于细。是以圣人终不为大，故能成其大。夫轻诺必寡信，多易必多难，是以圣人犹难之，故终于无难。

【本书校订本】

为无为，事无事，味[①]无未[②]。大小多少，报[③]怨以德。图[④]难乎[⑤]其易也，为大乎其细也。天下之难作于易，天下之大作于细。是以圣人冬[⑥]不为

德篇

大，故能成其大。夫轻诺必寡信，多易必多难。是以圣人猷[7]难之，故终[8]于无难。

【原文】**为无为，事无事，味[1]无未[2]。**

【译文】行为以“无为”为准则，奉行“无为”为事业，感悟“无为”的内涵。

【原文】**大小多少，报[3]怨以德。**

【译文】大小多少皆循环，只有报怨以德才能圆满。

【原文】**图[4]难乎[5]其易也，为大乎其细也。**

【译文】谋求难度大的事物越做越容易，做大的事物越做越细微。

【原文】**天下之难作于易，天下之大作于细。**

【译文】天下难的事物要从容易的部分做起，天下大的事物从细小的部分做起。

【原文】**是以圣人冬[6]不为大，故能成其大。**

【译文】因为圣人始终不以大的部分做起，所以能成就其无限伟大的事业。

【原文】**夫轻诺必寡信，多易必多难。**

【译文】凡轻许诺言者必定少有信用，多去选取容易做的事物必定越来越困难。

【原文】**是以圣人猷[7]难之，故终[8]于无难。**

【译文】因为圣人谋求之事最难，所以才完成了虚空无极之大的难事。

【导读】

为无为，事无事，味无未。

事无事：奉行“无为”为事业。

味无未：感悟“无为”的深意。

回归先天之道是我们学道者之宗旨，在行为上应以“无为”为准则，奉行“无为”为事业，感悟“无为”的深刻内涵。

大小多少，报怨以德。

大小：一切事物发展都是反复循环的，皆由大而小，复由小而大。

多少：一切事物发展都是反复循环的，皆由多减少，复由少增多。

一切事物的大小多少皆为循环往复，不论其如何变化皆为一体之转换，这就是大自然的规律。由此而知，大者所对应的结果必定为小，小者所对应的结果必定为大；多者对应的结果必定为少，少者对应的结果必定为多；怨者索取多，其对应的结果必定为少；德者索取少，其对应的结果必定为多；所以，人生之道应该尊崇德之道，而放弃怨恨之思想和行为，如能真正做到报怨以德，其结果必然是最大的圆满成就。

图难乎其易也，为大乎其细也。

图难乎：谋求难度大的事情。

通过以上的讲解，我们已经得知大小多少皆为一体之循环。因此而知，难与易其实也为一体之循环。所以，在谋求难度大的事物时，其结果一定是相对容易的；相反来说，谋求大的事物来做的时候，其结果是越做越细小易做。

天下之难作于易，天下之大作于细。

大小多少的循环理论，使我们学会了辩证地看待世间的一切问题，当遇到天下最难之事的时候，首先要从容易的部分做起；当遇到天下最大事物的时候，首先要从细小的部分做起。

是以圣人冬不为大，故能成其大。

冬不为大：始终不从大的部分开始做。

圣人对于万物一体循环的理论非常清楚，他们所做之事皆为世间最大的事物，但圣人的行为始终是从生活中点滴小事做起，从起心动念做起。因为，圣人始终不从大开始做起，这才能成就其最伟大的事业。

夫轻诺必寡信，多易必多难。

在大小循环理论的作用下，轻诺为易；寡信为难。所以，轻诺的结果必定是寡信之难。

在大小循环理论的作用下，易为小；难为大。所以，当世人多去选取易做之事的时候，必定会遇到大的困难。

是以圣人猷难之，故终于无难。

猷难之：谋求难度大的事物去做。

终于：完成了。

无难："无"代表先天无极世界；也代表没有。所以，这句话有两层含义：一、先天无极之道这个最难的事业；二、从此再也没有困难的事物存在了。

圣人了解宇宙的真相，懂得谋求最大最难的事业。只有这样做的结果，才能获得最容易、最简单的生存和发展。圣人谋求最大最难之事，就是回归先天无极世界。成功后，就没有困难的事物存在了。

【感悟】

奉行大道无为先，感悟先天真元产；
大小多少循环理，报怨以德缘结善；
图难之因易成果，为大渐至细小延；
天下之难作于易，作于细者大无限；
圣不为大至高路，轻诺寡信易必难。
返回先天得大道，终于无难成非凡。

老子在本章所讲述的内容确实有些绕，让人一时间有些难以理解，但只要能静下心来细心品味，就能感受到老子所给予的辩证思想是如此的博大精深，而后才会得知其绕之难皆成易之始也。

《老子》全书以返还先天为宗旨，以“无为”为按道而行之德，“无为”不是不为，而是最大的作为，其目标是回归先天大道，其思想是明了宇宙人生的真相、看破“有无”之转换、放下物欲的贪婪；其行为是顺应自然之道。

“无”是学道的目标，“无为”是学道者行为规范的标准，不论学道者从事任何方面的事业，其标准都应以“无为”之道为规范。例如：世界各国管理皆应以“无为、不争”为标准，不与天争、不与地争、不与人争。不与天争：是爱护空间环境，不要做出任何产生污染的事物出来；不与地争：是不要浪费地球资源，不要以采伐地球资源来换取经济效益；不与人争：是不要斗争，只有和谐共处才能共存。因为，争斗的结果是共同走向灭亡。

至此，我们都应该懂得宇宙万物皆为一体，万事万物的生灭和成败皆为一体循环之对应。人乃自然万物之一份子，人生之理必然与自然之理相同。在世俗的人群当中，凡夫俗子常有怨恨之心，其原因是自身利益的缺失和损毁；这是因为世人不了解宇宙万物本为一体之真相。“德”是代表按道而行，即化育万物。其行为是付出，其结果是圆满的收获。德是因舍而得、因得而舍，是良性的循环；而怨恨是背道而驰，其行为是索取，其结果是损毁。怨是因索取而失、因失而索取，是恶性的循环。这样我们就会懂得，以怨报怨的结果必然还是缺失和损毁；而以德报怨的结果才是真正的大圆满。

人生之中，最多最大的事情就是选择，衣食住行要选择，上学要选择，工作要选择，婚姻要选择，人生时时刻刻都在选择，就算在梦中也要进行选择，人们每天在睁开睡眼之前就开始选择……所以，选择才是人生中最大的难题。而老子的一句“大小多少”，就是大道至简的一句道偈，其中的至理可让人们受用无穷。如果能够懂得“大小多少”之理，人们的选择就有了标准，从此选择不再是一件令人困惑的事情。因为，这句话让我们懂得“大小多少”皆一体之循环。由此而知，“难与易”其实也为一体之循环。所以，谋求做困难的事物，其结果是越做越容易；谋求做大的事物，其结果是越做越细小易做。例如：小学毕业与博士生相比，小学文凭将来的发展要困难得多。如果一个人的学习目标是小学毕业，这个目标是相对容易完成的，但将来走上社会后，遇到的困难将会是巨大的；如果一个人的学习目标是博士，这个目标相对难度比较大，如果这个目标达成后，将来走向社会后的事业发展将会是容易的，这就是“图难乎其易也”。

在世间做任何事物，不论其事物有多大，都要从细小容易的部分来做起。例如：就算是盖万丈高楼，也皆须从一沙一砖在平地而起；同样道理，在学道修道的过程中，也需要从生活中的点点滴滴做起。我们世人选择了学道，就是选择了世间最大的事业来做。当我们完成这个事业之后，其结果将是“无为则无不为”。但是，要完成这个最大的事业，要从起心动念做起，每个念头都要念念为德，德就是付出，德就是大爱。最大的事业从最小的细节做起，这就是“天下之大作于细”。

所有古圣先贤所做皆为最大的事业，那就是回归先天大道。但圣人们的行为都是从细小的事物做起，是从教育人们的思想来做起。所以，所有的圣人都在做教育。孔子在做教育；老子在做教育；释迦牟尼在做教育……圣人的伟大事业都是从最根本的事情做起，都是从自身的思想行为做起，这才能成佛、成道、成圣。

现在社会上流传一句话说：“拍脑袋决策，拍胸脯保证，拍屁股走人，”这句话是在描述当今社会不负责任的现象。“拍脑袋决策”说明，这些管理者在管理上一没有标准，二没有系统，全凭个人主观意识来进行决策，其决策是容易的，其后果必然是困难的。而“拍胸脯保证，拍屁股走人”，说的就是“轻诺寡信”，轻许诺言为易，但其结果必然是寡信之难。因为，老子早已经给出了因果的定律：“多易必多难。”

懂得“大小多少”的因果规律，圣人们都是选择回归先天世界。因为，一旦成就了这个最大、最难的事业，以后就不存在困难的事物了。所以，圣人选择的事业是“返本归元”，行为是“无为”，成就是“无为则无不为”。

【注释】

①味：滋味、体味、感受、旨趣、意义。②未：未来、未知。引申为未知的深意。③报：回报、报答，报酬。例如：欲报之于陛下也。——诸葛亮《出师表》。④图：图谋、谋取。例如：与图大事。——《资治通鉴》。⑤乎：于；因为；由于；在于。介绍动作、行为产生的原因。⑥冬：通“终”。⑦猷：【尔雅·释诂】：猷，谋也。【疏】：猷者，以道而谋也。大雅文王云：厥犹翼翼。猷犹音义同。⑧终：完成。例如：羊子感其言，复还终业。——《后汉书·列女传》。

第27章　能辅万物

【马王堆汉墓帛书资料】

【甲本】

其安也易持也□□□□易谋□□□□□□□□□□□□□□□□□□□□□□□□□□□□□□□□□□□□□毫末九成之台作于羸土百仁之高台于足□□□□□□□□□□□□□□□□□也□无败□无执也故无失也民之从事也恒于其成事而败之∠故慎终若始则□□□□□□□□□欲不欲而不贵难得之货学不学∠而复众人之所过∠能辅万物之自□□弗敢为

【乙本】

□□□木作于毫末九成之台作于羸土百千之高始于足下为之者败之执者失之是以耶人无为□□□□□□□□□□□□□□民之从事也恒于其成事而败之故曰慎冬若始则无败事矣是以耶人欲不欲而不贵难得之货学不学复众人之所过能辅万物之自然而弗敢为

【校订本】

其安也，易持也。其未兆也，易谋也。其脆也，易判也。其微也，易散也。为之于其未有也，治之于其未乱也。合抱之木生于毫末，九成之台作于羸土，百仁之高，始于足下。为之者败之，执之者失之。是以圣人无为也，故无败也；无执也，故无失也。民之从事也，恒于其成而败之。故慎终若始，则无败事矣。是以圣人欲不欲，而不贵难得之货；学不学，复众人之所过；能辅万物之自然，而弗敢为。

【本书校订本】

其安[1]也，易持[2]也。其未兆[3]也，易谋也。其脆[4]也，易判[5]也。其微也，易散也。为之于其未有也，治之于其未乱也。合抱之木，生于毫末；九[6]成[7]之台，作于羸[8]土；百仁[9]之高，始于足下。为之者败之，执[10]之者失之。是以圣人无为也，故无败也，无执也，故无失也。民之从，事也，恒[11]于[12]其成，事而败之。故慎[13]终若[14]始则，无败事矣。是以圣人欲不欲，而不贵难得之货；学不学，而复[15]众人之所过[16]。能辅[17]万物之自然，而弗敢为。

【原文】**其安[1]也，易持[2]也。**

【译文】安稳的事物，容易保持和管理。

【原文】**其未兆[3]也，易谋也。**

【译文】没有预兆的事物还在初级阶段，所以容易规划。

【原文】**其脆[4]也，易判[5]也。**

【译文】脆弱的事物，容易分离和变化。

【原文】**其微也，易散也。**

【译文】微小的事物，容易消散和消失。

【原文】**为之于其未有也，治之于其未乱也。**

【译文】行动应在事物尚未发生之时，治理应在事物还没混乱之前。

【原文】**合抱之木，生于毫末；**

【译文】合抱大的树木，是从细微处生起，

【原文】**九[6]成[7]之台，作于羸[8]土；**

【译文】多层的高台，在用很少的土开始累积。

【原文】**百仁[9]之高，始于足下。**

【译文】百仞的高度，起点是从脚下开始。

【原文】**为之者败之，执[10]之者失之。**

【译文】对物欲追求的行为都是失败的；能够掌握和控制的事物终究都会失去。

【原文】**是以圣人无为也，故无败也，**

【译文】因为圣人“无为”，所以不会失败。

【原文】**无执也，故无失也。**

【译文】不掌握控制任何事物，就不会失去任何事物。

【原文】**民之从，事也，恒[11]于[12]其成，事而败之。**

【译文】人民听从的是管理，如果管理的获取超过了百姓的成果，这样的管理就是失败的。

【原文】**故慎[13]终若[14]始则，无败事矣。**

【译文】因此，保持到最后还能顺从“无为”之道，就不会有失败的管理啦。

【原文】**是以圣人欲不欲，而不贵难得之货；**

【译文】因为圣人的思想就是消除贪欲，所以不要抬高难得器物的价值。

【原文】**学不学，而复[15]众人之所过[16]。**

【译文】圣人的学问是学习不争、不欲的学问，是以“无为”思想来除去众人所犯的错误。

【原文】**能辅[17]万物之自然，而弗敢为。**

【译文】学习圣人的“无为”思想，可以使民众护卫万物的自然发展，而不敢去违背大自然的规律。

【导读】

其安也，易持也。

其安：指的是安定、稳固、稳妥的事物。

易持：容易保持和管理。

“安”字在此代表物体和事务两个方面。在物体方面，代表稳定的物体容易把持和整理；在事务方面，代表稳妥的事物容易保持和管理。

其未兆也，易谋也。

未兆：还没有预兆。

易谋：容易谋划、规划、考察、商量。

中国古人认为一切事物的发展皆有征兆，而且预兆的产生是必然的。所以，在很多事情上都讲究占卜和预兆。老子认为，当某些事物还没有出现预兆的时候，说明这是处于初级阶段，对应其事物的规划相对容易。

其脆也，易判也。

其脆：指的是脆弱、不牢固、不稳定的事物。

易判：容易分裂、分离、变化。

当一个物体的状态是脆弱或者不牢固时，就容易分裂、分离；当某件事情的发展不稳定时，就会容易变化。

其微也，易散也。

其微：指细小的事物。

易散：容易散落、消失。

当某些物体在微小的时候，容易消散；这代表某些事情或机遇在细小的时候，容易消失。

为之于其未有也，治之于其未乱也。

为之：开始行为、行动。

未有：还没有产生。

治：治理、管理。

未乱：还没有混乱。

当某些事物还没有产生的时候，就要开始行动；当某些事物还没混乱的时候，就应该开始治理。

合抱之木，生于毫末；

毫末：细微处、细节末梢。

合抱的大树，是从细微处生起。这是用来比喻，任何大的事物都要从细节末梢开始生发。

九成之台，作于羸土；

九：对“多”的一种比喻。

成：通“层”字。

作：兴建。

羸土：比较少的土。

不论兴建多高的高台，都是用很少的土开始累积。这是用来比喻，做任何事物都要从一点一滴开始。

百仁之高，始于足下。

百仁：百仞。“仁”通“仞”字（古代计量单位：一仞周尺八尺或七尺。周尺一尺约合23厘米，按八尺来计算一仞等于184厘米）。

百仞在古代代表非常高。但是，不论多高的建筑都要从脚下的平地开始。这是比喻做任何大事业，都要从脚踏实地开始。

为之者败之，执之者失之。

为之者：代表对物欲追求的行为。“为”代表“有为”，就是对物欲的追求。

执之者：在此代表掌握、控制的事物。

在我们这个物质世界里，凡是有贪欲的行为必定会失败；凡是能掌控的事物终究会失去。

是以圣人无为也，故无败也，

无为：以道为指导的行为。

无败：没有失败，不会失败。

圣人的行为是没有欲望的行为，是以“无为”之道为指导的行为，所以圣人不会有失败。

无执也，故无失也。

无执：“无”包含一切事物，执掌一切事物。但是，“无执”也代表不掌握任何事物。

无失：“无”包含了一切事物，所以不会失去任何事物。

圣人不掌控任何事物，实际上却掌控一切事物，圣人行“无为”之道，所以不会失去任何事物。

民之从，事也，恒于其成，事而败之。

从：听从，顺从。

事：管理。

恒：法则。

于：超过。

成：成果，人民劳动的成果。

在一个邦国里，人民听从的是管理。如果国家管理的获取超过了百姓的成果，这样的管理就已经失败。

故慎终若始则，无败事矣。

慎终：守德、保持到最后。“慎”为真诚、守德。

若始则：顺从元始的“无为”法则。“若”为顺从。

无败事：没有失败的管理。

如果邦国保持守德到最后，还能顺从“无为”之道的准则，就不会有失败的管理啦。

是以圣人欲不欲，而不贵难得之货；

欲不欲：思想上没有贪婪的欲望。

因为圣人的思想是去除贪欲，所以不要抬高难得器物的价值。贪婪的欲望会引起人们的争斗之心，而“不贵难得之货物”可以避免引动世人的贪心。

学不学，而复众人之所过。

学不学：学习不争、不欲的学问。

复：消除、改正。

过：缺点、错误。

圣人之道，就是不争、不欲的学问。如果众人都能学习圣人之道，必然能以“无为”之道来规范自身，也会改正自身所犯的错误。

能辅万物之自然，而弗敢为。

辅万物：护卫万物。

弗敢为：不敢做出追求物欲的行为，因为这是违背大自然规律的事情。

当世人都具备了圣人的“无为”思想，才能护卫万物的生存和发展。因此，才不敢、才不会去违背大自然规律。

【感悟】

凡事安稳把持易，其为兆者谋易参；
分离皆因脆弱体，消散当为物细淡；
事物未发先机动，惩前毖后治未乱；
合抱之木生毫末，九成高台赢土添；
百仞虽高足下始，安邦定国智道悬；
追名逐利败必定，执者终失所获缘；
圣人无败无为因，无失为果无执连；
民从国法有天理，邦现民贫因法颠；
始终守德无败事，圣人不欲断民贪；
不争不欲真学问，可端民风正气燃；
护卫万物远屠戮，不违大道见极远。

老子在本章用了很多比喻，以此来启发人们对“无为”思想的认知。老子用物体的稳定性来说明：事物在稳定的状态下容易管理和保持。就物体来说：使用一个四条腿的桌子，如果将其一条腿着地，就算是扶持这个桌子也不会稳当；如果在桌子四腿着地的情况下，不需扶持也可以保持安稳；就邦国的管理来说：人民的“衣食住行”相当于桌子的四条腿，如果其中任何一项产生了困难，就相当于桌子的一条腿没有着地。这说明，这个邦国将会动乱和不稳定；如果人民的衣食住行都没有问题，那就相当于桌子四腿着地。这说明，这个邦国稳定而容易管理。

中国古人非常重视预兆，而且对于预兆的研究非常深入、非常辩证。例如：在《吕氏春秋·慎大览·察今》中曰：“有道之士，贵以近知远，以今知古，以益所见，知所不见。故审堂下之阴，而知日月之行、阴阳之变……”在《吕氏春秋》中所说的“堂下之阴”便是预兆，这预兆了日月之行和阴阳之变，就是太阳将落、月亮将升。大家都可以理解，此预兆是简单辩证的，没有丝毫迷信内容可言。按照《吕氏春秋》中的内容来说，如果堂下未阴，便可称为“其未兆也”。这个时候，对晚上的规划就比较容易。在《管子·牧民》中曰：“礼义廉耻，国之四维，四维不张，国乃灭亡。国有四维，一维绝则倾，二维绝则危，三维绝则覆，四维绝则灭。倾可正也，危可安也，覆可起也，灭不可复错也。何谓四维？一曰礼、二曰义、三曰廉、四曰耻。”如果国家人民皆不讲礼的时候，预兆邦国之倾斜；国家人民都不讲义的时候，预兆邦国将危险；国家人民都不讲廉的时候，预兆邦国将颠覆；国家人民都不讲耻的时候，预兆邦国将灭亡；当国家人民都讲究“礼义廉耻”的时候，可以说是“其未兆也”，这时候，邦国的管理和规划都可防患于未然。

当一个物体的状态是脆弱或不牢固时，就容易分裂、分离。例如：一张纸的状态就是“其脆也”，可以轻易地用手撕成碎片，这就是“易判也”。当邦国的人民都缺乏“礼义廉耻”的时候，这就是“其脆也”的状态。这时的邦国，就会面临灭亡，这就是“易判也”。

当某些物体在微小的时候，容易消散。例如：镜子上有轻微细小的灰尘，只需轻轻擦拭便可恢复光亮洁净。当邦国的人民皆遵“礼义廉耻”，只有极少数人不懂“礼义廉耻”，这些少数人就如同镜子上的轻微灰尘，只需将“礼义廉耻”的教育普及到位，就能将这些人恢复到“人之初，性本善”，这就是“其微也，易散也”。当不懂“礼义廉耻”者还未产生危害的时候，就应该防患于未然，提前将道德教育普及开来，这就是“治之于其未乱也”。

老子用合抱之大树、九成高台、百仞的高度来说明，大事业要从细节和基础做起。例如：世间的大事，除修道之外，就是对天下的治理。治理天下这样的大事，也需要教育人们从起心动念开始。因为，世人做任何事情都是从起心动念开始。起心动念是错误的，所做的事情也都将是错误的；起心动念是正确的，所做的事也都将是正确的。

老子说，在我们这个物质世界里，凡是有贪欲的行为都将是失败；凡是能掌控的事物终究会失去。世人对此言不是很容易理解，如果能从本书的开始学习到现在，就应该明白：相对于圆满的先天无极世界，我们这个后天物质世界是不圆满的。宇宙对于虚空无极的世界来说，都是微不足道的。而世人不论有多大的事业，对比宇宙来说，都是微不足道的。所以，世人对物欲追求的行为，相对来说都是失败的。而且，世人的寿命是有限的，不论其掌控的事物有多少，终究都会失去。这个理论是宇宙人生的真理，但世人能够理解的毕竟是少数，只有圣人懂得宇宙人生的真相。圣人不会失败，是因为圣人行“无为”之道；圣人不会失去任何事物，是因为圣人不追求物质的获取。

如果一个邦国的百姓，在衣食住行方面遇到了困难，表明这个邦国的管理已经失败。为什么会有失败的管理呢？因为，失败的统治者不能真诚地对待百姓，没有把百姓当成自己的亲人来对待，没有把百姓当成自己来对待。子曰：“己所不欲勿施于人，”这句话是修真治世的基本原理。如果世人都能以这句话来指导自己行为，我们这个物质世界就会成为世界大同的净土。如果统治者始终保持真诚地对待百姓，以“无为”之道为治理国家的标准，不让百姓遭遇任何困难，这样的邦国就是大同净土。

圣人的思想就是去除物欲，而世人心中充满了欲望。所以，世人与圣人的成就背道而驰。老子说“不贵难得之货”，是为了降低人们的争斗欲望，因为争斗就是世界走向灭亡的根本原因，而物价飙升就是斗争的导火索。所以，老子站在圣人的高度，反复提醒世人要“不贵难得之货”。

中国有句成语叫“不学无术”，这句成语的本意应该是“不学、无术”，也就是“不争的学问和无为之术”。在经过后人的曲解之后，这个词现在成为贬义词了。圣人的学问就是学习不争、不欲的学问，而世人所推崇的是竞争和满足各种欲望。由对比而知，世人所认同的竞争和贪欲，都是错误的思想和行为。如果想要减少世人的错误思想和行为，就只有学习圣人不争、不欲的学问，这样才能够纠正世人的错误观念。只有当世人具备了“无为”思想，才能做到爱护宇宙万物如同爱护自己。只有这样，才能与自然万物和谐共存。

【注释】

①安：本义：安定；安全；安稳。②持：把持；掌握。持，握也。——《说文》。③兆：预示；显现。例如：瑞雪兆丰年。④脆：脆弱；单薄；容易折断破碎。⑤判：判，分也。——《说文》。⑥九：【史记·驺衍传】：中国之外，有赤县神州者九。又九之为言多也。⑦成：【尔雅·释地】：丘一成为敦丘。【注】：成，犹重也。周礼曰：为坛三成。【疏】：言丘上更有一丘，相重累者。九成：九重、九层。⑧蠃：蠃，瘦也。——《说文》。蠃土：很少的土。⑨仁：通“仞”。古代计量单位：等于8尺（一说7尺，也有说5.6尺或4尺）的中国古代长度单位。⑩执：拿；持；持守；主持；掌管；控制；统御。⑪恒：规律；法则。如：恒式（常规；常法）；恒典（常典；常制）；恒例（常规；惯例）；恒规（常规）。⑫于：象形。甲骨文字形，表示气出受阻而仍越过。本义：超过。⑬慎：例如：慎，诚也。——《尔雅》。慎，德之守也。——《国语·周语》。⑭若：本义：顺从。例如：若，顺也。——《尔雅·释名》。⑮复：泛指消除。【正韵】复，除也。⑯过：错，犯错误。例如：人恒过，然后能改。——《孟子·告子下》。⑰辅：护卫。例如：城阙辅三秦，风烟望五津。——唐·王勃《杜少府之任蜀州》。

第28章　乃至大顺

【马王堆汉墓帛书资料】

【甲本】

故曰为道者非以明民也将以愚之也民之难□也以其知也故以知知邦邦之贼也以不知知邦□□德也恒知此两者亦稽式也恒知稽式此谓玄德玄德深矣远矣与物□矣乃□□□

【乙本】

古之为道者非以明□□□□□之也夫民之难治也以其知也故以知知国国之贼也以不知知国国之德也恒知此两者亦稽式也恒知稽式此谓玄德玄德深矣远矣□物反矣乃至大顺

【校订本】

古之为道者，非以明民也，将以愚之也。民之难治也，以其智也。故以智知邦，邦之贼也，以不智知邦，邦之德也；恒知此两者，亦稽式也。恒知稽式，此谓玄德。玄德深矣、远矣，与物反矣，乃至大顺。

【本书校订本】

故曰：为[①]道者，非以[②]明民也，将以愚之也。民之难治也，以其知[③]也。故以知知邦，邦之贼也；以不知知邦，邦之德也。恒知此两者，亦稽[④]式也。恒知稽式，此谓玄德。玄德深矣、远矣，与[⑤]物反矣，乃至大顺。

【原文】**故曰：为[①]道者，非以[②]明民也，将以愚之也。**

【译文】因此说：伪道的管理模式，不是以真理教育人民，而是将百姓愚弄了。

【原文】**民之难治也，以其知[③]也。**

【译文】民众之难以治理，是因为统治者应用伪道的管理模式。

【原文】**故以知知邦，邦之贼也；**

【译文】因此，以伪道来管理邦国，此为邦国之贼。

【原文】**以不知知邦，邦之德也。**

【译文】以不争、不欲来管理邦国，此乃邦国之德。

【原文】**恒知此两者，亦稽[④]式也。**

【译文】要保持分清这两种管理模式的区别，这也是管理的定式。

【原文】**恒知稽式，此谓玄德。**

【译文】保持应用这个管理的定式，这才是智慧深远的大德。

【原文】**玄德深矣、远矣，与[⑤]物反矣，乃至大顺。**

【译文】玄德深啊、远啊，离开物欲的诱惑而返回先天大道，这才是最大的成功。

【导读】

故曰：为道者，非以明民也，将以愚之也。

为道：伪道。这与“无为”相对立，也就是“有为”。因此，“有为”就是追求物欲。

非以明民：不是以真理教育人民。

这是继前一章所言：民众通过学习不争、不欲的学问，而不敢违背自然之道。所以说：当邦国用伪道管理邦国的时候，应用的是追求物欲的管理，这不是以真理教育人民，而是将百姓愚弄了。

民之难治也，以其知也。

其知：伪道的管理。“其”字特指伪道；“知”字代表管理。

这句话千古以来被误解很大，其本意是说：人民之所以难以治理，是因为统治者用伪道来管理，这才导致的民之难治。

故以知知邦，邦之贼也；

以知：以伪道管理。这个“知”是指“其知”的伪道。

知邦：管理邦国。“知”字代表管理。

以伪道来治理邦国，这样的管理者乃邦国之贼也。本章的“知”字有多种含义，要全文衡量才能确定其含义。否则，就容易断章取义。

以不知知邦，邦之德也。

不知：不争、不欲的管理。

知邦：管理邦国。

当统治者以不争、不欲的正道来管理邦国的时候，这样的邦国才是有德，才会有收获。

恒知此两者，亦稽式也。

恒知：保持辨别和分清。

此两者：一种是“伪道”，即追求物欲的管理模式；另一种是不争、不欲的“无为”管理模式。

亦稽式：也是辨别的准则和定式。

要保持辨别这两种管理模式的区别，这就是管理的准则。这说明，只有能辨别这两种管理模式区别的人，才有资格来管理邦国。

恒知稽式，此谓玄德。

恒知：保持应用。“知”代表治理，即应用。

玄德：智慧深远的大德。

保持应用这个管理的定式，才是智慧深远的大德。

玄德深矣、远矣，与物反矣，乃至大顺。

与：离开。

物：万物，代表物质世界。

反：返回。

大顺：大的成功。“大”代表“无”，“顺”代表成功。

玄德深啊、远啊，离开物欲的诱惑而返回先天大道，这才是最大的成功。

【感悟】

有为并非无为道，伪者背道愚民愿；
民之难治有为障，邦国之贼唯物贪；
辨别正道不求物，恒知定式玄德安；
远离物欲智慧深，返至无极大顺还。

老子在本章讲解了区别真伪管理的定式：正确的管理模式是“无为”管理，即“真”道；错误的管理模式是“有为”管理，即“伪”道。因为，与“无为”背道而驰者是“有为”，“有”是由“无”分裂出来的，“有”代表的是分裂，“有为”代表的是分裂的行为。

“为道者，非以明民也”，这是说：伪道者将百姓愚弄了。这说明，伪道者即统治者，但这个统治者是指应用伪道的统治者。伪道就是“有为”的管理，就是追求物欲的管理。例如：当前的社会，给儿童开始灌输的教育思想，其目的无疑是为了考大学、为了找个好工作、为了发财，为了买房、为了买车……这些完全都是为了追求个人的物欲。难道这些目的的成功，就可以得到真正的幸福吗？千万不要认为这些大道理是脱离现实的理论，其实，这些大道理才是最实际的真理。老子曰：“图难乎其易也，为大乎其细也。”

从古至今，邦国的管理者大多都有一个共同的思维，就是对于人民的治理非常之困难。人民真的难以治理吗？那么，人民难以治理的症结在哪里呢？老子在此做出了明确的回答：“民之难治，以其知也，”这句话绝对不是后人所误解的：“民之难治，是因为百姓有了智慧。”这个“其知”，是特指统治者追求物欲的伪道管理，“民之难治”是因为统治者错误的管理模式。

通过老子的开示，我们现在终于可以懂得：管理一个国家并不难，难与易的根本区分在于管理模式。如果一个邦国的管理者是以追求物欲为目标，而不是教化人民学习道德，就可以确定这个管理者是“邦之贼”也！相反来说：如果一个邦国的管理者是以“无为”之道来管理邦国，这样的管理者是“邦之德也”！“邦之德”是对国家和人民有恩的人！当然，这里有个重大的问题，就是老子所讲的“无为”管理模式已有2500多年了，为什么没有一个邦国能够进行实施呢？其原因是：老子文化和孔子文化已经被后人所篡改，后人已经不懂什么是真正的“无为之道”了，都以为“无为”是消极遁世的没有作为，而不懂得“无为”是按道而行的最大作为。老子在道篇的第三章已经把“无为”之道阐述得非常清楚，可惜已被后人篡改得面目全非。如果一个邦国能够按照“无为”之道来治理，如果一个邦国的人民能够懂得“仁义礼智信”，那么这个邦国的治理可谓易如反掌。可惜“无为”与“仁义礼智信”的词汇还在，但其真意早已丧失，世人所认识的“无为”与“仁义礼智信”，早已残缺不全。

老子他老人家以慈悲为怀，为了后世的兴旺与繁荣，特意留下了鉴别是非的宝镜。老子说，能够辨别“无为与有为”，就能鉴别管理的正确与否，如果能够保持这个辨别的定式，就是具备了智慧深远的大德！这个定式，就是远离物欲的追求，返回先天的“无为”之道。只有如此，才能成就“无为则无不为”的大顺境界。

【注释】

①为：通“伪”。变化则为生，为生则乱矣。——《管子·心术上》。②以：认为，以为。例如：我以日始出。——《列子·汤问》。③知：主持；管理。例如：有能助寡人谋而退吴者，吾与之共知越国之政。——《国语·越语上》。④稽：准则、法式。⑤与：离开。如：与世隔绝；与众不同。

第29章　百浴之王

【马王堆汉墓帛书资料】

【甲本】

□海所以能为百浴王者以其善下之是以能为百浴王是以圣人之欲上民也必以其言下之其欲先□□必以其身后之故居前而民弗害也居上而民弗重也天下乐隼而弗猒也非以其无诤与故□□□□□诤

【乙本】

江海所以能为百浴□□□其□下之也是以能为百浴王是以耶人之欲上民也必以其言下之其欲先民也必以其身后之故居前而民弗害也居上而民弗重也天下乐谁而弗猒也不□其无争与故天下莫能

【校订本】

江海所以能为百谷王者，以其善下之也，是以能为百谷王。是以圣人之欲上民也，必以其言下之；其欲先民也，必以其身后之。故居上而民弗重也，居前而民弗害。天下乐推而弗厌也，不

与争	以其无争与？故天下莫能与争。

【本书校订本】

江海所以能为百浴[①]王[②]者，以其善下之，是以能为百浴王。是以圣人之欲上民也，必以其言下之；其欲先民也，必以其身后之。故居前而民弗害也，居上而民弗重也，天下乐推而弗猒[③]也。非以其无诤与，故天下莫能与诤。

【原文】**江海所以能为百浴[①]王[②]者，以其善下之，是以能为百浴王。**

【译文】江海能成为水域之大者，因为江海居下能容，所以才能够成为水域之大者。

【原文】**是以圣人之欲上民也，必以其言下之；**

【译文】因为圣人的思想境界在民众之上，所以圣人的言行必定谦虚居下。

【原文】**其欲先民也，必以其身后之。**

【译文】圣人的思想境界在民众之先，必定会把自身的利益放在民众之后。

【原文】**故居前而民弗害也，居上而民弗重也，天下乐推而弗猒[③]也。**

【译文】因此，居民众之前，而民众不觉得有害；居民众之上，而民众不感觉沉重；天下民众乐于推举圣人而不厌恶。

【原文】**非以其无诤与，故天下莫能与诤。**

【译文】圣人不是用“无为”之道去争夺，所以天下也都不能与之相争。

【导读】

江海所以能为百浴王者，以其善下之，是以能为百浴王。

百浴：百浴包含了江河湖海等水域。

王：同类之大者。

善下：善于居下之位，以接纳百川之流。

江海等水域，能成为同类之大者，是因为江海居下能容，可以接纳百川之水，所以才能成为水域之大者。“百浴之王”，是为了阐述圣人之道所做的铺垫。

是以圣人之欲上民也，必以其言下之；

圣人之欲：圣人的思想境界。

上民：在世俗民众之上。

下之：谦虚居下。

圣人如同“百浴之王”；而民众如同“百浴”。圣人能成就“百浴之王”，是因为“海纳百川，有容乃大”。这说明，圣人的思想境界在民众之上是有原因的，这必定是因为圣人的言行谦虚居下。

其欲先民也，必以其身后之。

其欲：特指圣人的思想境界。

先民：在成就大道的路上，走在民众之前。

其身：特指圣人的自身利益。

后之：利益在众人之后。

在成就大道的路上，圣人的思想境界在民众之先。这必是因为，圣人能把自身利益放在民众之后。

故居前而民弗害也，居上而民弗重也，天下乐推而弗猒也。

居前：特指圣人的位置在众人之前。

弗害：不觉得有害。

弗重：不觉得沉重。

弗猒：不觉得厌恶。

因为，圣人不会争名夺利，所以人民都放心。虽然，圣人在民众之前引路，但民众不会觉得有害；圣人的位置高高在上，民众不会觉得沉重；天下民众都乐于推举圣人，而且不会厌恶。

非以其无诤与，故天下莫能与诤。

其无：特指“无为”。

诤与：争夺。“诤”通“争”。

圣人不是用“无为”之道去争夺任何事物，所以，天下人就都不能与之相争任何事物。这句话一语双关，即表达了圣人的不争，又说明圣人之道的不可战胜和无限利益。

【感悟】

水域之王江海大，善居下位纳百川；
圣人境界崇高远，其言下之谦得赞；
以身作则端民正，利在人后显大贤；
在前民不视其害，居上不觉重力悬；
乐举圣贤民弗厌，无争莫能与争先。

老子在本章以“百浴之王”来比喻圣人。江海之所以能够成为水域之大者，是因其居下能容小溪、小河等水域之小者。圣人如同江海一样居下能容，而且包容宇宙万物，这才能成就其大。

老子在此分析江海之大和圣人之高，是为了让世人来效法江海和圣人。圣人不是特指某一个人，圣人指的是一种思想境界，圣人不是高不可攀的，我们不要认为圣人离我们很遥远，只要我们都能按照圣人之道来思想和行为，那人人都可以成为圣人。圣人为一切众生谋利益，不论好事坏事、好人坏人皆能容纳，这就是其境界高于世人的原因。

圣人的思想是世人的指路明灯，圣人在众人之先做引导，必定是因为圣人能把自身的利益放在众人之后。其实，世人所看重的各种利益都是有限的，地球也只不过是宇宙中的一粒尘埃，世人所获取的利益又能大到哪儿去呢？正因为圣人在利益上的“无”，所以才获得世人的信任和追随。相对管理者来说如果只知道为自身谋利益，自然不会得到民众的信任和追随。当管理者的利益比民众利益大很多的时候，这样的管理一定会失败，只不过是维持的时间长短而已。历史已经证明：世界上没有一个王朝能够始终存在。因为，这些管理者只顾谋取私利，而不去考虑民众的利益，其失败是必然的。而儒释道三教，都存在了两三千年之久没有灭亡，这就足以说明三教管理思想的正确性。

如果管理者都能效法圣人之道，将民众的利益放在自身的前面，必然会获得民众的支持和拥护。能效法圣人之道的管理者，在民众之前，民众不会觉得有害；在民众之上，民众也不会觉得沉重；而且，一定会获得民众的推举。如果管理者都能明白这个道理，就不用去学各种管理学了。因为，效法圣人之道，就是一切管理学的真谛。

圣人不去争夺任何利益，天下人就难以与之相争。在世人看来，圣人表面的利益是“无”。其实，圣人的利益无限大。圣人表面上“一无所获”，而实际上却拥有一切。所以，效法圣人之道不会有任何损失，只会获得无限大的能量、能力和利益。

【注释】

①浴：江河湖海河溪池塘等能容水之处皆为浴。②王：指同类中的最突出或最大者。③猒：古同“厌”。

第30章　小邦寡民

【马王堆汉墓帛书资料】

【甲本】

小邦寡民使十百人之器毋用使民重死而远送有车周无所乘之有甲兵无所陈□□□□□□□用之甘其食美其服乐其俗安其居[illegible]邦相壁鸡狗之声相闻民□□□□□□□

【乙本】

小国寡民使十百人之器而勿用使民重死而远徙有周车无所乘之有甲兵无所陈之使民复结绳而用之甘其食美其服乐其俗安其居[illegible]国相望鸡犬之□□闻民至老死不相往来

【校订本】

小邦寡民，使有十百人之器而勿用，使民重死而远徙。有舟车无所乘之，有甲兵无所陈之，使民复结绳而用之。甘其食，美其服，乐其俗，安其居，邻邦相望，鸡狗之声相闻，民至老死不相往来。

【本书校订本】

小邦寡民，使十百人之器毋用。使民重死而远送，有车周①无所乘之，有甲兵无所陈②之，使民复结绳。而用之：甘其食，美其服，乐其俗，安其居。邻邦相望③，鸡狗之声相闻。民至老，死不相往来。

【原文】小邦寡民，使十百人之器毋用。

【译文】缩小各个邦国地域的管理范围，以减少民众的管理数量，各个邦国都不要组织军队。

【原文】使民重死而远送，有车周①无所乘之，有甲兵无所陈②之，使民复结绳。

【译文】让民众重视死亡而远离战阵和杀戮，战争所用有的车舟没有战事可以乘坐，军事设备没有可用之处，让民众恢复结绳而治时代的淳朴思想。

【原文】而用之：甘其食，美其服，乐其俗，安其居。

【译文】从而实现：吃着美味佳肴，穿着美丽的服装，享受着当地的风俗，安定的生活。

【原文】**邻邦相望**[3]**，鸡狗之声相闻。**

【译文】邻邦可以守望相助，相互能听到鸡狗的叫声（但不是战争的声音）。

【原文】**民至老，死不相往来。**

【译文】民众都能寿终正寝，死亡都不是战争往来所导致。

【导读】

小邦寡民，使十百人之器毋用。

小邦：缩小诸侯邦国管理面积。“小”为缩小。

寡民：减少邦国管理的民众数量。“寡”为减少。

十百人之器：在此指军队。商周时期军队编制为：五人为伍，十人为什，百人为伯，千人为行。

老子希望各个邦国都缩小管理范围，这样可以减少各邦国所管理的民众数量。最重要的是：各个邦国都不要组织军队。

使民重死而远送，有车周无所乘之，有甲兵无所陈之，使民复结绳。

重死：重视死亡。

远送：远离（战争之死亡）。

车周：特指战争所用的车船。

甲兵：铠甲兵械等军用设备。

结绳：代表结绳而治的时代，用来比喻人民恢复淳朴的生活。

各个邦国的管理者通过教育百姓，使得人民重视死亡而远离死亡，这个远离的死亡不是寿终正寝，而是远离暴力、杀戮、战争所导致的死亡。邦国的舟车不会因战争而乘坐，战争所用的军用设备没有使用的地方，使得民众恢复结绳而治时代的淳朴生活，

而用之：甘其食，美其服，乐其俗，安其居。

而用之：而施行、实现。“用”为施行。

乐其俗：享受当地的风俗。

人民从而实现：吃着美味佳肴，穿着美丽的服装，享受着当地的特有风俗习惯，能够安居乐业地生活。

邻邦相望，鸡狗之声相闻。

相望：守望相助。

邦国相邻的民众可以守望相助，听到邻邦鸡狗所叫之声，而不是战争的声音，这说明了人民相处融洽。

民至老，死不相往来。

至老：到了寿终正寝的时候。

往来：这里特指战争的往来。

人民快乐地生活，一直都到寿终正寝，死亡都不是与邻邦战争所导致。

【感悟】

小邦寡民弃戎装，民重死而远战疆；
车舟非为征途用，兵械不再列沙场；
民复结绳风淳朴，食甘服美福乐庄；
鸡犬相闻守望助，寿终非因出师亡。

老子在此展望了百姓安居乐业的幸福景象，但这并非只是一个美好的愿望，而是一个非常实际的管理方案。但是，当时有各种原因没有实现。老子生活在周朝末期，属于封建制度的时代，当时的邦国是以周朝天子为共主的各个管理区域。当时的诸侯，就是各个邦国的首领。随着周朝王室的衰微，周王“天下共主”的地位丧失，“封建制度”开始被破坏。春秋战国时期，大国兼并小国，封建制度也逐渐势微。老子的文章，是针对当时社会动荡局面而推出的管理模式。老子所说“小国寡民”的思想，是希望当权天子在分封诸侯的时候，在管理区域上有所限制，尽量缩小邦国的管理区域，以减少邦国的管理人数。而且，不要让各个邦国组织军队，这样可以避免邦国之间产生战争，最终是为了避免百姓遭受苦难。

如果老子的管理模式一旦被实行，各个邦国的人民将远离战争，远离杀戮所带来的死亡。百姓可以恢复结绳时代的淳朴生活，人们都能享用美味佳肴，穿着漂亮的服装，享受着各地的风俗习惯，过上幸福快乐的生活。各个邦国之间都能守望相助，“鸡犬之声相闻”而听不到战争的声音，人民都能寿终正寝，死亡都不是战争造成的。

虽然，老子的管理之道有着当时的社会背景，但老子的思想是站在圣人的高度上所形成的。所以，老子的治国思想对于任何时候都有重要的指导意义。现在的国际关系与当时的邦国概念虽有所不同，但还是存在着类似的形式和局面。重要的是，要正确地接受圣人的思想和管理理念，不违背圣人给出的核心思想。那么，圣人给出的治国核心思想是什么呢？那就是远离竞争、远离战争！要让百姓能够幸福快乐地生活。

【注释】

①周：通“舟”。②陈：施展、使用。③望：看望、探望、照看。

第31章　信言不美

【马王堆汉墓帛书资料】

【甲本】	【乙本】	【校订本】
□□□□□□不□□者不博□者不知善□□□□者不善圣人无积□以为□□□□□□□□□□□□□□□□□□□□□□□□□□	信言不美美言不信知者不博博者不知善者不多多者不善耶人无积既以为人己俞有既以予人己俞多故天之道利而不害人之道为而弗争	信言不美，美言不信。知者不博，博者不知。善者不多，多者不善。圣人无积，既以为人，己俞有；既以予人，己俞多。故天之道，利而不害；人之道，为而弗争。

【本书校订本】

信①言不美，美言不信。知者不博，博者不知。善②者不多，多者不善。圣人无积③，既④以为⑤人，己俞有；既以予人，己俞多。故天之道，利而不害；人之道，为而弗争。

【原文】**信①言不美，美言不信。**

【译文】诚实可靠的表达不会是花言巧语，花言巧语的表达都是不可信的。

【原文】**知者不博，博者不知。**

【译文】智者不用博学，而博学者不是智慧。

【原文】**善②者不多，多者不善。**

【译文】在某个领域里达到擅长的人不多；很多人在一个水平线上的时候，都不是真正的擅长者和明真理者。

【原文】**圣人无积③，既④以为⑤人，己俞有；**

【译文】圣人没有积累财物，却尽力帮助众人，而使得自己拥有的越来越多。

【原文】既以予人，己俞多。

【译文】尽力给予众人，而自己获得的愈多。

【原文】故天之道，利而不害；

【译文】因为天的规律是，利益万物而不害。

【原文】人之道，为而弗争。

【译文】人生的规律是，帮助别人而不与之争

【导读】

信言不美，美言不信。

信：诚信、可信、可靠。

言：语言、表达、文章、见解。

美：装饰、美化、花言巧语。

诚实可靠的表达是直接明确的，不会是花言巧语的。这说明，花言巧语的表达，一定不可信。

知者不博，博者不知。

知：通“智”，智慧。

博：博学。

有智慧的人不用去博学，只有专一才能精通，一通则百通。博学者不能专一而不能精通，正所谓一理不通，百理不明。所以，博学者不会有智慧。这是老子给后人的一个忠告，教导后人学道之路要专一才能精通，然后才能成为智者。

善者不多，多者不善。

善者：在某个领域里的精通者和明真理的人。

不多：人不多。

世上任何一个领域里，能达到擅长者水平线上的人不太多；当很多人的认知和理解在一个水平线上的时候，说明这些人都不是真正的擅长者和明真理者。

圣人无积，既以为人，己愈有；

无积：在这里又是双重含义，一是先天无之道的积累；二是没有物质的积累。

既：尽。　以：运用、使用。　为：治理、教化。

人：世人。　有：增加。

圣人将“无”之道的积累，尽力用来教化众人，而自身的道行越来越增加。

既以予人，己俞多。

予人：给予众人。

上一句话是说圣人将“无”之道的智慧尽力奉献给众人，而这句话是说：圣人还将自身的财富尽力奉献给大众。但是，圣人的忘我奉献，反而使得自身的财富越来越多，这个财富，包括了先天能量和后天物质。当然，圣人是不积累后天财富的。但是，圣人的后天财富一定会转化成能量。

故天之道，利而不害；

天之道：大自然运行的规律。

利：利益万物。

因为，圣人皆遵循大自然之规律而行为，利益万物而不伤害万物。正所谓“上天有好生之德”，当万物受伤害的时候，并不是上天所给予，而是世人不遵守大自然规律所造成的。

人之道，为而弗争。

人之道：人生的道路，就是遵循大自然之道。

弗争：不去争夺，不去斗争。

为：帮助。

大自然的规律即“无为”，“无”为而不争，这才能做到“无为而无不为”。人生的道路，就是遵循自然之道，就是帮助众人而不与之相争。

【感悟】

信辞何须美言饰，智者不博专精卓；
曲高和寡擅人少，明真理者并非多；
圣人无积无限有，世俗所争皆蹉跎；
上天好生不害物，为而弗争人道活。

老子在本章又留至理名言，但后人对本章又有很多误解，希望本书的注解可以复原老子的本意。

关于“信”字，在德篇第一章进行了解释，“信”代表大自然的规律稳定可靠，不会欺骗世人与万物，这就是道之信。而世人的不守信、不可靠是司空见惯的事情，这就使得人们对一些言行、文章、见解的正确与否，在判断上就有了一定的难度，而老子在本章给出了辨别的方法。老子说，诚实可靠的表达不会是花言巧语，而花言巧语的表达一定是不可信的。例如：后人把道解释成"能说出来的道，就不是恒常的道，就不是真正的道了"，这种解释就是不可靠的花言巧语。因为，解释者自身就不能理解道的内涵，所以只能说"道是不可说的"来掩饰自身的迷惑。而真正的道是非常明确的，非常直接的，没有什么不可告人的秘密。概括地说：道就是"无"与"有"的转换而已。"无"生"有"是先天转后天，是分裂之道；"有"返"无"是后天返先天，是还原之道，是圆满之道。我们学道者所学的就是还原之道，学道者只有恢复"无"之圆满，才能谓之得道。而圆满得道的途径就是"大爱"，爱的是宇宙万物。宇宙万物皆为"大我"，要懂舍得之道，舍是为了大我的圆满，争夺只能导致大我的分裂。

古圣先贤对于道的认识都是统一的，其核心思想就是"天人合一"。既然宇宙万物皆为一体，宇宙万物之间就必然有着相应的联系方式。而且，这个联系方式一定是以大道至简的方式存在，一定有一个完整统一的系统存在。如果我们懂得了这个道理，就应该明白一通百通。中国的古圣先贤早就认识到了这个事物的本质，所以提出了"天人合一"的理论。中国的智者，用《易经》的理论模拟了"天人合一"；外国的智者，用大宇宙和小宇宙的理论印证了"天人合一"。由此而知，真正的智者皆是一通而百通，而不用将宇宙万物去挨个儿了解，这就是老子所说的"知者不博"。没有智慧的人想将宇宙万物做分别了解，那是永远也不可能完成的任务，这就是老子所说的"博者不知"。

在人世间，圣人与凡人的数量对比还是占少数。圣人是掌握真理的人，其使命是传播真理，但能接受者毕竟也是少数，所以说："真理掌握在少数人手里。"在任何一个领域里，能够真正达到擅长者的人并不多；当很多人在一个水平线的时候，说明这些人都不是真正的擅长者和明真理者。例如：拿体育比赛来说，任何一个项目里能达到最高水平线上的人都是极少数；而普通人皆能达到的水平，一定不是世界上的最高水平。

世人都希望过上幸福快乐的生活，但大多数人都不了解幸福快乐的真正内涵，更不懂财富的获取方法。我们通过学道已经懂得，宇宙万物是由先天无极世界分裂而出，宇宙万物是不圆满的，财富也是不圆满的，幸福快乐也是不圆满的，世人的幸福快乐都是经过分裂后的小幸福、小快乐，世人所获得的财富也都是经过分裂后的小财富，概括地说：人做为宇宙万物的一部分，不论是财富和幸福都有缺陷。既然人们所追求的都是财富和幸福，为什么不追求圆满的财富和幸福呢？这就是世人之愚也。所以，世上很少有真正获得幸福和快乐的人。那么，世上有真正获得圆满财富和幸福的人吗？有！那就是圣人。因为，圣人了解宇宙人生的真相，懂得“大我”的概念，圣人对待宇宙万物如同对待自己；圣人不积累后天物质世界的财富，但圣人的先后天财富都是完整的；当圣人把财富都用来帮助宇宙万物的时候，就是融合了宇宙万物的能量和财富。所以，圣人因付出而获得圆满的财富和幸福。

天之道就是“仁义礼智信”，这说明，天道利益万物而不伤害万物。

人之道就是效法天之道的“仁义礼智信”，从而产生利益宇宙万物的思想和行为，而不是竞争、斗争、战争的思想和行为。

【注释】

①信：信，诚也。——《说文》。信者，诚也；专一不移也。——《白虎通·情性》。信誓旦旦。——《诗·卫风·氓》。②善：擅长；善于。在此引申为明真理者。③积：【正韵】：聚也，储蓄也；【诗·大雅】：乃积乃仓；【周礼·天官·小宰】：掌其牢礼委积。在此指贮积起来的钱物等。④既：既者，尽也。有继之辞也。——《谷梁传》。⑤为：帮助；佑助。例如：福禄来为。——《诗·大雅·凫鹥》。

第32章　皆胃我大

【马王堆汉墓帛书资料】

【甲本】

□□□□□□□□□夫唯□故不宵∠若宵∠细久矣我恒有三葆之∠一曰兹二曰检□□□□□□□□□□□□□□□□故能广不敢为天下先故能为成事长∠今舍其兹且勇∠舍其后且先则必死矣夫兹□□则胜以守则固天将建之女以兹恒之

【乙本】

天下□胃我大大而不宵夫唯不宵故能大若宵久矣其细也夫我恒有三琛之一曰兹二曰检三曰不敢为天下先夫兹故能勇检故能广不敢为天下先故能为成事长今舍其兹且勇舍其检且广舍其后且先则必死矣夫兹以单则朕以守则固天将建之女以兹垣之

【校订本】

天下皆胃我大，大而不宵。夫唯不宵，故能大。若宵，久矣其细也夫。我恒有三宝，持而宝之，一曰：慈，二曰：俭，三曰：不敢为天下先。夫慈，故能勇；俭，故能广；不敢为天下先，故能为成事长。今舍其慈，且勇；舍其俭，且广；舍其后，且先；则死矣。夫慈，以战则胜，以守则固。天将建之，如以慈垣之。

【本书校订本】

天下皆胃我大[①]，大而不宵[②]。夫唯不宵，故能大。若宵久矣，其细也。夫我恒，有三葆[③]之：一曰兹[④]，二曰检[⑤]，三曰不敢为天下先。夫兹，故能勇；检，故能广；不敢为天下先，故能为成事长。今舍其兹且勇，舍其检且广，舍其后且先，则必死矣。夫兹，以单[⑥]则胜[⑦]，以守则固[⑧]。天将建之，女[⑨]以兹垣[⑩]之。

【原文】**天下皆谓我大[①]，大而不宵[②]。**

【译文】天下万物皆为一体之大我，要完整不要分裂。

【原文】**夫唯不宵，故能大。**

【译文】只有这个宇宙万物不分裂，才能使得大我完整。

【原文】**若宵久矣，其细也。**

【译文】如果分裂时间一久，就会使得大我越来越小。

【原文】**夫我恒，有三葆[③]之：一曰兹[④]，二曰检[⑤]，三曰不敢为天下先。**

【译文】如果想让宇宙这个大我长久地存在，就需要遵守三个原则：一、保持万物滋生、繁衍，生生不息；二、遵守大自然的规律；三、不要产生争先行为。

【原文】**夫兹，故能勇；检，故能广；**

【译文】因为宇宙万物能滋生繁衍，所以才能勇往直前运行不息；因为宇宙万物遵守大自然的规律，所以才能发展。

【原文】**不敢为天下先，故能为成事长。**

【译文】不要脱离大我独自前行，一切事物才能长久发展。

【原文】**今舍其兹且勇，舍其检且广，舍其后且先，则必死矣。**

【译文】如今，放弃了对万物的滋生和繁衍，只顾一味地前进；放弃了大自然规律的约束，只顾物质的发展；放弃了遵守大自然的规律，只顾争先。这样的行为，必然导致走向灭亡。

【原文】**夫兹，以单[⑥]则胜[⑦]，以守则固[⑧]。**

【译文】大自然滋生的宇宙万物，要以一体之大我来看待，才能和谐共进。要遵循大自然的规律，才能长久生存和发展。

【原文】**天将建之，女[⑨]以兹垣[⑩]之。**

【译文】天道把宇宙万物建立起来，你们世人要如同爱护自己儿女一样爱护宇宙万物。

【导读】

天下皆胃我大，大而不宵。

天下：宇宙万物。

我：这里不是指老子，而指宇宙万物一体之大我。

大：完整。

不宵：不要分裂。

宇宙万物本由一体之太极分化而来，虽由太极分化成万物，但不能改变其一体的性质。所以，要保持宇宙万物这个大我的完整，而不要进行分裂。

夫唯不宵，故能大。

夫：特指这个大我的宇宙万物。

宇宙万物本为一体，其相关的联系是不会改变的，是不可分割的。所以，懂得了宇宙的真相，就不要产生分裂的思想和行为，这才能保持大我的完整。

若宵久矣，其细也。

若宵：如果有分裂的思想。

如果分裂思想和行为时间一久，会导致大我的分裂越来越细小。

夫我恒，有三葆之：一曰兹，二曰检，三曰不敢为天下先。

夫我：这个大我。

恒：永恒，长久地存在。

三葆：三点保持、保障、依赖。

兹：滋生。

检：法度、规矩。

天下先：宇宙万物间不和谐的争先之行为。

如果想要宇宙这个大我长久地存在，世人就需要遵守以下三个原则：一、保持万物滋生、繁衍，生生不息；二、遵守大自然的规律；三、不要产生不和谐的争先行为。

宇宙万物为一体之大我，必须要和谐共进，如果有争先的行为就会产生分裂。这是告诫世人，不要有争先的行为。

夫兹，故能勇；检，故能广；

勇：勇往直前。在此代表宇宙万物之运行不息。

故能广：所以才能保持生存发展即扩大。（“广”代表扩大。）

因为宇宙万物能滋生繁衍，所以才能运行不息而勇往直前；因为宇宙万物的运行遵守大自然的规律，所以才能保持生存发展。

不敢为天下先，故能为成事长。

不敢为天下先：不能脱离大我独自前行。

为成：形成。

事长：一切事物发展久远。

宇宙万物的运行是和谐共进，而不是脱离大我独自前行。所以，宇宙万物才能形成，一切事物才能长久发展。

今舍其兹且勇，舍其检且广，舍其后且先，则必死矣。

舍其兹：放弃对万物的滋生和繁衍。

且：却，但是。表示转折。

后：追随、顺从大自然的规律。

人生之道就是宇宙之道，只有遵守大自然规律，才能保持生存和发展。如今的世界，放弃了对万物滋生和繁衍的保持，只顾一味地前进；放弃了大自然规律的约束，只顾盲目地发展；放弃了遵守大自然的规律，只顾争先。这样的行为，必然会导致宇宙万物的灭亡。

夫兹，以单则胜，以守则固。

单：代表大我为单体、一体。

胜：相称、相当、和谐。

守：遵循。　固：长久。

大自然不论滋生和繁衍多少万物，都要以一体之大我来看待，这才能和谐共进；宇宙万物都要遵循大自然的规律，这才能长久生存和发展。

天将建之，女以兹垣之。

将：把。　女：你。这里指世人。

兹垣：滋养、爱护。

天道分为“先天无之道”和“后天有之道”。“先天无之道”生发了宇宙万物，“无”为宇宙万物之母，“无”就是天道。

人是万物之一，都归天道管辖。世人想要成就圆满的天道，要效法天道。

世人如何效法天道呢？要如同爱护自己儿女一样爱护宇宙万物。

【感悟】

宇宙万物一体全，大我岂可割裂断；
避免消散持三宝，滋衍守道不争先；
不甘人后争前路，必死无疑赴九泉；
天建万物虚中连，滋养爱护归成单。

老子在本章阐明了宇宙万物的整体观，也就是把宇宙万物当成一体之大我。老子的文章万变不离其宗，皆是以“无有”之道揭示宇宙人生的真相。老子在本章所说的“天下”，代表了宇宙万物；“我大”是将宇宙万物拟人化，“我”就是宇宙万物，“大”就是完整的整体，“我大”就是大我。

中国文化的精髓就是“天人和一”的思想，皆是以“大我”之道来指导世人的思想和行为。其中，《易经》以大道至简的方式，应用八卦模拟了宇宙万物，不论宇宙万物中的任何个体部分，都可以找到其对应点，不但使世人在理论上明白了“天人合一”的道理，而且在生活的各个领域都可以应用。《易经》用乾卦来代表天和人的头部；用坤卦来代表地和人的腹部；用兑卦来代表泽和人的口腔；用离卦代表太阳和人的眼睛；用震卦来代表雷和人的足；用巽来代表风、木和人的毛发；用坎来代表水、月和人的腰、肾；用艮来代表山和人的突出部位……从《易经》的模拟可以看出，宇宙万物如同一个人体，也就是大我。如果这个大我被分裂，就如同人的身体有了缺陷。所以，只有保持宇宙万物的和谐统一，才能使这个大我保持完整。

如果这个大我分裂，就会越来越小。对于世人来说，是如何导致大我的分裂呢？那就是竞争！因此，老子在此传授给世人永葆天道的三条基本原则：

一、保持万物的滋生繁衍：宇宙万物是天道所滋生的，世人要效法天道来滋生万物。那么，如何滋生万物呢？世人要做到为万物保持良好的生存环境，不要滥采滥伐地球资源，不要扼杀万物，这就是保持万物的滋生。

二、保持遵守大自然的规律：天道运行是有规律的，世人也要效法天道的运行规律，要遵守天道的运行规律。例如：人体气血经络的运行和天道运行是同步的，如果人的气血经络受阻，就会导致身体出现疾病甚至死亡。同理，地球也有气血和经络的运行，如果世人对地球的气血和经络走向和进行干扰和阻碍，地球轻者生病，重者灭亡。所以，世间任何事物都不能脱离天道运行的规律，凡有违反者必然会产生严重的恶果。

三、保持宇宙万物的和谐共进：不可为了小我的利益去违背大我运行规律。例如：世人为了小我的利益去开采地球的各种资源，这就是伤害了大我的身体，是在吸食地球的血脉，抽取地球的精髓，这些行为都严重地违反了天道的运行规律，等到地球的精髓都被吸干的时候，也是地球瘫痪的时候，也就是地球灭亡的时候。

世人只有保持万物的生存环境，才能保持地球勇往直前地运行。如今的社会放弃了对万物的滋生和繁衍，只顾一味地前进，其结果必然是灭亡。例如：为了交通的便捷而消耗能源；为了生活方便而使用的塑料包装等白色污染；为了化工生产而污染环境；为了粮食的增产而用化肥污染土壤……

世人只有遵守天道的规律，才能使得万物生存发展。如果社会放弃了大自然规律的约束而只顾盲目地发展，其结果必然是灭亡。

世人只有不违背天道的规律，才能使得世间的事物形成长久。

如果放弃遵守大自然的规律而只顾争先，这样的行为必然会导致宇宙万物的灭亡。

大自然不论滋生和繁衍多少万物，都会将万物看成自己的一部分。世人效法自然，要有大我的观念，这样才能避免竞争。没有竞争的世界，才能真正的和谐共进。

老子曰："无，名天地之始；有，名万物之母，"这句话表明了"先天无之道"和"后天有之道"是母子关系。世人想成就先天大道，就要效法"无为"之道，要对待宇宙万物如同爱护自己的儿女。

【注释】

①大：整体。例如：大体代表整体。②肖：通"小"。例如：肖碎（小而细碎）。③葆：保障。④兹：兹，草木多益也。——《说文》。又如：兹兹（增加繁殖）。⑤检：检，法度也。——《苍颉篇》。例如：然物有恒姿，而思无定检。——《文心雕龙·物色》；又如：检式（法式；制度）；检押（也作"检柙"，"检狎"。规矩，法度；匡正）。⑥单：一个。单，一也。——《汉书·枚乘传》。例如：注今单车来代之。——《史记·魏公子列传》。⑦胜：通"称"。相当；相称。例如：为礼而不终，耻也；中不胜貌，耻也。——《国语·晋语四》。⑧固：久。例如：固，久也。——《小尔雅·广诂》。⑨女：通"汝"。代表你。⑩垣：护卫。

第33章　古之极也

【马王堆汉墓帛书资料】

【甲本】	【乙本】	【校订本】
善为士者不武∠善战者不怒∠善胜敌者弗□善用人者为之下□胃不诤之德是胃用人是胃天古之极也	故善为士者不武善单者不怒善朕敌者弗与善用人者为之下是胃不争□德是胃用人是胃肥天古之极也	故善为士者不武，善战者不怒，善胜敌者弗与，善用人者为之下。是谓不争之德，是谓用人，是谓配天，古之极也。

【本书校订本】

善为士①者不武；善战者不怒；善胜敌者弗与②；善用人者为之下。是胃不争之德、是胃用人、是胃天，古之极③也。

【原文】**善为士①者不武；**

【译文】通达智慧的人不会崇尚武力；

【原文】**善战者不怒；**

【译文】懂得战争真相的人不会被激怒；

【原文】**善胜敌者弗与②；**

【译文】懂得胜敌之道者，不与人产生敌对的关系。

【原文】**善用人者为之下。**

【译文】懂得管理者下流润物、居下能容。

【原文】**是胃不争之德、是胃用人、是胃天，古之极③也。**

【译文】这是不争之德、是用人之道、是天道，是自古以来的最高准则。

【导读】

善为士者不武；

善：善于、通达、懂得。

士：智慧贤德之人。

不武：不崇尚武力。

善于运用智慧的贤德之人，绝对不会崇尚武力。所以，任何古圣先贤，都不会使用武力解决任何问题。

善战者不怒；

善战：懂得战争真相的人不会被激怒。

懂得战争真相的人不会被激怒，所以不会有冲突。相对来说：不懂得战争真相者容易发怒，容易与人发生冲突与战斗。

善胜敌者弗与；

善胜敌者：懂得胜敌之道者。

弗与：不与人产生敌对的关系。

懂得胜敌之道者不与人产生敌对的关系。因为，真正的胜利者没有敌人，有敌人者必定没有胜利可言。

善用人者为之下。

善用人者：懂得管理的人。

下：下流润物，居下能容。

懂得管理的人要下流润物，居下而能容。

是胃不争之德、是胃用人、是胃天，古之极也。

古之极：自古以来道的最高标准。

以上所说的这些道理，讲的是不争之德、用人之道、至高无上的天道，这是自古以来的最高准则。

【感悟】

智者贤人非崇武，明道不战恶果免；

世上真有不败者，胜敌之道否对战；

居下能容纳百川，善用人者润物全；

不争之德循天道，古之极也守德贤。

老子在本章讲解了人生之道和管理之道，对于世人来说都是至理名言。

古人对士的概念有很多，本章的士代表具有智慧贤德之人的一种尊称，也是一种思想境界的代表。当一个人被称为士的时候，必然会否定战争思想；如果达到圣人境界，对武力更会坚决否定。因此，当有些人为老子冠以军事家和阴谋家的名号时，显然是对圣人的一种误解和玷污。

虽然，老子在本章有“善战”和“胜敌”的词汇，但这和军事没有必然的联系。老子在此所讲，是天道与人道；此善战者并非指能打仗的军事家，而是指懂得战争真相的人，也就是得道者。因为，真正的得道者不会被人激怒。例如：忍辱仙人和歌利王的故事，忍辱仙人虽被歌利王所剐，但忍辱仙人作为一个得道之人，没有因受此残害而恼怒，也不会怀恨在心，反而要度化歌利王。所以说：得道能力虽无比强大，但不会对任何事物产生愤怒与怨恨，更不会与任何人动用武力解决问题。

孟子曰："仁者无敌，"这并不是说仁者没有敌人。而是说：仁者的内心没有敌人、不会与任何人产生敌对。因为，世上有很多对仁者仇视敌对的人。同理，老子曰："善胜敌者弗与，"这是说：懂得胜敌真相者，不会与对方产生敌对的关系。因为，有敌人者不存在永远的胜利。想要获得真正永远的胜利，就不要与任何人敌对。

老子的管理之道，就是效法水之下流润物、居下能容。例如：唐太宗的治国之道曰："为君之道，必须先存百姓，"这是说：作为邦国的君主，首先关心百姓疾苦，要给百姓一个良好的生存环境，这就是润泽百姓；老子曰："治大国若亨小鲜，"绝对不是"烹调小鲜"；同样，唐太宗也懂得海纳百川之道，在贞观时期广揽贤才而不问出身，不论亲疏，不避怨仇，不限派系。唐太宗以"海纳百川"的胸怀招揽天下贤才，以居下能容的气度接受谏官之犯颜直谏，能够听进逆耳忠言。正是唐太宗具备了老子说的"为下之道"，终于成就了"贞观之治"的大唐盛世。

总结本章的核心内容：不要动用武力；不要产生愤怒和仇恨；不要与人敌对；要懂得居下之道，这些就是不争之道。只有不争才为德、才能得，这就是管理之道，也就是天道，这才是自古以来世间之道的最高准则。

【注释】

①士：本义。士，事也。——《说文》。例如：通古今，辩然不，谓之士。——《白虎通·爵》。以才智用者谓之士。——《后汉书·仲长统传》。在此是有智慧的贤德之人。②与：各种形式的联系。例如：结交；联盟；跟随；帮助……在本章胜敌的概念下代表了相争斗的关系。③极：最高准则、标准。莫匪尔极。——《诗·周颂·思文》。立名者，行之极也。——司马迁《报任安书》。

第34章　用兵有言

【马王堆汉墓帛书资料】

【甲本】

用兵有言曰吾不敢为主而为客吾不进寸而芮尺是胃行无行襄无臂执无兵乃无敌矣𥝤莫于于无适无适斤亡吾吾葆矣故称兵相若则哀者胜矣

【乙本】

用兵有言曰吾不敢为主而为客吾不进寸而退尺是胃行无行攘无臂∠执无兵乃无敌祸莫大于无适无适近○亡吾琛矣故抗兵相若则依者朕□

【校订本】

用兵有言曰："吾不敢为主而为客，吾不进寸而退尺。"是谓行无行，攘无臂，执无兵，扔无敌。祸莫大于无敌，无敌近亡吾宝矣。故抗兵相若，则哀者胜矣。

【本书校订本】

用兵有言[①]曰：吾不敢为主而为客，吾不进寸而芮[②]尺，是谓行无行。襄[③]无臂，执无兵，乃无敌矣。祸莫于于无适[④]，无适斤[⑤]亡吾葆矣，故称[⑥]兵相若[⑦]，则哀[⑧]者胜[⑨]矣。

【原文】**用兵有言[①]曰：吾不敢为主而为客，吾不进寸而芮[②]尺，是谓行无行。**

【译文】用兵有原则说：我不敢做世间的主宰，我不会对人做很小的进攻，但可以做出很大的退让，这就是行"无"之道。

【原文】**襄[③]无臂，执无兵，乃无敌矣。**

【译文】不举手臂，不拿兵器，这是因为心中没有敌人啊。

【原文】**祸莫于于无适[④]，无适斤[⑤]亡吾葆矣，**

【译文】灾祸莫大于不节制，不节制就如同利斧砍去了我们发展的保障。

【原文】**故称[⑥]兵相若[⑦]，则哀[⑧]者胜[⑨]矣。**

【译文】因为，如果举兵相战，就是人们悲哀最盛的时候。

【导读】

用兵有言曰：吾不敢为主而为客，吾不进寸而芮尺，是谓行无行。

言：原则。　主：人世间的主宰。　客：人世间的客人。

芮尺：退缩尺地。这里的尺寸不是真的尺寸，而是比喻很小的进攻与很大的退让。

行无行：行“无”之道。

用兵有原则说：我不敢做世间的主宰，因为我只是世间的过客；我不会做很小的进攻，但可以做很大的退让，这就是“无”之道。

襄无臂，执无兵，乃无敌矣。

襄无臂：用“无”之道来对待战争。对于战争来说，举起手臂就是搏斗之象。而不举手臂，就是不与之搏斗。

执无兵：手里“无”兵器，也就是说手里不拿武器。

既然是效法“无”之道，对于战争就要用“无”来对待，不要举起手臂来格斗，也不要拿武器去杀戮，这是因为心中没有敌人。

祸莫于于无适，无适斤亡吾葆矣，

于于：大于。　无适：不满足、不节制。

斤：斧子砍削。　亡：死亡、消失、消除。

吾葆：我们世人生存发展的保障。

世人的灾祸莫大于不知足、不节制，世人的这种贪婪行为，就如同用利斧砍去了自身生存发展的保障。

故称兵相若，则哀者胜矣。

称兵：举兵。　相若：相战。

哀：悲痛、悲伤。　胜：盛，严重。

在本章开始讲要以相互退让为用兵原则，到此结尾讲解了这个原则的理由。因为，如果人们举兵相战，这就是世人悲哀最严重的时候。

【感悟】

万物皆为红尘客，岂可喧宾夺主权；
不仇世事心无敌，灾祸莫过不节贪；
烽火连绵民涂炭，攻城略地罪如山；
征战达至不知节，悲哀重击愁盛怨。

老子在本书已多次明确提出反对战争，为什么在此却写用兵之道呢？虽然，不愿意见到战争的兴起，但老子也知道战争的无法避免。因此，老子把应对战争的法则告诉世人。

应对战争的法则是什么呢？就是不可以侵略攻击别人，但可以进行退让。当说到此处的时候，有一些人好战之人一定会提出异议。因为，世人不了解宇宙人生因果循环的真相，才会对此有所异议。我们知道宇宙万物本为一体，打个比喻来说：战争只不过是左手打右手，不论左右手互殴哪个赢了，都是在伤害自身。当然，这个退让应该是相互的，因为宇宙间有法则，人世间也有法则，任何人违背了宇宙人生的法则，都将会为此付出惨重的代价。

以上所说的退让的道理，对于习惯斗争的世人来说确实太高。而且，其中因果循环定律也很难让所有世人接受，但我们不能因此而否定真理的存在。

通过对道的学习和认知，我们已经懂得不节制所带来的灾祸。例如：世界大战时期的人民处在水深火热之中，百姓流离失所、民不聊生。这是因为一些国家只知道穷兵黩武，不知道满足和节制，这才导致世界人民的悲哀达到最严重的时期。

【注释】

①言：政令；号令。例如：有不祭则修意，有不祀则修言。——《国语·周语》。韦昭注："言，号令也。"又如：言文（法律条文）。这里因为为规矩和原则。②芮：本义：小草，短小。芮芮，草生貌。——《说文》。乙本此处为"退"。因此，在本章应为缩小、后退之意。③襄：上举，昂起。例如："臣闻交龙襄首奋翼。"④适：适意（顺心；满意）；适欲（节制欲望）；适逸（节制淫乐）。⑤斤：本义：斧子一类的工具。砍削，砍杀。横斤山木。——《南史·宋测传》。⑥称：举兵。而称兵以害我。——《左传·襄公二十七年》。⑦若：对付，处置。寇深矣，若之何？——《左传·僖公十五年》。在此代表相战。⑧哀：悲痛、悲伤。⑨胜：同"盛"。兴盛；旺盛。

第35章　知我者希

【马王堆汉墓帛书资料】

【甲本】	【乙本】	【校订本】
吾言甚易知也甚易行也而人莫之能知也而莫之能行也言	吾言甚易知也易行也而天下莫之能知也而莫之能行也夫	吾言甚易知也，甚易行也；而人莫之能知也，莫之能行

有君∠事有宗夫唯无知也是以不□□□□□□□□我贵矣是以圣人被褐而裹玉	言又宗事又君夫唯无知也是以不我知知我者希则我贵矣是以耶人被褐而裹玉	也。言有宗，事有君。夫唯无知也，是以不我知。知我者希，则我贵矣。是以圣人被褐而怀玉。

【本书校订本】

吾言甚易知也，甚易行也；而人莫之能知也，而莫之能行也。言有君①，事有宗②。夫唯无知也，是以不我知。知我者希，则我贵矣。是以圣人被③褐④而怀玉。

【原文】吾言甚易知也，甚易行也；

【译文】我说的话非常容易懂，非常容易做。

【原文】而人莫之能知也，而莫之能行也。

【译文】但大多人不去感悟，也不去按道而行。

【原文】言有君①，事有宗②。

【译文】讲道要有宗旨，做事要有系统。

【原文】夫唯无知也，是以不我知。

【译文】只有对先天无极之道有所了解，才能放弃自我的主观意识。

【原文】知我者希，则我贵矣。

【译文】懂得我所传授之道的人很稀少，效法我所传授之道的人是崇高的。

【原文】是以圣人被③褐④而怀玉。

【译文】所以圣人虽穿着粗布衣服，但却具备智慧和美德。

【导读】

吾言甚易知也，甚易行也；

易知：容易懂。　易行：容易做。

老子说：我讲的道非常容易懂，非常容易做。

而人莫之能知也，而莫之能行也。

人：指世俗之人。

莫之：不去理解、不去做。

能知：可以懂得。

而：第一个“而”是转折关系；第二个“而”是递进关系。

虽然，老子所讲之道非常容易懂、容易做，但老子料到了后人不是看不懂，也不是做不到，而是不去感悟这个大道至简的道，也不去按这个简单的道去做。

言有君，事有宗。

言有君：讲道要有宗旨。“言”代表语言、文章、论点，在此指讲道。

事有宗：做事要有系统。在此指道的系统理论，即符合事物发展的基本原理和规律。

为什么后人不去理解这个简单的道呢？因为，后人没有看清道的宗旨。

为什么后人不去效法这个简单的道呢？因为，后人没有明白宇宙人生的真相。

夫唯无知也，是以不我知。

夫唯：只有。　无知：对“无之道”的了解。

不我知：不自我主观意识。

学道者首先了解宇宙运行之道，要弄清楚什么是先天无极世界，还要知道返回先天的作用和意义是什么。然后，才能客观地看待世间的一切事物，从而放弃自我的主观意识。

知我者希，则我贵矣。

希：稀少。　则：效法。　贵：崇高。

老子把道的核心概括在本书里传授给后人，但作为圣人的老子具备先知先觉的大智慧，他料到后人能懂此书者会很少。因此，老子褒奖了能够效法大道而行的人，老子说：能循吾道而行者，其思想境界是崇高的。

是以圣人被③褐④而怀玉。

被褐：穿着粗布的服装。

玉：美德、贤才、智慧。

圣人具备无知无欲的崇高思想境界，在生活上都是简单朴素的，虽然，圣贤们穿着粗布衣服，但却拥有智慧和美德。

【感悟】

大道至简知行易，莫知能解为众难；

天人相合一为君，道法无极宗自然；

夫唯无知无不知，无为无不为周全；

知我者希则我贵，圣人披褐怀玉安。

老子所说之道非常容易懂，也非常容易做。也许有人会问，我们都以为这个道玄妙难懂，更不知道如何去做。其实，老子已经把道说得很清楚，道就是万法归一，只有融合宇宙万物为一体，才能返回先天无极之道。而融合宇宙万物的方法，就是爱护宇宙万物如同爱护自己。所以说：这个道确实非常容易懂，也非常容易做。

既然大道如此易知、易行，为什么后人却很少有人能懂道、能行道呢？不是人们看不懂道，也不是人们不能去行道，只因后人不去感悟道。其实，人人心里都有杆秤，是非对错只要去用心感悟就一定可以理解。例如，老子曰："圣人不仁"，后人就直接翻译成"圣人不仁慈"，这就是没有用心去感悟。如果稍微用心感悟一下，就会做出正确的判断。圣人绝对不会不仁慈，"圣人不仁"这句话一定有其他的解释。所以说，不是后人看不懂，而是后人没有用心去感悟。同样道理，不是后人做不到按道而行，而是不去按道而行。例如：违法犯罪、违反道德的事情都是违反道的事情，难道遵纪守法和遵守道德做不到吗？当然不是做不到，而是不愿意去做。

圣人讲道的宗旨，就是让人们了解宇宙运行的规律，让人们效法宇宙之道。如果不懂这个宗旨，就不可能理解这个本来很容易的道。例如：中国的古圣先贤把道的行为规范用"仁义礼智信"来概括了，但"五常"这个行为规范是天之道。后世很多注解者没有了解这个宗旨，就不可能正确地解释"五常"的真实内涵。

同样道理，如果世人不懂得道的基本原理和规律，就不可能去按道而行。例如：老子在两千五百多年前，已经讲出道的核心是"无为不争"，但现在世人所做皆为"有为"和"竞争"。因为，世人没有看懂道的基本原理和规律。其实，这个规律也很简单，只是"无有"转换的定律："无"就是大我；"有"就是分裂的小我。"有为"的争夺就会分裂成小我；"无为不争"就是融合成大我。小我的能量和能力是微不足道的；大我的能量和能力是无限的。如果世人能够看懂道的基本原理和规律，还有谁愿意去争夺呢？虽然，通过我的解释可以看懂大道的真意，但要使世人相信大道确实很难。所以说：如果世人能够理解和相信道的原理和规律，就一定会行道得道。

如果想要懂道信道，最重要的就是学道。我们只有通过学道，才能了解"无"的作用和意义。如果世人想获得无限的能量和能力，就要客观地看待世间的一切事物，放弃自我的主观意识。例如：世人都以为物质财富的获取是依靠竞争而得来，而客观地按照事实真相来说：依靠竞争所获取的物质财富是分裂的、是有限的；事实上，当人们付出越多的时候，所融合的能量就越多，能量所转化的物质财富就越多。当人们懂得这个道理的时候，就会保持客观地看待一切事物的发展，客观地按道而行，从而才能放弃自我的主观意识。

至此，老子已经把道讲得很明白，但老子也料到后人能学懂道者一定很稀少。因此，老子赞美了那些能够循道而行者，都是具备崇高思想境界的人。

老子最后形容了一下思想境界崇高的圣人，老子说：圣人一定都是不追求物质享受的人，外表一定都很朴素。但是，圣人都是具有无上智慧和美德的人。

【注释】

①君：主宰。在此引申为宗旨、主体。②宗：宗族、宗派。在此引申为系统。③被："披"的古字。后作"披"；穿着。④褐：指粗布或粗布衣；最早用葛、兽毛，后通常指大麻、兽毛的粗加工品，古时贫贱人穿。

第36章　圣人不病

【马王堆汉墓帛书资料】

【甲本】	【乙本】	【校订本】
知不知尚矣∠不知不知病矣是以圣人之不病∠以其□□□□□□□	知不知尚矣不知知病矣是以耶人之不□也以其病病是以不病	知不知，尚矣。不知知，病矣。是以圣人之不病，以其病病也，是以不病。

【本书校订本】

知不知，尚①矣；不知不知，病矣。是以圣人之不病，以其病②病③，是以不病。

【原文】知不知，尚①矣；

【译文】能够认识到自己智慧的不足人，这是值得尊敬的。

【原文】不知不知，病矣。

【译文】不能认识到自己智慧的缺乏，这就是病患。

【原文】是以圣人之不病，以其病②病③，是以不病。

【译文】圣人之所以没有错误和缺点，是因为圣人能改正自身的错误和缺点。

因此，圣人才没有错误和缺点。

【导读】

知不知，尚矣；

知：了解、认识。　不知：智慧的不足。

能认识到自身智慧不足并不可耻，反而是值得尊重的事情。因为，能认识到自身智慧不足的人，才会努力学习和改正自身缺点，这才是完善智慧的重要条件。

不知不知，病矣。

不知：不能了解和认知。

不知：智慧的不足。　病：缺点和错误。

如果不能认识到自己智慧的缺乏，这就是病患。世人大都不能认识到自身智慧的不足，所以才有这么多的缺点和错误，疾病和灾难也是因此而引起。

是以圣人之不病，以其病病，是以不病。

不病：没有缺点和错误。

病病：改正自己的错误和缺点。

老子在此给圣人下了定义：圣人没有缺点和错误。

【感悟】

知不知者德境尚，不知不知病患缠；

圣人不病勤修定，无为不争大同还。

其实，圣人也是由普通人修行而成，修行者首先要能够认识到自身知识的不足，然后才能有加强自身学习和修行的动力。例如：孔子有一次去参加鲁国国君的祖庙祭祖典礼，他不时向人询问，将祭祖典礼的细节都问到了。这使得有人在背后嘲笑他，认为他不懂礼仪，所以什么都要问。但是，正因为孔子了解自身的不足而努力学习，所以才成为了万世师表。孔子曰："敏而好学，不耻下问。"老子曰："知不知，尚矣。"二圣所言其实异曲同工，这说明圣人成就之道同也。如果不能认识到自己智慧的缺乏，这就是病患。这个病代表了缺点和错误。那么，世人都缺乏什么智慧呢？世人缺乏正确的宇宙观，所以没有正确的人生观，这才使得世人产生众多的缺点和错误。

所有圣贤的宇宙观都是"天人合一"，和谐统一，大道至简。圣人是以自身的缺点和错误为宇宙万物的缺点和错误，以改正自身的错误为改正宇宙万物的错误。因此，圣人才是真正合格的人。圣人，就是我们普通人学习的榜样；圣人的行为标准，就是世人所要效法的行为标准。

例如：昔日寒山问拾得曰："世间有人谤我、欺我、辱我、笑我、轻我、贱我、恶我、骗我，如何处置乎？"拾得曰："只是忍他、让他、由他、避他、耐他、敬他、不要理他，再待几年，你且看他。"

这句话本来是可以为老子的话做注解的，但此话的深意却也被后人多有误解。很多人都误解"再待几年，你且看他"是说："过几年再来看这些欺辱我的人，一定不会有好下场。"其实，这句话所说的"忍他、让他、由他、避他、耐他、敬他"都是修行的过程。这时候，是改正自身错误和缺点的锻炼机会。经过如此的修行和锻炼，"再待几年"就是自身境界提高的时候，当自身具有了崇高思想境界，再来看这些曾经欺辱自己的人，你不会怨恨这些欺辱自己的人，而是会非常感激他们，他们的欺辱是对自己的磨炼和教育，他们都是我的老师和恩人。因此，佛说："佛看众生皆是佛。"到了这个时候，不论世界有没有改变，你眼里的世界一定会改变。所以，改变世界的首要条件是：先改变自己。

【注释】

①尚：尚假借为"上"，尊崇。尚，上也。——《广雅》；以其上古之书谓之尚书。——《书·孔安国序》。②病：错误和缺点。③病：疾病、毛病、缺点、错误。

第37章　民不畏畏

【马王堆汉墓帛书资料】

【甲本】	【乙本】	【校订本】
□□□畏畏则大□□□矣毋闸其所居毋猒其所生夫唯弗猒是□□□□□□□□□□□□□□□□而不自贵也故	民之不畏畏则大畏将至矣毋伸其所居毋猒其所生夫唯弗猒是以不猒是以耶人自知而不自见也自爱而不自贵也故	民之不畏威，则大威将至矣。毋狎其所居，毋厌其所生。夫唯弗厌，是以不厌。是以圣人自知而不自见也，

去被取此	去被取此	自爱而不自贵也，故去彼取此。

【本书校订本】

民之不畏①畏，则大畏将至矣。毋闸②其所居③，毋猒④其所生。夫唯弗猒，是以不猒。是以圣人自知⑤而不自见⑥也；自爱⑦而不自贵也。故去被⑧取此⑨。

【原文】民之不畏①畏，则大畏将至矣。

【译文】人民不畏惧危险的时候，就有大的危险将会来到。

【原文】毋闸②其所居③，毋猒④其所生。

【译文】不要截取人民的积蓄，不要压榨人民生活。

【原文】夫唯弗猒，是以不猒。

【译文】只有不压榨人民，所以才不会被人民厌恶。

【原文】是以圣人自知⑤而不自见⑥也；自爱⑦而不自贵也。

【译文】因为，圣人能够自我管理而不自我炫耀；自身具备大爱思想而不自傲。

【原文】故去被⑧取此⑨。

【译文】所以，要摒弃对人民压榨的思想，崇尚对天地万物大爱的思想。

【导读】

民之不畏畏，则大畏将至矣。

畏畏：惧怕危险。

大畏：大的危险。

惧怕危险是人们正常的思维，如果当人民不畏惧危险的时候，说明人民的思想起了重大的变化，一定是邦国的政策和环境使得国民受到了严重的困扰和威胁。所以，才会导致人民不惧怕危险。这时候，说明国家将要面临着大的危险。

毋闸其所居，毋猒其所生。

毋闸：不要截取。

其所居：人民的积蓄。

毋猒：不要压榨。

其所生：人民的生活。

为什么人民不惧怕危险，是因为人民的生活受到到压迫。所以，老子在此告诫统治者和管理者，不要截取人民的积蓄，不要压榨人民生活。

夫唯弗猒，是以不猒。

弗猒：不压榨人民。

不猒：不厌恶统治者。

邦国的统治受到了人民的反抗，是因为邦国的政策受到了人民的厌恶。如果统治者希望国泰民安，就不要去压榨人民，这样才不会被人民厌恶。

是以圣人自知而不自见也；自爱而不自贵也。

自知：自我管理。

自见：自我炫耀。

自爱：在本章指圣人自身具备大爱天地万物之心。

自贵：抬高自己，也就是自傲。

这是教导邦国的统治者，要效法圣人治理之道。因为，圣人能够自我管理而不自我炫耀；圣人自身具备大爱天地万物之心而不自傲。

故去被取此。

被：通“彼”，在此特指对人民之压榨。

此：特指效法圣人之道。

邦国的治理有两种：一种是压榨人民的治理；另一种是效法圣人之道的治理。

显然，这是让统治者摒弃对人民压榨的思想。而且，而要学习圣人的治理之道，崇尚对天地万物大爱的思想。

【感悟】

民不畏险大危至，压榨民生邦失理；
圣贤明道爱物众，藏富于民真经衷。

老子说，当人民不畏惧危险的时候，邦国将要面临大的危险。例如：秦始皇时期独裁专制、横征暴敛、战争频繁，而且劳民伤财地大肆修造阿房宫、修骊山陵、修长城，还制造了骇人听闻的“焚书坑儒”等历史事件。到了秦二世时更加昏庸残暴，使得百姓的徭役赋税负担更为沉重，刑法愈加苛毒。广大劳动人民在饥饿与死亡线上挣扎。人民不堪重负，痛苦到了极点，终于使得百姓不再畏惧危险而纷纷起义。秦始皇自号“始皇帝”，这是梦想秦朝能够一统天下千秋万代。但是，仅仅在15年之后，才传到第二个皇帝时秦朝就灭亡了，这就是“大畏将至矣”。

如果百姓都能安居乐业，谁还愿意去面对危险和死亡呢！所以，老子在此指点统治者和管理者：不要压榨百姓的积蓄，不要压迫百姓的生活，只有对百姓不压榨，才能不被百姓厌恶。

例如：《贞观政要》里的《辩兴亡》篇记载了唐太宗颁发的一项规定：“凡理国者，务积于人，不在盈其仓库。”这是说，凡是治理国家者，必须藏富于民，而不在于政府财政的充盈。这说明，唐太宗懂得民富才是国富，国富民穷终是穷的道理。

唐太宗曰：“为君之道，必须先存百姓，若损百姓以奉其身，如割胫以自啖，腹饱而身毙。”这说明，唐太宗真正懂得治国之道，他懂得百姓即为己身的大我道理。

唐太宗在一份诏书中明确地说，“轻徭薄赋，务在劝农，必望民殷物阜，家给人足。”这份诏书表明，唐太宗把改善人民生活条件作为自己的执政目的。

通过唐太宗治理方针的举例，就可以看出唐朝被称为盛世的原因。由此而知，学习历史的目的不是口吐莲花的谈资，重要的是学习和借鉴，希望所有的管理者都能“以史为镜而可以知兴替”。

圣人懂得治世的真理，老子写出治世之道以为后人所用。因此，作为统治者不要使用压榨百姓的管理模式，而要正确地学习圣人之治。

【注释】

①畏：惧怕、可怕、危险。②闸：拦截、截断、截取。③居：积蓄。例如：《论语·阳货》：居，吾语女。又积也，蓄也。④猒：古同“厌”。《集韵》：本作厌。或作压。⑤见：“现”的古字。显现；显露。⑥知：主持；管理。例如：有能助寡人谋而退吴者，吾与之共知越国之政。——《国语·越语上》。⑦爱：本义：亲爱；喜爱。对人或事物有深厚真挚的感情。例如：君子自爱，仁之至也。——《法言》。⑧被：通“彼”。本章指对人民之压榨。⑨此：本章指圣人自知、自爱。

第38章　天网恢恢

【马王堆汉墓帛书资料】

【甲本】

勇于敢者□□□于不敢者则栝□□□□□□□□□□□□□□□□□□□□□□□□□□□∠不言而善应∠不召而自来弹而善谋□□□□□□□□□

【乙本】

勇于敢则杀勇于不敢则栝□两者或利或害天之所亚孰知其故天之道不单而善朕不言而善应弗召而自来单而善谋天网袨袨疏而不失

【校订本】

勇于敢则杀，勇于不敢则活。此两者或利或害，天之所恶，孰知其故？天之道，不战而善胜，不言而善应，不召而自来，繟而善谋。天网恢恢，疏而不失。

【本书校订本】

勇[1]于敢[2]者则杀[3]；勇于不敢者则栝[4]。此两者，或利或害？天之所亚？孰知其故？天之道不战而善胜；不言而善应；弗召[5]而自来；弹[6]而善谋[7]。天网恢[8]恢，疏[9]而不失。

【原文】勇[1]于敢[2]者则杀[3]；勇于不敢者则栝[4]。

【译文】勇气用于侵犯则是伤害；勇气用于不侵犯则是包容。

【原文】此两者，或利或害？

【译文】此两者，谁有利谁有害？

【原文】天之所亚？孰知其故？

【译文】天道所厌恶的是什么？谁能知道其缘故？

【原文】天之道不战而善胜；不言而善应；

【译文】天道运行不用争斗而主宰万物，谓之善胜；天道运行不用号令而万物无不响应，谓之善应；

【原文】弗召[5]而自来；弹[6]而善谋[7]。

【译文】天道运行不用召唤而万物自生；考核万物而善于计算。

【原文】天网恢[8]恢，疏[9]而不失。

【译文】天网分布广大，天网的空隙虽宽阔，但对万物之奖惩不会有遗漏。

【导读】

勇于敢者则杀；勇于不敢者则栝。

勇于敢：勇气用于侵犯他人的。

同样是勇气，但应用到不同的地方就会有不同的作用。当人们把勇气用于侵犯他人与万物的时候，其行为就是伤害、杀戮；当人们的勇气用于不侵犯的时候，其行为则是包容。

此两者，或利或害？

此两者：包括了伤害或者包容。

伤害或者包容，这两种行为到底哪个是有利的，哪个是有害的呢？

天之所亚？孰知其故？

亚："恶"的古字。

孰：谁。

故：原因。

伤害和包容这两种行为，天道会厌恶哪种呢？不言而喻，天道必然是厌恶伤害的行为，但谁又能懂得其中的原因呢？

天之道不战而善胜；不言而善应；

战：争斗。

不言：不用号令。

天道运行不用争斗能主宰万物，谓之善胜；天道运行不用号令而万物无不响应，谓之善应。

如果以此能够明白天理，势必可以使人通达人生。

弗召而自来；弹而善谋。

弗召：不用召唤。弹：考核。谋：计算。

天道运行不用召唤而万物自来生长；天道考核万物善于计算。这里考核的是万物的运行和行为，当然也包括了世人的是非善恶。

天网恢恢，疏而不失。

恢恢：分布广大。

疏：阔；宽大。形容天网的空隙宽大。

不失：不会有遗漏。

天道的运行如同一张分布广大的大网，这个天网的空隙虽然宽大，但对于世间万物的奖惩不会有丝毫遗漏。

此言是对世人的一个警告，不要存在任何侥幸心理，治理世人的不单有法律，还有严密的天道管理。

【感悟】

勇于侵者行杀戮，慈悲为怀大包容；
杀者必被天所恶，容循大道一身同；
天道不战胜万有，大令无言物随动；
奖惩物众玄机密，天网恢恢无遗纵。

老子在本章披露了天道管理的严密性，目的是告诫人类要了解自然和遵守自然之道。

老子认识到人类的勇气是把双刃剑，如果人类把勇气用于侵犯他人与万物的时候，就会产生伤害、杀戮的行为。例如：人类把勇气用于侵犯他人、杀戮动物、污染环境、挖掘地球资源的时候，这些侵犯人与万物的行为都是"杀"。为什么老子在说"勇于敢者则杀"的时候，没有具体说杀的是谁呢？因为，天地万物皆为一体之大我，侵犯他人与万物就是在自杀。

同样是勇气，当人们的勇气用于不侵犯的时候，其行为则是包容。也许有人会问，不侵犯还需要勇气吗？是的，不侵犯需要更大的勇气。

如果人类真有勇气不做这些伤天害理的事，就是真正做到了包容。宇宙万物皆为一体之大我，所以包容的都是自己。

对于伤害与包容这两个行为来说，那个有利？哪儿有害？这个答案基本是人都会答。但是，为什么人类就做不到不侵犯呢？原因是缺乏勇气。为什么缺乏勇气？因为愚昧。

天道运行不用争斗而能主宰万物，谓之善胜；天道运行不用号令而万物皆来响应，谓之善应。例如：在古籍《鹖冠子》记载："斗杓东指，天下皆春；斗杓南指，天下皆夏；斗杓西指，天下皆秋；斗杓北指，天下皆冬。"这个古籍的记载，只是古人发现的一种天道运行规律，但我们可以在这个规律中明白一个道理，就是天道对万物有着不可抗拒的主宰，但这并非是依靠争斗所得来。由此而知，万物对天道的响应并非因天道号令而动，万物运行的统一性和规律性皆是自然产生的，这说明天道管理的严密和完美。

从天道的管理模式可以看出，万物的荣枯不用召唤而生，不用号令而灭。从万物荣枯生灭的规律性来看，可知天道的管理有着严密的考核和计算。天道就如同一张无形的大网笼罩着宇宙万物，天网的缝隙虽然广阔，但在天道完美严密的管理之下，是绝对没有丝毫纰漏的。老子告诉我们天道管理的严密性，目的就是告诫人类不要存在侥幸的心理。因为，天道分为天、地、人三才，其中天地有运行的规律；人有行为的准则，但人也是天道的一部分。所以，那些违反自然规律的人，不要以为可以逃避制裁。因为，天地的管理没有人情可以讲，没有任何人可以逃避天地的制裁。当然，有惩罚就有奖励，如果人类能够遵守大自然的规律，必然会得到相应的利益。《易经》曰："积善之家，必有余庆；积不善之家，必有余殃。"

【注释】

①勇：本义：果敢，胆大。勇，气也。——《说文》。②敢：敢，进取也。——《说文》。《广韵》："敢，犯也。"侵犯；冒犯。③杀：杀戮、伤害。④栝：（guā）通"括"。包容，包括。囊括四海。——贾谊《过秦论》。⑤召：本义：呼唤。召唤：用言语叫人来。以言曰召，以手曰招。——《说文》。⑥弹：测定重量。拿来天平上弹着。——元·佚名《陈州粜米》。引申为考核。⑦谋：计算。⑧恢：张开、张布、弘大、宽广。⑨疏：疏，阔也。——《玉篇》。

第39章　民不畏死

德篇

【马王堆汉墓帛书资料】

【甲本】

□□□□□□□奈何以杀思之也若民恒是死则而为者吾将得而杀之∠夫孰敢矣若民□□必畏死则恒有司杀者夫伐司杀者杀∠是伐大匠斲也夫伐大匠斲者则□不伤其手矣

【乙本】

若民恒且〇不畏死若何以杀矅之也使民恒且畏死而为畸者□得而杀之夫孰敢矣若民恒且必畏死则恒有司杀者夫代司杀者杀是代大匠斲夫代大匠斲则希不伤其手

【校订本】

若民恒且不畏死，奈何以杀惧之也？使民恒且畏死而为奇者，吾将得而杀之，夫孰敢矣！若民恒且必畏死，则恒有司杀者。夫代司杀者杀，是代大匠斲。夫代大匠斲，则希不伤其手矣。

【本书校订本】

若民恒[1]且不畏死，奈[2]何以杀惧之也？使民恒且畏死，而为畸[4]者将得而杀之，夫孰敢[5]矣？若[6]民恒且必畏死，则恒有司杀者。夫代司杀者杀，是代大匠[7]斲[8]也。夫代大匠斲者，则希不伤其手矣。

【原文】**若民恒[1]且不畏死，奈[2]何以杀惧之也？**

【译文】如果人民普遍不惧怕死亡，如何还能因杀戮而害怕呢？

【原文】**使民恒且畏死，而为畸[4]者将得而杀之，夫孰敢[5]矣？**

【译文】使得人民普遍都畏惧死亡，就可以对不守法律和规律者进行杀伐。这时候，谁还去做侵犯他人和万物的事情呢？

【原文】**若[6]民恒且必畏死。**

【译文】（这会使得）其他没有犯罪的人民普遍会畏惧死亡。

【原文】**则恒有司杀者，夫代司杀者杀，是代大匠[7]斲[8]也。**

【译文】大自然永远都有掌管生杀者，但代替执法者进行杀伐，就如同代替高明的工匠去做砍伐和雕琢的工作。

【原文】**夫代大匠斲者，则希不伤其手矣。**

【译文】这些代替执法者去杀伐者，就少有不自伤其手的。这是比喻没有被赋予司法权利的人，私自去杀伐和整治是非法的，其结果必然会伤害到自身。

【导读】

若民恒且不畏死，奈何以杀惧之也？

若民：如果人民。

恒且：普遍都……。

奈何：如何。

如果人民普遍不惧怕死亡，如何还能因杀戮的威胁而感到害怕呢？人民不惧怕死亡一定是有原因的，必定是因为邦国的治理环境，让人民感觉到生不如死。

使民恒且畏死，而为畸者将得而杀之，夫孰敢矣？

畸者：不遵守法律和大自然规律者。

得而：可以。

杀之：杀伐、整治。

孰敢：谁会去侵犯。

使得人民普遍都畏惧死亡的时候，说明人民生活环境是正常的，起码是可以忍受的。这时候，对不守法律和规律者进行杀伐和整治，就会起到应有的震慑作用，使得人们不敢去做侵犯他人和万物的事情。

若民恒且必畏死，

若民：代表其他人民。“若”字代表其他。

当看到那些因违反法律和规律而被制裁的人，其他还没有违法犯罪的人普遍都会害怕，因而不敢去做违法犯罪的事情，这就避免了产生更多的违法犯罪。

则恒有司杀者，夫代司杀者杀，是代大匠斲也。

代：代替。

天、地、人三才之道永远都有掌管生杀者，但一些非执法者私自去进行杀伐和整治，这就好比代替高明的工匠去进行砍伐和雕琢的工作。

夫代大匠斲者，则希不伤其手矣。

希：少有。

这些代替高明工匠来进行砍伐和雕琢的外行人，就少有不自伤其手的。

【感悟】

民不畏死何惧杀，杀畸威慑制乱闸；

天道悬令有公理，代匠司权自伤伐。

我们已经知道天网恢恢，疏而不失。而本章重点讲的是治理之道，执法之权。天、地、人道皆有执法者，但非执法者没有权利代替司杀者进行治理和杀伐。

人与万物都同样都具有贪生怕死的本能，如果人民普遍不惧怕死亡，说明了死亡的威胁已经不是最严重的。还有什么比死亡严重呢？那就是人民的生存环境已经生不如死。说明这时候，邦国的管理是错误和失败的。当人民已经不对死亡的威胁感到害怕，这才是最可怕的事情。

如果人民普遍都畏惧死亡，这说明了人民的生活安居乐业，活得好的时候谁愿意去面对死亡呢？这个时候，如果对不遵守法律和大自然规律的人可以进行杀伐和整治，才会真正起到威慑作用。在威慑力具有作用的形式下，谁还会去做侵犯他人和万物的事情呢？当看到那些因违反法律和大自然规律而被制裁的人，其他没有违法犯罪的人普遍都会因此而害怕，因而避免了更多的违法犯罪活动。

天、地、人三才之道永远都有掌管生杀的执法者，但有些非执法者私自去进行杀伐和整治，就如同外行人代替高明工匠来进行伐琢，是少有不自伤其手的。例如：世间法律的执法者可以对其违法犯罪者进行制裁，还有天地之道可以对其违反大自然规律者进行制裁。而人与人之间是平等的，相互之间是没有杀伐的权利的，如果作为非执法者对其他人进行了杀戮和伤害，这就是违反天、地、人三才法则的，这样非法的操作者一定会自受其害。

还有，人与动物都是具有同等生存权利的生命，人们本身没有权利去杀戮任何动物，当非执法者去杀伐各种动物的时候，就是违反大自然规律。所以，非法执法者一定会自受其害。

【注释】

①恒：寻常；普通。例如：形貌奇伟，骨体不恒。——《三国志·吴主传》。又如：恒态（常态）；在此引申为普遍。②奈：如，如何。例如：奈何去社稷也？——《礼记·曲礼下》。③杀：杀伐、整治。④畸：畸形；畸态（畸形病态）。偏离；偏颇。这里引申为背离法律和自然规律。⑤敢：侵犯。⑥若：用于他称。例如：今人处若国得罪。——《墨子·天志下》。⑦大匠：高明的工匠。⑧斲：（zhuó）砍；削；斫；雕琢。例如：采椽不斲。——《韩非子·五蠹》。

第40章　人之饥也

【马王堆汉墓帛书资料】

【甲本】

人之饥也以其取食逸之多也是以饥百姓之不治也以其上之有以为□是以不治民之巠死以其求生之厚也是以巠死

【乙本】

人之饥也以其取食跷之多也是以饥百姓之不治也以其上之有以为也□以不治民之轻死以其求生之厚也是以轻死

【校订本】

人之饥也，也其取食税之多也，是以饥。百姓之不治也，以其上之有以为也。是以不治。民之轻死，以其求

夫唯无以生为者是贤贵生	夫唯无以生为者是贤贵生	生之厚也，是以轻死。夫唯无以生，是贤贵生。

【本书校订本】

人之饥也，以其取食税之多也，是以饥；百姓之不治也，以其上①之有以为②也，是以不治；民之轻死，以其求生之厚③也，是以轻死。夫唯无以生，为者是贤贵生。

【原文】**人之饥也，以其取食税之多也，是以饥；**

【译文】人民的疾苦，是因为国家赋税过多，所以人民才疾苦。

【原文】**百姓之不治也，以其上①之有以为②也，是以不治；**

【译文】百姓没有治理好，是因为统治者以贪欲来治理的，所以没有治理好。

【原文】**民之轻死，以其求生之厚③也，是以轻死。**

【译文】人民之所以轻视死亡，是因为疾苦的人民为了追求幸福的生活，所以才轻视死亡。

【原文】**夫唯无以生，为者是贤贵生。**

【译文】只有以"无为之道"来顺应民生，才是贤德之君，才是真正的重视生命。

【导读】

人之饥也，以其取食税之多也，是以饥；

人之饥：人民疾苦。

我们都懂得"民以食为天"的道理，当人民连饭都吃不上的时候，说明其生活状态非常恶劣。那么，人民的疾苦是怎么造成的呢？是国家赋税过多造成的。

百姓之不治也，以其上之有以为也，是以不治；

不治：没有治理好。　其上：统治者、管理者。

有以为：追求物欲的治理。

百姓生活在疾苦当中，这是因为统治者没有治理好。因为，统治者追求物欲的管理模式是错误的，这才是造成人民疾苦的主要原因。

民之轻死，以其求生之厚也，是以轻死。

轻死：不怕死亡。　生之厚：生活的美好。

人民为什么会轻视死亡呢？其原因是人民已经饥寒交迫、生不如死。因为人民都想过上幸福的生活，所以才会轻视死亡。

夫唯无以生，为者是贤贵生。

夫唯：这只有。

无以生：以“无为之道”的管理才能用来顺应民生。

为者：应用“无为之道”的管理者。

是贤：具有贤德的管理者。

贵生：重视生命。

如果想要得到真正的国富民强，统治者必须要懂得什么是“无为之道”，只有用“无为之道”的管理模式才能顺应民生，能应用“无为之道”的统治者才是贤德之君，才是真正地重视生命。

【感悟】

民间疾苦因杂税，追求物欲治邦难；
轻死因民求生厚，贤君无为众生全。

老子在本章讲的是如何重视生命，希望所有的统治者都能懂得和应用“无为之道”，因为只有用“无为之道”管理邦国，百姓才能获得生之厚也。

自古以来，社会基层的人民大都难以获得安居乐业的生活，如果遇到腐败昏庸的统治者，百姓更是会饥寒交迫，民不聊生。那么，百姓的艰难生活是怎么造成的呢？毫无疑问，百姓的苦难是统治者的不善管理所造成。其实，除了个别的昏庸透顶的统治者，大部分统治者也都希望把邦国治理好，也都希望能够做到国富民强。但是，往往事与愿违，希望和现实之间往往是有差距的，为什么统治者不善管理呢？因为，统治者追求的是物欲的满足和物质的丰富，但又不懂藏富于民的道理。苛捐杂税的政策自古以来少有断绝，其结果是不论国富与否，民饥都是注定的，民间疾苦至生不如死的时候，百姓自然轻视死亡。

通过对本书的阅读，我们已经懂得道的核心内容，不过是由后天返回先天，目的是为了获取真正的幸福和快乐。这说明，在这个后天物质世界当中，我们世人所见到的幸福和快乐都是虚假和渺小的。但贫民百姓连这个虚假渺小的幸福也没有得到，这就是世界的管理存在巨大的误区。老子讲的是后天返回先天，而现在的世界是拼命地向后天物质世界奔跑，迅速地奔跑加快了世界的分裂和灭亡。世人对于物质的追求永无止境，在追求的过程中必然会产生竞争、斗争和战争。在这样的环境中，物质永远不会丰富，只会因争夺的分裂而导致更大的缺失，这就是“以其上之有以为也”。

安邦定国需要大智慧，但想要拥有这个大智慧并不是很难，只要统治者能够把自己的良心翻出来就会获得。什么是良心？良心就是要真正懂得“天人合一”，如此才能做到将人心比自心，将万物之心比自心，这才能做到爱民如子，爱万物如爱己。只有真爱宇宙万物，才能做到不争、不贪，才能融合宇宙万物。只有一切融合的世界，才是先天世界。由后天世界返回先天世界，这就是“无为之道”。以“无为之道”治理邦国，这就是“无为之治”。

只有认识到“无为之道”的统治者，才称得上是贤德之君；只有行“无为之治”的统治者，才是真正地重视生命。但是，全世界的发展趋势不是某个个体所能改变的，这就需要全世界的贤德之君都来大力推广“无为之道”。当全世界人民都来学习“无为之道”时，人民才能安居乐业，万物才能正常生长，地球才能正常运行，世界才能继续生存和发展。

【注释】

①上：指统治者。②为：治理。③厚：指富裕，殷实。

第41章　木强则折

【马王堆汉墓帛书资料】

【甲本】

人之生也柔弱其死也菹仞贤强∠万物草木之生也柔脆其死也栋薧∠故曰坚强者死之徒也柔弱微细∠生之徒也兵强则不胜木强则恒∠强大居下∠柔弱微细居上

【乙本】

人之生也柔弱其死也𦽏信坚强万□□木之生也柔脆其死也梓槁故曰坚强者死之徒也柔弱微细生之徒也□以兵强则不朕木强则兢故强大居下柔弱居上

【校订本】

人之生也柔弱，其死也𦽏信坚强。万物草木之生也柔脆，其死也枯槁。故曰：“坚强，死之徒也；柔弱，生之徒也。”是以兵强则不胜，木强则柦。故强大居下，柔弱居上。

德篇

【本书校订本】

人之生也柔弱；其死也筋韧坚强。万物草木之生也柔脆[①]；其死也栋[②]藁[③]。故曰：坚[④]强[⑤]者，死之徒[⑥]也；柔弱微细，生之徒也。兵强[⑦]则不胜[⑧]；木强则桓[⑨]。故强大居下；柔弱微细居上。

(甲本的“贤强”，应该是“坚强”。因为，在后面写到“坚强者死之徒也”；而且乙本的用词也是“坚强”。这说明，“贤强”应是笔误，或是通假。

甲本“萿仞”的“萿”字，没找到音和意。从本章的全文来分析，“仞”这个词应为“筋韧”的含义。为了便于读者阅读和理解，本处直接校订为“筋韧坚强”。

“木强则桓”在甲本资料里写的是“恒”字，但语意不通，这说明此处应为笔误或通假。此处用“桓”字来代替，就使得全文通畅了。)

【原文】**人之生也柔弱；其死也筋韧坚强。**

【译文】人出生的时候，身体柔软脆弱；而死亡的时候，筋骨肌肉僵硬。

【原文】**万物草木之生也柔脆[①]；其死也栋[②]藁[③]。**

【译文】万物草木在初生的时候，也是柔软脆弱的；其死亡的时候，也是直硬干枯的。

【原文】**故曰：坚[④]强[⑤]者死之徒[⑥]也；**

【译文】所以说：僵硬者是死亡的途径。

【原文】**柔弱微细，生之徒也。**

【译文】柔弱者是生长的途径。

【原文】**兵强[⑦]则不胜[⑧]；木强则桓[⑨]。**

【译文】军队强硬者不能胜利；强大的树木，容易被伐成干枯的柱子。

【原文】**强大居下；柔弱微细居上。**

【译文】强大的事物，都处在下降的趋势；柔弱细微的事物，都处在上升的趋势。

【导读】

人之生也柔弱；其死也筋韧坚强。

柔弱：柔软、弱小。筋韧坚强：筋骨肌肉僵硬，与出生时相比是强大的。人之出生时身体是柔软、弱小。但在死亡的时候，筋骨肌肉僵硬。这是用人出生时和死亡后的两种状态来做对比，以此来让人们选择正确的生活态度。

万物草木之生也柔脆；其死也栋薧。

柔：弱小。　脆：形容草木嫩脆，说明草木的脉络水分足。

栋薧：直硬干枯。草木干枯的脉络不通水分，以此来形容世人不通达智慧人情（古人以水为智）。“栋”字用来形容高大、直硬，与出生时相比是强大的。

万物草木在出生的时候，也是柔软脆弱的；其死亡的时候，也是直硬干枯的。这是用草木的柔脆来形容通达人情的人；用草木的干枯来形容人类的傲慢死板和不通人情智慧。这是以草木的生死状态来做对比，以此告知人们所应该效法的态度。

故曰：坚强者死之徒也；

徒：通“途”，途径。

因为人与万物草木在死亡时是僵硬的，所以僵硬是走向死亡的途径。

柔弱微细，生之徒也。

微细：形容草木初生的状态。

因为人与万物草木在出生时是柔弱的，所以柔弱者才是生存、生长的途径。

兵强则不胜；木强则桓。

兵强：军事强大。

则桓：只能作为栋梁和柱子。“桓”为梁柱。

通过人生与草木生死荣枯的对比，我们懂得柔弱的状态才能发展；强大坚硬的状态将面对死亡。这个道理说明，军事的强大一定不会胜利，就如同树木强大的时候，容易被采伐成为干枯的柱子。

强大居下；柔弱微细居上。

居下：处在下降的趋势。　居上：处在上升的趋势。

有了生死荣枯的对比，说明强大的事物必处在下降的趋势；柔弱细微的事物必处在上升的趋势。

【感悟】

柔软纤弱初生状，筋骨僵硬死态强；
万物草木生柔脆，强做栋梁枯燃荒；
兵强非为得胜计，栋梁皆因木强长；
强硬势必呈下降，活力生发柔为上。

老子所讲之道皆以柔为核心，在本章用生死荣枯的规律来辩证了刚柔的利弊。

人在婴儿状态的时候，是柔软弱小的；在衰亡的时候，是僵硬强大的。这个生灭的客观规律，说明了柔弱才是生存和发展的状态，而僵硬强大是灭亡的状态，这个规律是告诉世人长久发展的秘诀。

万物中，草木的初生状态柔软脆弱，但草木在死亡的时候，高大的用作栋梁，干枯的用作烧火。高大的栋梁是形容强大的事物；干枯是形容没有智慧和没有思想的人。这是告诉人类，要保持柔软的状态和吸取智慧的思想。

本章所讲的道理非常简单，这就是柔弱胜过刚强，智慧胜过愚昧。而当今世界，大多国家都在搞竞争、搞竞赛，这都在向刚强的方向奔跑，也是向灭亡的方向奔跑。很多国家不论百姓生活好坏，都在发展军事的道路上奔驰。老子早就预言了，军事的强大是不会胜利的，军事越强大离失败和灭亡越近。历史可以作证，例如："二战"时期，德、日、意等法西斯国家，都是在军事最强大的时候走向失败。当然，它们的失败还有个重要的原因，就是它们都如同枯木般愚昧而没有智慧。因为，它们都不懂宇宙万物本为一体的道理。如果世界各国的军事再不停止发展，世界的灭亡指日可待。

【注释】

①脆：单薄、易折断破碎。②栋：栋梁。③槀：（gǎo）通"槁"。④坚：硬。⑤强：僵硬。例如：一连吃了四五剂，口不歪了，只是舌根还有些强。——《儒林外史》。⑥徒：通"塗"。途径。⑦强：强大，长大。⑧胜：通"称"。相当；相称。为礼而不终，耻也；中不胜貌，耻也。——《国语·晋语四》。引申为对称、平衡、和谐。⑨桓：古代立在驿站、官署等建筑物旁作标志的木柱。后也泛指寺、墓、桥梁等用作表识或其他用途的柱子。

第42章　天道损益

【马王堆汉墓帛书资料】

【甲本】

天下□□□□□者也高者印之∠下者举之有余者䠶之∠

【乙本】

天之道酉张弓者也高者印之下者举之有余者云之不足者

【校订本】

天之道，其犹张弓者也，高者印之，下者举之，有余者

不足者补之∠故天之道敯有□□□□□□□□□不然敯□□□奉有余夫孰能有余而有以取奉于天者乎□□□□□□□□□□□□□□□□□□□□□□□□见贤也	□□□□□□□云有余而益不足人之道云不足而奉又余夫孰能又余而□□奉于天者唯又道者乎是以耶人为而弗又成功而弗居也若此其不欲见贤也	损之，不足者补之。故天之道，损有余而益不足；人之道则不然，损不足而奉有余。夫孰能有余而有以奉于天下者，唯有道者乎！是以圣人为而弗有，成功而弗居也。若此其不欲见贤也。

【本书校订本】

天之道，酉[①]张弓者也，高者印[②]之，下者举之；有余者损之，不足者补之。故天之道，损有余而益不足；人之道则不然，损不足而奉有余。夫孰能有余而有以取奉于[③]天者乎？唯有道者乎！是以圣人为而弗有，成功而弗居也。若此其不欲，见[④]贤[⑤]也。

【原文】**天之道，酉[①]张弓者也，高者印[②]之，下者举之；**

【译文】天道运行规律犹如张弓射箭一样，上高就要压低，下低要举高；

【原文】**有余者损之，不足者补之。**

【译文】多余就要减去，不足就要增补。

【原文】**故天之道，损有余而益不足；**

【译文】所以大自然的运行规律，是减少万物之多余而增益万物之不足；

【原文】**人之道则不然，损不足而奉有余。**

【译文】世人所行之道不符合自然天道，对不足的地方还在减损，而增加的原本有余。

【原文】**夫孰能有余而有以取奉于[③]天者乎？唯有道者乎！**

【译文】这些世人，谁能将有余的事物取出，去奉献给天下呢？只有明道的人才能做到！

【原文】**是以圣人为而弗有，成功而弗居也。**

【译文】所以，圣人的行为不是为了获取，成功也不是为了占有。

【原文】**若此其不欲，见[④]贤[⑤]也。**

【译文】如果世人能做到如此没有欲望，就能显露出人们贤德的本性。

【导读】

天之道，酉张弓者也，高者印之，下者举之；

酉：如同、好比、犹如。

印：压低。

天道运行规律犹如张弓射箭一样，举高了就压低些，低了就举高些。因为世人看不到天道运行的具体形象，所以老子在此用弓箭来做了一个模拟的比喻。由此比喻，我们可以了解到天道的运行是在不断地调整。

有余者损之，不足者补之。

损：删减高度。补：增加高度。

在射箭的时候，举高了就要压低，这就是损；举的不够高的时候，就要增加高度，这就是补。

故天之道，损有余而益不足；

益：增益。

射箭的比喻，说明天道运行可以调整。天道运行的调整模式，就是将多余的事物就进行删减，不足的事物就进行增加。

人之道则不然，损不足而奉有余。

不然：不符合自然天道。

损不足：减损不足的。

奉有余：增加的是有余者。

有了天道运行的对比，老子批评世人的行为不符合天道。因为，世人对不足的地方还在减损，而增加的反而是有余的。这说明，世人的行为在背道而驰。

夫孰能有余而有以取奉于天者乎？唯有道者乎！

夫：这些世人。

孰能有余而有：谁能将多余的事物。

以取：取出来。

奉于天者乎：奉献给天下呢？

这些世人，谁能将自己的多余事物取出，去奉献给天下呢？从事实来看，世人能做到的应该不多，也只有明道者才能做到！

是以圣人为而弗有，成功而弗居也。

弗有：不占有。

弗居：不居功。

圣人看透了宇宙人生之道，所作所为都是按照自然规律办事，绝对不是为了个人利益的获取。因此，圣人对于做成功的事物也不会占为己有。

若此其不欲，见贤也。

若此：根据这个原因。

见贤：炫耀自己的贤德。

圣人所行之道乃无为不争，也就是没有贪欲。如果世人都能做到如此没有贪欲，就会显露出人们自身都具备的贤德本性。

【感悟】

天道犹如张弓瞄，高者抑之下举高；
有余损之不足补，损益平衡乃天道；
世人所行违天理，损不足而奉余饱；
有余孰能奉众施，唯有道者能做到；
圣人不贪功名利，不欲方能显贤妙。

老子在本章仅用一个张弓射箭的动作，就表现出天道运行的损益之道。那么，天道的损益具体有哪些呢？例如：上一章已说明，人与万物在初生的时候，都为柔弱不足；天道运行使得这些生命长大，此为“补”。生命成长壮大到一定程度的时候，此为“有余”；而天道运行又使得这些“有余”的生命衰亡，此为“损”。

懂得了自然的损益之道，世人本应效法天道而为之，但世人的行为往往是违背天道而行。例如：动植物没有达到寿终正寝的时候为不足，但却被人类在其生命的中途给予了杀伐，这就是“损不足”。自然界的资源本来就是有限而不足，但人们却不顾一切地开采，这就是“损不足”。世上还有很多衣食不足的人，但这些弱势群体却被有权有势的人奴役和欺压，这就是“损不足”；越有权势的人越能升官发财，这就是“奉有余”。

既然世人所行之道不符合自然规律，那谁能将自身有余的事物来奉献给天下呢？老子说：只有明道者才会这么做。谁是明道者呢？那就是圣人！其实，圣人并非高不可攀，人人本来具有圣贤之天性，只要能以圣人为榜样，人人都可以恢复天性而成圣贤。《三字经》中曰：“人之初，性本善。”这个性讲的就是天性，而争辩人性善恶者都是没有读懂中国文化的精髓。关于人性的问题，王凤仪先生的讲解已经非常清楚，王凤仪是清末民初时期的伟大思想家和教育家，他在《化性谈》中讲到人有三性：“一天性、二禀性、三习性。天性是纯善无恶，孟子说的性善，正是指的天性；人赋的性是禀性，禀性是纯恶无善的，荀子主张的性恶，正是指的禀性；后天的性叫习性，习性是可善可恶的，‘近朱则赤，近墨则黑’，告子说的性‘可东可西’，正是指的习性。”如果人们能够去习性、化禀性、圆满天性的时候，就是成功得道，就是成圣成贤，即老了所说的“见贤也”。

【注释】

①酉：通“猶”（犹）。②印：通“抑”。抑：按，向下压。③于：如；好像。例如：《易》曰：“介于石，不终日，贞吉。”④见：通“现”。显示、炫耀。⑤贤：贤德。

第43章　正言若反

【马王堆汉墓帛书资料】

【甲本】

天下莫柔□□□□□□坚强者莫之能□也以其无□易□□□□□□□□胜强∠天□□□□□□□□行也故圣人之言云∠曰受邦之訽是胃社稷之主受邦之不祥是胃天下之王□□若反

【乙本】

天下莫柔弱于水□□□□□□□□□□以其无以易之也水之朕刚也弱之胜强也天下莫弗知也而□□□□也故耶人之言云曰受国之訽是胃社稷之主受国之不祥是胃天下之王正言若反

【校订本】

天下莫柔弱于水，而攻坚强者莫之能先也，以其无以易之也。柔之胜刚也，弱之胜强也，天下莫弗知也，而莫之能行也。故圣人之言云，曰：“受邦之垢，是谓社稷之主，受邦之不祥，是谓天下之王。正言若反。”

【本书校订本】

天下莫柔弱于水，而攻坚强者莫之能先也。以其无以易[1]之也，水之胜刚也，弱之胜强也。天下莫弗知也，而莫之能行也。故圣人之言云[2]，曰：受邦之询[3]，是胃社稷[4]之主；受邦之不祥，是胃天下之王。正[5]言若反[6]。

【原文】天下莫柔弱于水，而攻坚强者莫之能先也，

【译文】天下没有比水更加柔弱的，而攻击坚强的物体没有比水更迅猛的。

【原文】以其无以易[1]之也，柔之胜刚也，弱之胜强也。

【译文】因为水的至柔本性不会被外力所改变，所以水之柔可以承担刚强的物体，水之弱可以承担强大的物体。

【原文】**天下莫弗知也，而莫之能行也。**

【译文】天下人没有不知道的，但是都不能去效法水的至柔。

【原文】**故圣人之言云[②]，曰：受邦之诟[③]，是胃社稷[④]之主；**

【译文】所以，圣人讲解水之道的理论众多，圣人说：如果能为了国家而接受人民的建议和意见，才能称得上国家之主。

【原文】**受邦之不祥，是胃天下之王。**

【译文】能为了国家承受灾难的，才能称为天下之王。

【原文】**正[⑤]言若反[⑥]。**

【译文】真理就是回归。

【导读】

天下莫柔弱于水，而攻坚强者莫之能先也。

莫之能先：没有什么能比水更迅猛。

水的本性至柔，但水却具有强大的攻坚能力，而且没有物体比水的攻坚能力更加迅猛。

以其无以易之也，柔之胜刚也，弱之胜强也，

以其无以易：水至柔弱的本性不会被外力所改变。“易”为改变。

胜：承担，承受。

水至柔弱的本性不会被外力所改变，水之柔却可以承担刚强的物体，水之弱却可以承担强大的物体。

天下莫弗知也，而莫之能行也。

莫弗知：没有不知道的。

水以柔克刚的本性，天下人没有不知道的，而天下人却都不能去效法水的至柔而行为。

故圣人之言云，曰：受邦之诟，是胃社稷之主；

言：文章、理论。

云：众多。

诟：指责、批评、意见、建议。在此代表古代君主的纳谏。

因为水具备强大的能力，所以圣人讲解水之道的理论众多，圣人说：作为邦国之主，如果能够为了国家而接受人民的建议和意见的，才能称得上国家之主。因为，这才是效法水的至柔之道。

受邦之不祥，是胃天下之王。

不祥：不吉祥、灾难。

如果能为了邦国承受灾难的，这才能称之为天下之王。因为，这才是效法了水的至弱之道。

正言若反。

正言：真理。

若：就是。

反：回归。

在道篇第八章已经说明，“水至柔弱之道”已经接近“无之道”。所以，真理就是效法“水之道”而回归“无之道”。

【感悟】

天下至柔为弱水，攻坚强者莫能先；

水柔之性无以易，柔能担刚弱承健；

天下皆知弗能效，真行至柔得道简；

圣贤曰水有众偈，能受民诟邦国安；

王承不祥贤德有，回归之道真理赞。

老子在本章用“水之道”来指导邦国的治理。虽然，水至柔弱，但水能够摧毁任何强大的事物，也能承担任何强大的压力。通过“水之道”，让人们认识到至柔弱的本质才为最强大。天下人都能看见水至柔弱的本质，也都懂得水至强大的道理，但却都不能按照水之道去行为。

圣人了解水的强大本质，所以留下了众多讲解水的理论。圣人根据“水之道”说：如果邦国之主能够效法水的“至柔之道”，可以接受人民的建议和意见者，才能称得上国家之主。例如：唐太宗为了国家的生存和发展而虚心地向群下求谏，因而使得国家经济得到明显增长，社会繁荣安定，人民安居乐业。唐太宗曰：“以铜为镜，可以正衣冠；以古为镜，可以知兴替；以人为镜，可以明得失。”这说明，唐太宗真正理解了求谏纳谏的重要性。

老子所说的“天下之王”与“社稷之主”有着很大的区别，“社稷之主”代表的是邦国的君主；天下代表的宇宙万物，而“天下之王”代表能融合和运用宇宙万物能量的人，这样的人就是得道者。这里的邦国对应的是天下，其邦国的范围不是单指某个国家，而是指整个世界。

例如：在佛教经典中也有这样的记载，《八大人觉经》中的第八觉知："生死炽然，苦恼无量。发大乘心，普济一切，愿代众生，受无量苦，令诸众生，毕竟大乐。"从此段经文可以看出，作为圣人的佛菩萨都有代众生受苦的愿力，而且历来也有很多高僧大德发下大愿："愿代天下众生受苦，愿将自己福报施与天下众生。"其中最著名的，就是地藏王菩萨所发之大愿："地狱不空，誓不成佛。"这些能为一切众生承受苦难的圣人，才能称之为"天下之王"。

老子、孔子、佛等圣人所讲的大道相同，都是由后天物质世界返回先天无极世界。但是，这个回归的过程，却不是普通人所能看得见、摸得着的。而水至柔弱的本性已经接近了道，水又是人们所能看得见、摸得着的，也是人们所能理解的。因此，老子让人们来效法水之道。

"正言若反"的本意是说：真理就是回归，就是效法"水之道"而回归"无之道"。如果把"正言若反"解释成"正话反说"，那就是正经歪念。

【注释】

①易：替代。例如：上古穴居而野处，后世圣人易之以宫室。——《易·系辞下》。②云：比喻盛多。例如：齐子归止，其从如云。——《诗·齐风·敝笱》。③询：古同"诟"。耻辱、谩骂。④社稷：社为土地，稷为粮食，社稷坛是帝王祭祀土地神、粮食神的地方。"社稷"从字面来看是说土谷之神。由于古时的君主为了祈求国事太平，五谷丰登，每年都要到郊外祭祀土地神和五谷神。社稷也就成了国家的象征，后来人们就用"社稷"来代表国家。⑤正：道理，规律。例如：尽璇机之正。——《后汉书·张衡传》。⑥反：通"返"。返回；回归。例如：使子路反见之。——《论语·微子》。

第44章　恒与善人

【马王堆汉墓帛书资料】

【甲本】

和大怨必有余怨∠焉可以为善是以圣右介而不以责于人故有德司介□德司彻夫天道无亲恒与善人

【乙本】

禾大□□□□□□□□□为善是以耶人执左芥而不以责于人故又德司芥无德司彻□□□□□□□□□德

【校订本】

和大怨，必有余怨，焉可以为善？是以圣人执左契而不以责于人。故有德司契，无德司彻。夫天道无亲，恒与善人。

【本书校订本】

和①大怨，必②有余怨③，焉可以为善④？是以圣右⑤介⑥，而不以责于人。故有德司介，无德司彻⑦。天道无亲，恒与⑧善人。

【原文】和①大怨，必②有余怨③，焉可以为善④？

【译文】世人要和解所有的仇恨，倘若还有余恨未了，这怎么能算得上真正完善呢？

【原文】是以圣右⑤介⑥，而不以责于人。

【译文】所以，圣人的使命是帮助世人化解仇恨，而不是去责怪任何人。

【原文】故有德司介，

【译文】因为圣人为有德，所以掌管调解恩怨。

【原文】无德司彻⑦。

【译文】世人想要成就“无德”就要撤离大怨、放下仇恨。

【原文】天道无亲，恒与⑧善人。

【译文】天道皆为一体而没有亲疏之分，所以永恒之道追随着明道者。

【导读】

和大怨，必有余怨，焉可以为善？

和大怨：和解所有的仇恨。“大”字代表了一切。

必有余怨：倘若还有余恨未了。“必”字代表假如、倘若。

善：了结。在此指仇恨真正了结。

中国有句古话曰：“冤家宜解不宜结。”说明人们需要化解仇恨而不要去结怨。如果想要和解所有的仇恨，但心中还有余恨不能消，这怎么能算是了解呢？

是以圣右介，而不以责于人。

圣右介：圣人帮助调解。

责于人：责怪任何人。

圣人所讲之道，就是化解世间的恩怨。因为，圣人懂得宇宙人生的真相，所以来调解世人的恩怨。在这个调解的过程中，圣人绝对不会去责怪任何人。因为，有责怪就有怨恨，有丝毫怨恨都不能真正地化解仇恨。

故有德司介，

有德：代表圣人有德。在德篇第一章讲过：“上德不德，是以有德。”因为圣人效法天之道，所以圣人可以称为上德；因为“上德有德”，所以圣人也为有德。

司介：掌管恩怨的调解。

圣人行“无为之道”，与宇宙万物融合为一体，宇宙万物之有皆为圣人的收获。因此，圣人才能掌管调解世间恩怨这个职务。

无德司彻。

无德：宇宙万物的运行为下德，而“下德不失德，是以无德”。因此，当宇宙万物的运行不违背自然之道时，可以称为“无德”。

司彻：承担撤离、放下仇恨的职责。

下德是指宇宙万物的运行，当然也包括了世人的行为。当世人撤离大怨、放下仇恨的时候，才能了结一切怨恨而使得万物和谐。

天道无亲，恒与善人。

无亲：这个“无”字又是个双关语，即代表没有亲疏之分，又代表一体之亲。

恒与：永恒之道追随着……。

善人：善于无为之道的明道者。

天道虽然虚空无限大，但皆为一体而没有亲疏之分。所以，永恒之道追随着善于“无为之道”的人。这个永恒之道，就是世人都需要的目标；这个伟大的理想，只有明道者才能实现。

【感悟】

和解世间一切怨，若有余恨怎为善；

圣人度世有仇解，不责世人善参禅；

有德司介化心恨，司彻无德循道还；

天道一体无亲远，恒与善人极乐圈。

老子想让世人和解世间的一切仇恨，而且不要留丝毫余恨在心头。否则，就不能成就圆满之道。

既然想化解仇恨，我们先来看什么是仇恨？不论是国家还是个人，其仇恨的根源都在财、权、名、色这几件事情上。当然，还有很多琐碎荒唐的理由也会引起仇恨甚至战争。但不论其起因是什么，总结这些仇恨的源头，不过是利益二字。世人都只看重自身的利益，而不顾别人的利益，甚至去掠夺别人的利益来满足自己，但没有人可以通过掠夺能获得满足。因为，贪婪者永远不会满足，而不满足的心永远是痛苦的。不满足会产生竞争、斗争、战争，如果人人都满足就不会去争斗，由此才能过上幸福快乐的日子。经过这样的分析，我们可以得出一个结论，世人幸福快乐的核心不在于利益，而在于满足。

世人如果想具有满足的心态，首先要看破利益的真相。世人有各种欲望的追求，究其根本都是对物质财富的追求。但通过学习圣人的教诲，我们都懂得物质财富的“有”是由先天能量世界转化而来。老子曰：“道生一，一生二，二生三，三生万物。”这说明，宇宙万物原本是一体，却被分成了无数份，这就难怪世人都不知足。但老子又告知我们还原的方法是“进道如退”，就是由万物回归为“一”，这样才能得道和满足。但问题又来了，想把宇宙万物还原为一体，那得多大的工程啊，那得等到什么时候啊？其实很简单，还原就在一念之间，宇宙万物虽然是分裂的，但其相互之间都有着密切的联系，就如同人体的各个器官一样，分布和功用虽有所不同，但却是不能割舍的一个整体。如果人们能懂得这个道理、相信这个道理的时候，就会把宇宙万物当成自己的一部分。心里没有了人与物的分别，就会在一念之间圆满，圆满就是满足，满足就只有快乐而没有仇恨。当然，这里有个至关重要的关键点，那就是要真信道、真行道。如果心不真，就不能悟道；行不真，就不能得道。如果能真信真行，就可能在某个瞬间悟道得道；如果不是真信真行，就可能万劫不复，这个“不复”就是不能复原归一。而且，得道一定有验证，得道者一定会对宇宙万物了如指掌，就如同了解自己的身体一样。到了这个境界，就是真正的得道。但是，根据古圣先贤的得道经验来看，这个得道的境界有一定层次，这在各个宗教里都有各自的说明，而老子在本书说的就比较概括。

圣人的使命，就是教导世人明白宇宙人生的真理，熄灭对一切事物的仇恨，和解世间的一切仇恨。如此可以看出，圣人是来帮助世人化解仇恨的人。圣人懂得宇宙人生的真相，内心是没有丝毫仇恨，在调解世人仇恨的过程中，不会去责怪任何人。圣人是世人的榜样，世人也不应该去怨恨任何人，也没有必要去怨恨任何人。例如：人不小心用自己的牙齿咬了自己的舌头，难道你会怨恨自己的牙齿吗？难道你会报复自己的牙齿吗？

世人不懂得宇宙万物本为一体的真理，所以才产生恩怨；圣人懂得一切事物的真相，这才能掌管调整世人恩怨的职责。当世人通过圣人的教导而放下了世间的一切恩怨，心中没有丝毫仇恨的时候，就不会违背天道的规律去行为。如此，才能回归到虚空无极的先天世界，这就是“下德无德”。

世人都在追求什么？其实，都在追求幸福和快乐。但世人的快乐都是短暂的，而快乐过后留下的是痛苦。佛教总结了人生有八苦，即：生苦、老苦、病苦、死苦、爱别离苦、怨憎会苦、求不得苦、五阴炽盛苦。正因为人生有如此之苦，所以才有众多圣人来度化世人离苦得乐，但离苦得乐的唯一途径就是学道、得道。老子在本书的最后关头，再一次直指大道曰：“天道无亲，恒与善人。”这句话直接告诉后人，天道本为一体而没有亲疏之分，只有得道者才能离苦得乐，而且是永恒的快乐。

【注释】

①和：和解；息争而归和平。例如：与楚以和。——《史记·屈原贾生列传》。②必：倘偌；假如。例如：王必无人，臣愿奉璧往使。——《史记·廉颇蔺相如列传》。③怨：怨恨、仇恨。④善：完善。⑤右：右，手口相助也。——《说文》。右者，助也。——《易·系辞》。⑥介：介和（调解，说合）；介绍。例如：其所以相亲也，不介而自亲。——李康《命运论》。⑦彻：通“撤”。撤除，撤去。⑧与：随从；随着。

后记

路过老子生活的年代，
缘份穿越时空相遇。
穿云破雾历经千古，
只为感受一轮红日的沐浴。
本想将太阳请到今夜，
怎奈尚需漫长的斗转星移。
太阳说：赐一缕阳光到你的书中，
照耀灵悟者明识真谛。
我合掌躬身拜谢，
俯首翻阅二十年国学功底。
闭关春秋两载，
浓缩出真理向老子致意。
借老子灵慧之光，
透析出千古难解之谜。
老子真言金光绽放，
大道至简直指天人合一。
感谢老子思想的卓越神奇！
使我旁通了儒释的几多难题；
感谢父母的养育之恩！
唯有修行正道才能将二老慰藉；
感谢爱妻王莹莹！
用真爱点燃我奋发向前的动力；
感谢挚友齐威先生！
不但奠定本书的缘起，还不辞辛苦地助我校订书籍；
感谢大哥孙晟文先生！
天赐的援手，解决诸多后顾之虑；
感谢陈博婷女士！
一语启动我注解《老子》的决意；
感谢赵涛先生举荐，使我得到王京大哥深厚的推力；
感谢亲朋好友的鼓励！
使我感受到深情厚谊；
感谢华侨出版社！
慧眼不弃便是奇迹的缘起；
感谢有缘的读者！
希望收获你们的建议，那将使再版更加圆满有力。
感谢宇宙万物！
感谢天人合一！

赵云鹏